Studienwissen kompakt

Mit dem Springer-Lehrbuchprogramm „Studienwissen kompakt" werden kurze Lerneinheiten geschaffen, die als Einstieg in ein Fach bzw. in eine Teildisziplin konzipiert sind, einen ersten Überblick vermitteln und Orientierungswissen darstellen.

Weitere Bände dieser Reihe finden Sie unter
http://www.springer.com/series/13388

Frank Romeike

Risiko-
management

Frank Romeike
RiskNET GmbH
München, Deutschland

Studienwissen kompakt
ISBN 978-3-658-13951-3   ISBN 978-3-658-13952-0 (eBook)
https://doi.org/10.1007/978-3-658-13952-0

Die Deutsche Nationalbibliothek verzeichnet diese Publikation in der Deutschen Nationalbibliografie; detaillierte bibliografische Daten sind im Internet über http://dnb.d-nb.de abrufbar.

Springer Gabler
© Springer Fachmedien Wiesbaden GmbH 2018
Das Werk einschließlich aller seiner Teile ist urheberrechtlich geschützt. Jede Verwertung, die nicht ausdrücklich vom Urheberrechtsgesetz zugelassen ist, bedarf der vorherigen Zustimmung des Verlags. Das gilt insbesondere für Vervielfältigungen, Bearbeitungen, Übersetzungen, Mikroverfilmungen und die Einspeicherung und Verarbeitung in elektronischen Systemen.
Die Wiedergabe von Gebrauchsnamen, Handelsnamen, Warenbezeichnungen usw. in diesem Werk berechtigt auch ohne besondere Kennzeichnung nicht zu der Annahme, dass solche Namen im Sinne der Warenzeichen- und Markenschutz-Gesetzgebung als frei zu betrachten wären und daher von jedermann benutzt werden dürften.
Der Verlag, die Autoren und die Herausgeber gehen davon aus, dass die Angaben und Informationen in diesem Werk zum Zeitpunkt der Veröffentlichung vollständig und korrekt sind. Weder der Verlag noch die Autoren oder die Herausgeber übernehmen, ausdrücklich oder implizit, Gewähr für den Inhalt des Werkes, etwaige Fehler oder Äußerungen. Der Verlag bleibt im Hinblick auf geografische Zuordnungen und Gebietsbezeichnungen in veröffentlichten Karten und Institutionsadressen neutral.

Gedruckt auf säurefreiem und chlorfrei gebleichtem Papier

Springer Gabler ist Teil von Springer Nature
Die eingetragene Gesellschaft ist Springer Fachmedien Wiesbaden GmbH
Die Anschrift der Gesellschaft ist: Abraham-Lincoln-Str. 46, 65189 Wiesbaden, Germany

Vorwort

Einblick, Weitblick, Ausblick, aber auch Umsicht, Aussicht und Voraussicht. Der Blick und die Sichtweise des Risikomanagers sind entscheidend für den Erfolg in seiner täglichen Arbeit. Viel wird darüber gesprochen, geschrieben und zwischen den Zeilen gelesen. Es zeigt sich, dass moderne Risikomanager (die auch immer Chancenmanager sein sollten) gut damit fahren, diese Schlagworte mit Leben zu füllen, nach vorn zu blicken und auf „Sicht" zu fahren. Doch manchmal lohnt auch ein Blick zurück. Dorthin, wo alles mit den Risiken und Chancen begann. Denn bereits im Altertum mussten Menschen die zwei Seiten der Medaille berücksichtigen – eben Risiken und Chancen miteinander abwägen und in klare Handlungen ummünzen. Nur so konnten sie ferne Länder erkunden, neue Technologien erfinden, Politik betreiben und Handel führen. Doch der Blick zurück sollte uns nicht den Blick nach vorn versperren. Ansonsten würden wir der Logik folgen, dass es alles, was es in der Vergangenheit nicht gab, auch in der Zukunft nicht geben wird. Doch das ist ein Trugschluss. Die Aussage des US-amerikanischen Strategen, Kybernetikers und Futurologen Herman Kahn (* 1922; † 1983), der wesentlich die deterministische Szenarioanalyse strukturiert und weiterentwickelt hat, gilt auch heute noch: „Aus der Vergangenheit kann jeder lernen. Heute kommt es darauf an, aus der Zukunft zu lernen."

Odysseus als Risikomanager. Dank seiner Überlegungen und seiner Chancen- und Risikoplanung konnte der Held der griechischen Mythologie zusammen mit seiner Mannschaft die Gefahren der vor ihnen liegenden Abenteuer proaktiv bewältigen. Neben der Befragung aller möglichen Orakel und Götter, zeichneten die Risikomanager der Antike (wie Odysseus) auch das Gespür für Gefahren und Chancen sowie das präventive und proaktive Managen aus. Ein reiner Blick in die Vergangenheit (etwas frech von mir als reine „rückspiegelorientierte Risikobuchhaltung" bezeichnet) hätte ihn wohl blind gemacht für die tatsächlichen Risiken (und Chancen), mit denen er auf seiner Reise zu tun hatte. Voraussichtlich wäre er nie losgereist und hätte es sich vor dem Lagerfeuer auf den ionischen Inseln gemütlich gemacht. Da er aber väterlicherseits von Laërtes (und damit von Zeus) und mütterlicherseits von Antikleia (und damit von Hermes, einer der zehn göttlichen Kinder des Zeus) abstammte, unternahm er schon recht früh abenteuerliche und chancen- sowie risikoreiche Reisen.

Zurück zum Hier und Heute. Viele Unternehmen tun sich immer noch schwer, ein fundiertes Risikomanagement in den eigenen Organisationen umzusetzen. Ein wesentlicher Grund liegt vielfach im fehlenden Wissen um fundierte Methoden im Risikomanagement. Denn ohne Struktur und Planung sind die heutigen Risiken im globalen Maßstab nicht mehr zu bewältigen. Im Umkehrschluss heißt das: Die enge Verzahnung, u. a. durch die Digitalisierung sowie die Disruption von Geschäftsmodellen, den globalen Welthandel sowie geopolitische Abhängigkeiten, rufen ungleich mehr Risikofaktoren hervor, als dies in vergangenen Epochen der Fall war. Dementsprechend müssen Risikomanager in heutigen Zeiten die gesamte Risikolandkarte auf der Agenda haben. Und sie sollten Methoden kennen und anwenden können, mit denen sie diese mitunter recht komplexen und teilweise heute noch unbekannten oder nebulösen Risiken, die „known unknowns" (bekannte Unbekannte) und die „unknown unknowns" (unbekannte Unbekannte), identifizieren, bewerten und (pro)aktiv steuern können.

Wie das praxisnah umgesetzt werden kann, vermittelt dieses Buch. Neben den Anfängen des Risikomanagements, setzen wir Leitplanken in Form von Begriffsbestimmungen und blicken auf benachbarte und zugleich mit dem Risikomanagement eng verzahnte Disziplinen. Einen Schwerpunkt bilden die Methoden und Werkzeuge im Risikomanagement als Grundlage für eine zielgerichtete Arbeit im Sinne des Chancen- und Risikomanagements.

In ▶ Kap. 1 begeben wir uns auf eine kurze Reise ins Altertum und ergründen die Wurzeln des Risikobegriffs und des Risikomanagements. Außerdem beschäftigen wir uns im einführenden Kapitel mit den wesentlichen Begrifflichkeiten sowie der Einbettung des Risikomanagements in eine übergreifende Corporate Governance, d. h. die Integration in eine gute Unternehmensführung. In kompakter Form werden außerdem die wesentlichen gesetzlichen Grundlagen sowie Risikomanagement-Standards vorgestellt.

In ▶ Kap. 2 stellen wir den klassischen Regelkreis des Risikomanagements mit den einzelnen Prozessphasen dar (Ablauforganisation) und skizzieren relevante Aspekte bei der Organisation eines Risikomanagements (Aufbauorganisation).

▶ Kap. 3 liefert den Kern des Buches und bietet einen kompakten und übersichtlichen Überblick über die Werkzeugkiste im Risikomanagement. Je nach Fragestellungen werden Risikomanager unterschiedliche Fächer in der Werkzeugkiste öffnen und Werkzeuge für die Identifikation und Analyse der Risiken (und Chancen) entnehmen. Neben der konkreten Fragestellung definiert

Vorwort

auch der Reifegrad des Risikomanagements die Anwendung der Kollektionsmethoden, analytischen Methoden und Kreativitätsmethoden. Im abschließenden ▶ Kap. 4 wagen wir einen Ausblick in die Zukunft des Risikomanagements bzw. einen Blick auf das Risikomanagement der Zukunft. Im Anhang ist dann noch ein Glossar zu finden. Dort wurden wesentliche Begriffe kurz und verständlich definiert.

Und trotz eines allumfassenden und vorausschauenden Risikomanagements bleibt ein Restrisiko, wie die nachfolgenden Cartoons verdeutlichen.

Risikomanagement in der Antike: Nachdem vor einer großen Flut gewarnt wurde, erhielt Noah den Auftrag, eine Arche zu bauen, um damit sich, seine Familie (bestehend aus acht Personen) und die Landtiere vor der Flut zu retten.

„Ich wusste es doch: Ich hätte die Termiten zu Hause lassen sollen. Aber das Risiko wurde von meinen Risikomanagern nur mit einer Eintrittswahrscheinlichkeit von 4,242 % berechnet."

Ein großer Dank geht an meinen geschätzten Kollegen Andreas Eicher, der mich immer wieder auf sprachliche Unebenheiten hingewiesen hat und auch bei diesem Projekt eine wertvolle Unterstützung lieferte. Außerdem bedanke ich mich bei Michael Huth, Professor für Logistik und Supply Chain Management an der Hochschule Fulda, sowie Sascha Düerkop (Hochschule Fulda) für

Vorwort

intensive Diskussionen rund um Werkzeuge und Methoden im Risikomanagement, u. a. im Rahmen eines gemeinsamen Forschungsprojektes.

Verbleibende Fehler und insbesondere kontroverse (da höchst subjektive) Bewertungen von Methoden und Werturteile, die aus den folgenden Seiten herausgelesen werden können, sind allein dem Autor anzulasten. Dieses Risiko bin ich bewusst und aktiv sehr gern eingegangen. Wenn Ihnen bei der Lektüre ein solches Restrisiko begegnet, ergreifen Sie die Chance und schreiben Sie mir (via E-Mail an frank@romeike.info) oder besuchen Sie mich bei XING (▶ https://www.xing.com/profile/Frank_Romeike), Twitter (▶ https://twitter.com/RiskNET) oder direkt auf unserem Wissensportal RiskNET (▶ www.risknet.eu).

Risiko bleibt riskant. Egal was wir tun. Denn Risiko ist Leben und Leben ist Risiko! In diesem Sinne wünsche ich viel Spaß beim Lesen und Anwenden und hoffentlich neue Erkenntnisse mit dem vorliegenden Buch.

Frank Romeike
Brannenburg am Wendelstein, im November 2017

Der Autor

Frank Romeike
ist Gründer, Geschäftsführer und Eigentümer des Kompetenzzentrums RiskNET GmbH – The Risk Management Network (► www.RiskNET.eu, www.RiskNET.de, www.risknet.at, www.risknet.ch). Außerdem ist er verantwortlicher Chefredakteur der Zeitschrift „RISIKO MANAGER", die sich schwerpunktmäßig mit den Themen Kreditrisiko, Marktrisiko, Operationelles Risiko und Enterprise Risk Management (ERM) auseinandersetzt.
Er zählt international zu den renommiertesten und führenden Experten für Risiko- und Chancenmanagement und coacht seit rund 20 Jahren Unternehmen aller Branchen und Unternehmensgrößen rund um die Themengebiete Risiko- bzw. Chancenmanagement und Wertorientierte Unternehmenssteuerung. Im Rahmen von Intensiv- und Inhouse-Seminaren der Risk Academy hat er weltweit mehr als 15.000 Risikomanager ausgebildet bzw. gecoacht. An der THD ist er fachlicher Leiter des akkreditierten Masterstudiengangs „Risiko- und Compliancemanagement".
In seiner beruflichen Vergangenheit war er Chief Risk Officer bei der IBM Central Europe, wo er u. a. an der Einführung des weltweiten Risk-Management-Prozesses der IBM beteiligt war und mehrere internationale Projekte leitete. Er hat u. a. ein wirtschaftswissenschaftliches Studium (mit Schwerpunkt Versicherungsmathematik) in Köln und Norwich/UK abgeschlossen. Im Anschluss hat er Politikwissenschaften, Psychologie und Philosophie studiert. Außerdem hat er ein exekutives Masterstudium im Bereich Risiko- und Compliancemanagement abgeschlossen.
Frank Romeike ist Autor zahlreicher Publikationen und Standardwerke rund um den Themenkomplex Risk Management, Szenarioanalyse, quantitative Methoden und Wertorientierte Steuerung.
Frank Romeike hat u. a. Lehraufträge an der Ludwig-Maximilians-Universität München (LMU, Seminar für Finanzökonometrie), der Hochschule Coburg (MBA-Studiengang Versicherungsmanagement; Schwerpunkt: Risikomanagement

in Versicherungsunternehmen) sowie der Technischen Hochschule Deggendorf (Masterprogramm Risiko- und Compliancemanagement) angenommen.

Frank Romeike ist Mitglied des Vorstand beim Institut für Risikomanagement und Regulierung e.V. (Frankfurt am Main) und verantwortet dort u. a. das Thema Öffentlichkeitsarbeit.

Inhaltsverzeichnis

1	**Grundlagen und Einführung**	1
	Frank Romeike	
1.1	**Welt der Risiken, Welt der Chancen.**	2
1.2	**Vom Orakel zum modernen Risikobegriff**	3
1.2.1	Der Blick zurück: historische Wurzeln des Risikomanagements	4
1.2.2	Am Anfang stand das Glücksspiel	6
1.2.3	Vom Risiko über die Krise bis zur Chance: eine Begriffsbestimmung	8
1.3	**Gute Unternehmensführung oder Corporate Governance**	13
1.3.1	Corporate Governance: transparente Unternehmenskommunikation	14
1.3.2	Vom ehrbaren Kaufmann und dem „Wort halten"	17
1.4	**Risikomanagement: Welt der Gesetze, Normen und Standards**	20
1.4.1	Gesetzeslage im Überblick	20
1.4.2	Normen und Standards	21
1.5	**Lern-Kontrolle**	23
2	**Aus der Praxis: Kreislauf des Risikomanagements**	27
	Frank Romeike	
2.1	**Relevanz eines integrierten Risikomanagements**	28
2.2	**Regelkreis der Risikomanagements**	36
2.3	**Organisation des Risikomanagements**	46
2.4	**Lern-Kontrolle**	49
3	**Methoden und Werkzeuge im Risikomanagement**	53
	Frank Romeike	
3.1	**Überblick**	55
3.2	**Unterschiedliche Reifegrade im Risikomanagement**	59
3.3	**Methodenmatrix**	59
3.4	**Kollektionsmethoden**	61
3.4.1	Checklisten	61
3.4.2	Interview	67
3.4.3	Risiko-Identifikationsmatrix (RIM)	69
3.4.4	SWOT-Analyse	71
3.5	**Analytische Methoden**	74
3.5.1	Bow-tie Analysis	74
3.5.2	Fehlerbaumanalyse (Fault Tree Analysis, FTA)	81

3.5.3	Fehlermöglichkeits- und Einflussanalyse (FMEA)	85
3.5.4	Markov-Analyse	92
3.5.5	Fehler-Ursachen-Analyse (Root cause analysis)	100
3.5.6	Business Impact Analysis (BIA)	104
3.5.7	Social Network Analysis	110
3.5.8	Ursache-Wirkungs-Diagramm (Cause-and-Effect Analysis, Ishikawa-Diagramm)	114
3.5.9	Ereignisbaumanalyse (Event Tree analysis)	118
3.5.10	Hazard Analysis and Operability Study (HAZOP)	123
3.6	**Kreativitätsmethoden**	127
3.6.1	Brainstorming	127
3.6.2	Brainwriting	131
3.6.3	Delphi-Methode	134
3.6.4	KJ-Methode	137
3.6.5	Kopfstandtechnik	141
3.6.6	Methoden 6-3-5	144
3.6.7	Morphologische Analyse	147
3.6.8	Mind-Mapping	151
3.6.9	World-Café	156
3.6.10	Business Wargaming	159
3.6.11	Deterministische Szenarioanalyse	166
3.6.12	Stochastische Szenarioanalyse (Monte-Carlo-Simulation)	175
3.6.13	Empirische Datenanalyse	183
3.6.14	System Dynamics	188
3.7	**Lern-Kontrolle**	197
4	**Ausblick**	**205**
	Frank Romeike	
4.1	**Systemische Risiken und Resilienz**	206
4.2	**Zukunft des Risikomanagements – Risikomanagement der Zukunft**	210
4.3	**Lern-Kontrolle**	226
	Serviceteil	**229**
	Tipps fürs Studium und fürs Lernen	230
	Glossar	235
	Literatur	239

Grundlagen und Einführung

Frank Romeike

1.1 Welt der Risiken, Welt der Chancen – 2

1.2 Vom Orakel zum modernen Risikobegriff – 3
1.2.1 Der Blick zurück: historische Wurzeln des Risikomanagements – 4
1.2.2 Am Anfang stand das Glückspiel – 6
1.2.3 Vom Risiko über die Krise bis zur Chance: eine Begriffsbestimmung – 8

1.3 Gute Unternehmensführung oder Corporate Governance – 13
1.3.1 Corporate Governance: transparente Unternehmenskommunikation – 14
1.3.2 Vom ehrbaren Kaufmann und dem „Wort halten" – 17

1.4 Risikomanagement: Welt der Gesetze, Normen und Standards – 20
1.4.1 Gesetzeslage im Überblick – 20
1.4.2 Normen und Standards – 21

1.5 Lern-Kontrolle – 23

© Springer Fachmedien Wiesbaden GmbH 2018
F. Romeike, *Risikomanagement*, Studienwissen kompakt,
https://doi.org/10.1007/978-3-658-13952-0_1

Lern-Agenda
- Die Geschichte des Risikomanagement von der Antike bis heute
- Begriffsdefinitionen rund um das Thema Risikomanagement
- Gute Unternehmensführung oder Corporate Governance
- Die Welt der Gesetze, Normen und Standards im Kontext Risikomanagement

1.1 Welt der Risiken, Welt der Chancen

Seit Menschengedenken kämpfen wir mit Risiken. Macht, Geld und Ruhm waren schon in der Antike treibende Kräfte, führten zu Kriegen und teilten Völker. Die Launen der Natur schlugen erbarmungslos zu, mit Dürren, Hungernöten oder Überschwemmungen. Erdbeben und Vulkanausbrüche ließen ganze Städte in Schutt und Asche versinken.

Doch während die Menschen vergangener Epochen vielfach mit Einzelgefahren und Katastrophen auf lokaler, nationaler und zwischenstaatlicher Ebene kämpften, sind die Risiken in unserer modernen und eng vernetzten Welt um ein Vielfaches größer und vielschichtiger. Nicht nur, weil unsere Erde mittlerweile mehr als sieben Milliarden Menschen ernähren und beheimaten muss; und das mit rasant steigender Tendenz. Es ist vor allem der mobile und zugleich digitale Weg, der uns immer enger zusammenrücken lässt.

Daraus erwachsen Vorteile und Chancen. Denn Menschen können in ungeheurer Geschwindigkeit von A nach B reisen, ihre Informationen und Daten in Millisekunden austauschen, sich vernetzen und neue Wege der Kooperation und Kommunikation finden. Der digitale Quantensprung hat das Schwungrad der Modernisierung in vielen Teilen unserer Erde beschleunigt. Ein Vorteil für Millionen Menschen, die an diesem Fortschritt partizipieren, sich ein Stück oder zumindest Krümel vom Wachstumskuchen versprechen.

Gleichzeitig rücken mit der zunehmenden Vernetzung, Digitalisierung und Disruption von Geschäftsmodellen auch die Risiken näher an uns heran, bestimmen mehr und mehr unseren Alltag. Denn mit der allumfassenden beruflichen, gesellschaftlichen und sozialen Verflechtung werden nicht nur Chancen miteinander vernetzt, sondern auch die Risiken. So haben sich für den Soziologen Ulrich Beck nicht nur die Erdplatten ineinander geschoben, „auch die gesellschaftlichen Kontinente (Asien, Europa und die Vereinigten Staaten) überlagern und durchdringen einander, nicht nur in Arbeitsmärkten und Armenghettos" (vgl. Beck 2011, S. 118). Hinzu kommen Massentourismus, durch den nach Becks Ansicht die Welt in den letzten 20 Jahren geschrumpft sei, sowie moderne Kommunikationstechnologien (beispielsweise Internet und Mobilfunk). Letztere haben in den vergangenen Jahren zu einem epochalen Einschnitt im Kommunikationsverhalten von Menschen geführt. Damit ist die Vision des kanadischen Philosophen Marshall McLuhans des „globalen Dorfs" (vgl. McLuhan 1968) durch die elektronische Vernetzung mittlerweile Realität. Inklusive der Diskussion um Freiheit und neuer Gestaltungsmöglichkeiten des Individuums und von Unternehmen versus der Angst vor Missbrauch und Überwachung durch Hacker, Digitalunternehmen und Staaten.

Längst sprechen Kritiker, wie Beck, bei all diesen Entwicklungen von globalen Risiken, der „Weltrisikogesellschaft" oder wie Ortwin Renn von „systemischen Risiken" (vgl. Renn 2014). In der Tat haben Finanzmarktrisiken, Hackerangriffe, Naturkatastrophen oder Krieg und Terror Auswirkungen auf alle Erdteile, Staaten und Menschen. Die Folge sind schwächelnde Volkswirtschaften und Großkonzerne, die eine Kettenreaktion auf den internationalen Finanzmärkten auslösen können. Erdbeben und Tsunamis erreichen unsere scheinbar so sicheren Wirtschaftsräume und der Export von Waffen in alle Krisenländer dieser Welt forciert die Gewaltspirale und holt uns mit Terror und Konflikten vor der eigenen Haustür wieder ein. Kommunikation, Desinformation und Propaganda mithilfe sozialer Medien spielen in allen Krisenszenarien eine entscheidende Rolle. Eine Kernfrage lautet mittlerweile: Was ist wahr und was ist falsch?

In diesen unsicheren Zeiten ist nur eines gewiss: Die Vielfalt und Verflechtung potenzieller Gefahren macht den Beruf des Risikomanagers einerseits unerlässlich und zeigt andererseits, dass die Aufgaben ungleich schwieriger und anspruchsvoller sind in einer „Welt ohne Weltordnung".

Das Wissen und das vorausschauende Handeln im Umgang mit den Risiken und Chancen war und ist die Kernaufgabe eines guten Risikomanagers in stürmischen und unsicheren Zeiten („Uncertainty is the new certainty").

1.2 Vom Orakel zum modernen Risikobegriff

Das Orakel von Delphi war der Mittelpunkt des antiken Griechenlands. Es war ein Kultort voller Mythen, an dem sich das Dasein der Menschen mit der Welt der Götter verknüpfte. Wenn beispielsweise die Griechen eine Vorhersage über mögliche Ereignisse von Morgen suchten, berieten sie sich nicht mit ihrem Risikomanager, sondern wandten sich an ihr Orakel. Alles was zu jener Zeit Rang und Namen hatte, bemühte das Orakel um Prophezeiung – vom König von Theben über Krösus bis Alexander dem Großen. Schon zu Orakelzeiten ein sagenumwobener Ort, der auch heute noch seine Anziehungskraft hat. Denn Zukunftsprognosen sind so alt wie die Menschheit und haben nichts von ihrer Faszination verloren. Doch würde in der heutigen Zeit Krösus wohl kaum ein Orakel befragen, sondern seinen Risikomanager oder Datenanalysten. Mit anderen Worten: **Risikomanagement** ist als Muss in vielen Organisationen mittlerweile gesetzt. Sei es aus der Notwendigkeit heraus, bestehende Gesetze einzuhalten (reaktive und nicht zielführendes Risikomanagement), oder weil Unternehmen und ihre Entscheider den strategischen Mehrwert eines unternehmensweit verankerten Risikomanagements erkannt haben. Den Blick nach vorn und in die Zukunft gerichtet. Und das mithilfe moderner Methoden, Simulationen und Analysen, um Risiken frühzeitig zu erkennen, aktiv zu handeln und zu einer Chancensicht zu gelangen – der Optimalfall im Risikomanagement.

Für Unternehmen und ihre Risikomanager heißen die modernen Orakel unserer digitalen und vernetzten Zeit Big Data, Datenanalysen, Predictive Analytics und Prescriptive Analytics (vgl. Silver 2013; Romeike und Eicher 2016; Romeike 2017, S. 60 ff.). Datensammler wie Google und Amazon vermessen die Welt, erstellen Persönlichkeitsprofile und durchforsten blitzschnell riesige Datenmengen auf Muster und Korrelationen, um Voraussagen in Echtzeit zu ermöglichen. Die neuen Methoden zur Datenanalyse versprechen einen gezielten Blick in die Kristallkugel. Davon erhoffen sich Staaten, Forschungseinrichtungen und Wirtschaftsunternehmen exakte Prognosen zukünftiger Entwicklungen, um die Risiken des eigenen Tuns zu minimieren und Chancen des zukünftigen Handelns besser einschätzen zu können. Mehr noch geht es darum, das Wissen in Organisationen strukturiert zu nutzen. Insgesamt surfen mehr als 3,7 Mrd. (Angaben für 2017, im Vergleich zu 2016 ist die Zahl der Internetnutzer um 10 Prozent gestiegen). Menschen im Internet und produzieren permanent Daten über ihre Mobiltelefone, Fitnessbänder, smarte Uhren, vernetzte Navigationsgeräte und Autos. Online-Versandhändler kennen angeblich unsere geheimen Wünsche besser als wir selber. Aus Twitter-Nachrichten lassen sich politische Einstellungen sehr gut ableiten. Aus Daten und Algorithmen lassen sich potenzielle Straftaten antizipieren, bevor sie überhaupt geplant oder begangen wurden. Hinter allen Technologien stecken Analyse-Methoden aus der Welt des quantitativen Risikomanagements – vielfach auch auf Basis von Geoinformationen. Denn Antworten auf die Fragen nach dem „Wo und Warum?" werden für Unternehmen und Behörden immer wichtiger.

1.2.1 Der Blick zurück: historische Wurzeln des Risikomanagements

Der Umgang mit möglichen Risiken reicht bis in das Altertum zurück. Griechen wie Römer, Ägypter wie Phönizier, suchten Wege, um sich gegen die Gefahren der damaligen Zeit zu schützen. Hierzu schlossen sich Händler zu Schutzgemeinschaften zusammen. Es wurden Bündnisse gegen potenzielle Feinde geschmiedet oder Heiraten zwischen Herrschaftshäusern arrangiert, um Macht und Einfluss zu sichern – auch in entlegenen Gebieten des eigenes Reiches oder sogar darüber hinaus. Als Alexander der Große im Jahr 333 vor Christus mit seinem Heer die Streitkräfte des großen Perserkönigs Dareios III. in der Schlacht von Issos besiegte, stand ihm die Tür zu Persien offen. Doch um das immer größer werdende Reich zu sichern, musste er weiterkämpfen (u. a. die Entscheidungsschlacht von Gaugamela gegen Dareios) und gleichzeitig

Bündnisse eingehen. Der Schüler von Aristoteles integrierte Perser in seine Armee und in der Leibgarde, er förderte die Ehen seiner Gefolgsleute mit persischen Adeligen und nahm viele Gepflogenheiten und Bräuche der Perser an. Das sicherte ihm Einfluss und Mitsprache, auch in den entlegensten Ecken seines Reiches und vor allem Ansehen bei seinen ehemaligen Feinden. Im Grunde haben wir es hier mit einem vorausschauenden Chancen- und Risikomanagement zu tun. Der Makedonier Alexander der Große erkannte die Chance seine Macht zu festigen, indem er „völkerverbindende" Brücken schlug und damit der Gefahr von Aufständen in den besiegten Gebieten vorbeugte. Anderseits konnte Alexander der Große auch gnadenlos gegenüber seinen Gegner sein – je nach Gemütslage und ob sie in sein politisches Kalkül passten oder nicht.

Das hat viel mit dem Zuvorkommen zu tun, also der Prävention, dem lateinischen „praevenire". In der Historie wurde sie immer wieder als Mittel angewandt, um sich mit Mauern vor Feinden und Überfällen zu schützen, einen Überraschungsangriff gegen feindliche Heere zu starten oder mit Sanktionen unbequeme Nachbarn wirtschaftlich in die Knie zu zwingen, bevor diese zu mächtig werden. Für Ulrich Bröckling wird etwas getan, „bevor ein bestimmtes Ereignis oder ein bestimmter unerwünschter Zustand eintreten, damit diese nicht eintreten oder zumindest der Zeitpunkt ihres Eintretens hinausgeschoben wird und/oder die erwarteten negativen Effekte des Ereignisses oder Zustands begrenzt werden" (Bröckling 2017, S. 185).

In diesem Sinne liege nach Bröckling jedem menschlichen Handeln etwas Präventives zugrunde. „Handeln heißt demnach Vorbeugen und Vorsorgen." (Bröckling 2017, S. 185) Im Umkehrschluss sind wir alle Risikomanager von Natur aus, im privaten wie im beruflichen Bereich. Das heißt, unser Instinkt treibt uns seit Menschen auf diesem Globus existieren jeher zur Vorsicht, zum Abwägen von Risiko und Chance. Und doch brauchte es Zeit, bis das Risiko als Begriff eingegrenzt und als solcher benannt wurde. Zwar umriss bereits Aristoteles das Risiko in seinem Wesen: „Es ist wahrscheinlich, dass etwas Unwahrscheinliches passiert." Doch der Begriff Risiko sollte erst viel später entstehen.

Denn der Risikobegriff und die Methodik eines präventiven Risikomanagements konnten erst entstehen, als die Menschen erkannten, dass die Zukunft nicht bloß den Launen der Götter entsprang und sie auch nicht ein Spiegelbild der Vergangenheit ist (vgl. Romeike und Hager 2013, S. 9). Erst als man sich bewusst war, dass man sein Schicksal auch selbst mitbestimmt, konnten die Grundlagen der Wahrscheinlichkeitstheorie und des Risikomanagements entstehen.

Das Revolutionäre im Vergleich zur Wahrnehmung von Chance und Gewinn sowie von Vergangenheit und Zukunft in der klassischen Antike und im Mittelalter ist die Vorstellung der Neuzeit von Zukunftssteuerung und aktiver Steuerung von Risiken (und Chancen), also der Gedanke, dass die Zukunft nicht nur göttlichen Launen entspringt, sondern Menschen die Zukunft aktiv beeinflussen können. Ob die seit dem 17. Jahrhundert nach und nach entwickelte Theorie des Risikomanagements und der

Risikosteuerung tatsächlich die Spiel- und Wettleidenschaft des Menschen in wirtschaftliches Wachstum, verbesserte Lebensqualität und technologischen Fortschritt kanalisiert hat, sei dahingestellt. Unbestritten ist jedoch, dass Glücksspiel und die Entwicklung des modernen Risikomanagements untrennbar miteinander verknüpft sind (vgl. Cueni 2006). Zwar liegen die Wurzeln der eigentlichen Risikoforschung in der Zeit der Renaissance, als der Mensch sich von den Fesseln der Vergangenheit befreite und tradierte Meinungen und religiöse Vorstellungen offen in Frage stellte, doch ist ein intensives Nachdenken über Zufälle und Wahrscheinlichkeit bereits aus der Antike bekannt. „Die Menschen haben sich vom Zufall ein Bild geschaffen zur Beschönigung ihrer eigenen Unberatenheit", heißt es bei dem griechischen Philosophen und Vorsokratiker Demokrit (* 460/459 v. Chr.; † vermutlich 371 v. Chr.).

Ein Blick auf die Entstehung des Risikobegriffs zeigt aber, dass dieser erstmalig im 14. Jahrhundert in den norditalienischen Stadtstaaten Erwähnung findet. Zur gleichen Zeit trug der verstärkte Seehandel zur Entstehung des Versicherungswesens bei (vgl. Romeike und Hager 2013, S. 32). Der älteste Seeversicherungsvertrag ist fast 700 Jahre alt. Genauer: Im Jahre 1347 in Genua ausgestellt, versicherte er das Handelsschiff „Santa Clara" gegen die Risiken jener Zeit (Raub und Untergang). „Im Falle des Verlustes von Schiff oder Ware war der vereinbarte fiktive Kaufpreis zu entrichten", so das Museum der deutschen Versicherungswirtschaft. Nun hat sich über die Jahrhunderte der Schiffsbau mit neuen Technologien, Materialien und Navigationslösungen erheblich verändert, doch die Risiken sind im Grunde die gleichen. „**Risiko** bezeichnet die damals wie heute existierende Gefahr, dass ein Schiff sinken könne, etwa weil es an einer Klippe zerschellt oder von Piraten gekapert wird" (vgl. Romeike und Hager 2013, S. 32).

Und auch heute müssen sich Reeder gegen die Gefahren der Weltmeere absichern. Und nicht nur Reedereien. So wurde beispielsweise bei der Gründung der ältesten Versicherung der Welt, der Hamburger Feuerkasse im Jahre 1676 (vgl. Nguyen und Romeike 2012), zur Erfüllung der versicherungsbetriebswirtschaftlichen Aufgaben auf ein ausreichendes Risikomanagement geachtet. Im Grunde zeigen die beiden historischen Beispiele, dass sich Unternehmen seit Jahrhunderten mit Risiken beschäftigen und sich gegen deren Eintreten absichern. Und das eröffnet den Teilhabenden wieder Chancen, denn im Falle eines Unglücks auf den Weltmeeren oder bei Brand und Zerstörung waren und sind Unternehmen, Waren und Menschen versichert. Die Entstehung des Risikobegriffs als auch die Entwicklung der ersten Versicherungsverträge können daher historisch betrachtet nicht voneinander getrennt werden (vgl. Romeike und Hager 2013).

1.2.2 Am Anfang stand das Glückspiel

Fakt ist, dass die Ursprünge der modernen Risiko- und Wahrscheinlichkeitstheorie sehr eng mit dem seit Jahrtausenden bekannten Glücksspiel verbunden sind. Menschen erfreuten sich immer am Spiel mit dem Glück, um einen besonders günstigen

1.2 • Vom Orakel zum modernen Risikobegriff

Zufall zu erwischen und eine erfreuliche Fügung des Schicksals in einem bestimmten Moment für sich zu nutzen. Nicht umsonst winkt dem Gewinner umgangssprachlich das Glück. Bis zur Renaissance wussten die meisten Menschen nur sehr wenig von den Systemen der Risiko- und Chancenverteilung. Sie spielten von der Theorie des modernen Risikomanagements völlig unbeeinflusst. Das Glücksspiel war und ist direkt mit dem Schicksal verknüpft. Es ist quasi der Inbegriff eines bewusst eingegangenen Risikos. Dabei spielt es keine Rolle, ob es sich um das bereits bei den Ägyptern und Römern beliebte Würfelspiel handelt oder Glücksspiele der jüngeren Geschichte oder Neuzeit. Bekannt ist durch Ausgrabungen, dass Glückspiele bereits vor rund 5000 Jahren gespielt wurden. Hinzu kamen in späteren Epochen das Kartenspiel, Casinos mit Roulette, Poker und Black Jack oder Pferdewetten bis zum heutigen Automatenspiel und den Online-Wetten.

Ein wichtiges Kriterium des Glückspiels ist der finanzielle Aspekt und Anreiz – entweder durch den Einsatz von Geld oder des Setzens des eigenen Hauses bis zur eigenen Familien, was vor allem in früheren Epochen als gängiger Wetteinsatz Gültigkeit besaß. Bis ins 18. Jahrhundert wurden das Glücksspiel und der „Transfer von Vermögenswerten" als ein Ausdruck des adeligen Selbstverständnisses angesehen. Vermögende durften und konnten es sich leisten, ihr Hab und Gut beim Glücksspiel einzusetzen. Es gehörte zur Selbstdarstellung und zum guten Ton. Das Glücksspiel war eine Art Privileg und eine Zerstreuung vom höfischen Alltag. Demgegenüber galt das Glücksspiel bei der Unterschicht als verpönt und wurde mit Strafe belegt. Denn wer zum einen seinen Unterhalt mühsam erarbeiten musste, der sollte nicht spielen. Zum anderen fürchteten sowohl die Obrigkeit als auch die Kirche, dass mit dem Glücksspiel die Schuldenlast stieg und die Untertanen nicht mehr ihren Steuerverpflichtungen nachkommen konnten (vgl. Ineichen 1996).

So kam es in der Geschichte des Glücksspiels immer wieder zu Verordnungen und Verboten. Sei es durch den „lex alearis" (Glücksspielgesetz) der Römer, das Verbot durch König Ludwig IX. im Jahre 1255, der Beamten das Würfelspiel und das Anfertigen von Würfeln untersagte (vgl. Näther, S. 6), oder die Glücksspielordnung von 1514. Neben einer Verrohung der Sitten in der Gesellschaft, der Politik und dem Militär spielen auch christliche Traditionen beim Verbot von Glücksspielen eine Rolle. Im Mittelalter wurde Glücksspiel auch als persönliches Laster voller Sünde durch die Kirche dargestellt. Schließlich hängen im Christentum Schuld, Sühne sowie Buße und damit das menschliche Handeln als Geldprozess eng miteinander zusammen, wie der Ablasshandel, „den Zehnten geben" oder Kirchensteuern zahlen. Und diese Abgaben durften nicht durch Überschuldung (auch aufgrund von Glücksspielen) gefährdet werden.

Nun hängt der Ausgang von Glücksspielen primär vom Zufall ab und nicht vom Geschick oder den Fähigkeiten der Spieler (abgesehen vom Falschspiel mit gezinkten Würfeln). Die unterschiedlichen Glücksspiele unterscheiden sich u. a. durch die Wahrscheinlichkeit des Gewinnens sowie im Verhältnis der Gewinnausschüttung zu den gezahlten Einsätzen. Im Allgemeinen sind die Spielregeln und Gewinnausschüttungen so ausgelegt, dass ein Glücksspieler auf lange Sicht, also bei häufigem Spiel, Geld verliert. Daher wundert es nicht, dass das Glücksspiel auch mit hohen Risiken gleichgesetzt wird. Denn hohe finanzielle und damit gesellschaftliche Verluste sind eng an das Spiel mit dem Glück gebunden. Mit zunehmender Entwicklung der Glücksspiele wollten die Spieler das jeweilige Ergebnis nicht mehr so einfach dem Zufall überlassen. Die Folge war, dass die mögliche Berechnung der Gewinnchancen und das Fallen der Würfel mithilfe von Analysen in den Mittelpunkt rückten.

Ab dem 16. Jahrhundert widmeten sich viele Wissenschaftler wahrscheinlichkeitstheoretischer Probleme und deren Lösungen, wobei die Ursprünge der Wahrscheinlichkeitsrechnung, mit deren Hilfe Voraussagen über die Häufigkeit von Zufallsereignissen möglich sind, im Wesentlichen auf den italienischen Universalgelehrten Gerolamo Cardano (* 1501; † 1576), den französischen Mathematiker, Physiker und Religionsphilosophen Blaise Pascal (* 1623; † 1662), den französischen Mathematiker und Juristen Pierre de Fermat (* 1607; † 1665), den deutschen Philosophen, Mathematiker, Diplomaten und Historiker Gottfried Wilhelm Leibniz (* 1646; † 1716) sowie den niederländischen Astronomen, Mathematiker und Physiker Christiaan Huygens (* 1629; † 1695) zurückgeführt werden können.

1.2.3 Vom Risiko über die Krise bis zur Chance: eine Begriffsbestimmung

Sprechen wir von der Welt des Risikomanagements, so gilt es auch einen Blick auf die unterschiedlichen Begriffe, ihre Herkunft und Deutung, zu werfen. Gerade aufgrund des vielfachen, teils inflationären und zugleich verwirrenden Einsatzes der Begriffe und ihrer Deutungen sowie der höchst unterschiedlichen Definition je nach Sprach- und Kulturraum.

Etymologisch kann der Begriff Risiko zum einen auf rhiza (griechisch = Wurzel, Klippe) zurückverfolgt werden; siehe auch: risc (arabisch = Schicksal). Auf der anderen Seite steht der Begriff Risiko für das lateinische Wort „ris(i)co", die Klippe, die es zu umschiffen gilt. Jedoch ist der Ursprung des Begriffs bis heute nicht eindeutig geklärt. Während der „Duden" das Wort über das vulgärlateinische, nicht belegte „risicare" (resecare, Gefahr laufen, wagen) auf das altgriechische ῥίζα (rhiza) zurückführt, nennt das Etymologische Wörterbuch der deutschen Sprache als etymologischen Hintergrund nur das vulgärlateinische „resecum" (Felsklippe), der zur Gefahr für Schiffe werden kann.

Der deutsche Begriff des Risikos wird umgangssprachlich verstanden als ein möglicher negativer Ausgang bei einer Unternehmung – mit möglichen Nachteilen, Verlusten oder Schäden. Von Risiken spricht man nur, wenn die Folgen ungewiss sind

1.2 · Vom Orakel zum modernen Risikobegriff

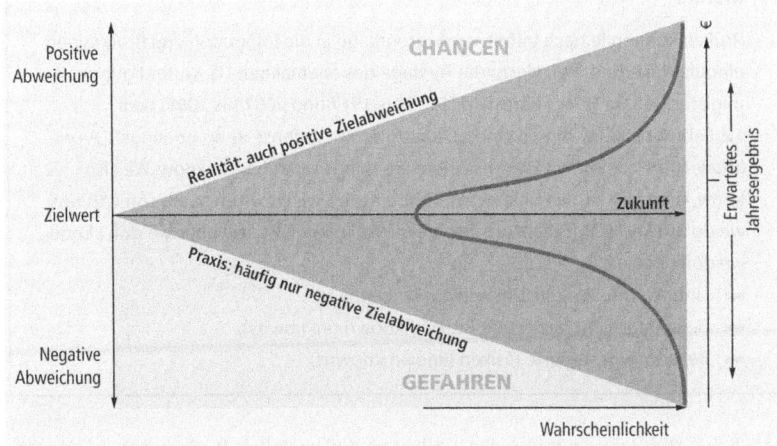

◘ Abb. 1.1 (Moderner) Begriff des Risikos. (Quelle: eigene Darstellung)

(vgl. Brockhaus 2006, S. 199). Eine genauere Definition von Risiken sieht diese aus der Unvorhersehbarkeit der Zukunft resultierenden, durch „zufällige" Störungen verursachten Möglichkeiten, von geplanten Zielwerten abzuweichen.

> **Merke!**
>
> Risiken können daher auch als „Streuung" um einen Erwartungs- oder Zielwert betrachtet werden (vgl. ◘ Abb. 1.1). Risiken sind immer nur in direktem Zusammenhang mit der Planung eines Unternehmens zu interpretieren. Demensprechend ist der operative Risikomanagementprozess als Prozess der systematischen und laufenden Risikoanalyse zu verstehen.

Ziel ist es, frühzeitig Risiken zu identifizieren, die den Fortbestand der Organisation gefährden. Aus diesem Grund ist die möglichst vollständige Erfassung aller Risikoquellen, von Schadensursachen sowie Störquellen ein Hauptziel im Risikomanagement. Wichtig ist in diesem Zusammenhang, dass das Risikomanagement als ein kontinuierlicher Prozess in der gesamten Organisation als Regelkreislauf verstanden und gelebt wird. Daher geht es beim Risikomanagement darum, mit allen Risiken und Chancen umzugehen, die aus dem Führungs- und Durchführungsprozess der unternehmerischen Tätigkeit entstehen können.

> **Merke!**
>
> Risiken können je nach Informationsgrundlage in die folgenden drei Risikotypen eingeteilt werden (vgl. hierzu die Aussage des ehemaligen US-Verteidigungsminister Donald Henry Rumsfeld (1975 bis 1977 und 2001 bis 2006) vom 12. Februar 2002 während eines „Department of Defense news briefings": "As we know, there are known knowns. There are things we know we know. We also know, there are known unknowns. That is to say, we know there are some things, we do not know. But there are also unknown unknowns, the ones we don't know, we don't know."):
> - Unbekannte Risiken (unknown unknowns),
> - Bekannte/nicht bewertete Risiken (known unknowns),
> - Bekannte/gesteuerte Risiken (known knowns).

Mögliche Abweichungen von den geplanten Zielen stellen Risiken dar – und zwar sowohl negative (Gefahren) wie auch positive Abweichungen in Form von Chancen. Dieser Definition folgend, umfasst das Risiko gleichfalls die Chancen als zweite Seiten einer Medaille. Denn ohne die Übernahme von Risiken würde es keine Chancen geben. Allerdings ist die Übernahme bestimmter Risiken ein bewusst getroffener Prozess. Auf die Organisationsseite heruntergebrochen, wird der Erfolg von Unternehmen maßgeblich dadurch bestimmt, dass diese die „richtigen" Risiken eingehen. Dabei sollten sich alle Mitarbeiter eines Unternehmens ihrer Entscheidungen und Handlungen der jeweiligen Chancen und Gefahren bewusst sein. Wichtig ist in diesem Zusammenhang die möglichst frühzeitige und umfassende Erfassung von Risiken und Chancen. Denn nur identifizierte Risiken lassen sich von der Unternehmensführung bewerten und steuern.

Dementsprechend geht das Stammwort auf das lateinische Verb „cadere" (fallen) zurück. Demgegenüber bezeichnet eine Gefahr eine Bedrohung der Sicherheit, sprich: Es droht Unheil, wobei eine Störung eine bereits realisierte Gefahr darstellt (vgl. Brockhaus 2006, S. 311). Um Gefahren erfolgreich kontrollieren zu können (technisch, organisatorisch und verhaltensbezogen) ist das Wissen um die vorhandene Gefahr und deren potenzielle Wirkung notwendig (vgl. Lexikon der Psychologie 2000, S. 105). Eine Krise, vom griechischen krísis abstammend, kennzeichnet den Höhepunkt einer problematischen Entwicklung oder einer massiven Störung des gesellschaftlichen, politischen oder wirtschaftlichen Systems (vgl. hierzu auch ◘ Abb. 1.2). Diese Störung ist mit herkömmlichen Mitteln nicht zu bewältigen. Die Bewältigung einer Krise öffnet den Weg hin zu einem positiven oder negativen Ausgang der Krise. Damit birgt eine Krise gleichzeitig die Chance zur Verbesserung des Systems.

1.2 · Vom Orakel zum modernen Risikobegriff

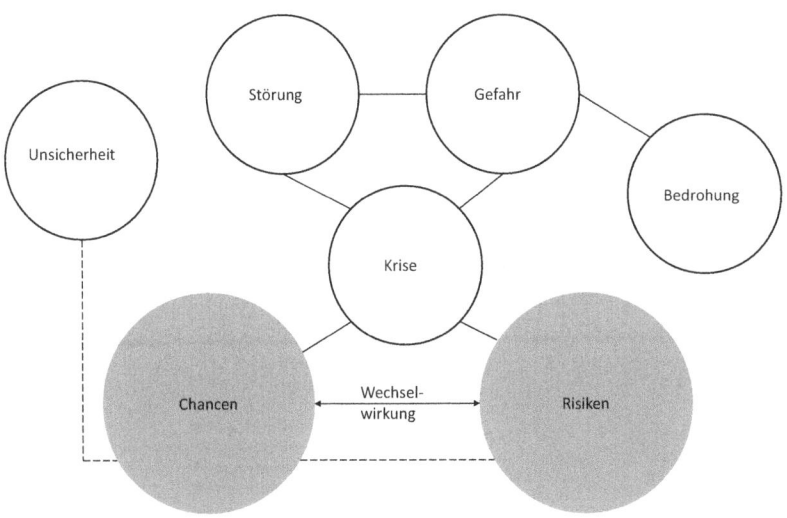

◘ **Abb. 1.2** Unterschiedliche Begriffe und ihre Beziehung zueinander. (Quelle: eigene Darstellung)

> **Merke!**
>
> Der Begriff der Chance bezeichnet allgemein die Bedeutung „glücklicher Umstand", dem ursprünglich „glücklichen" Fall der Würfel in einem Glücksspiel.

Die Bedrohung wiederum charakterisiert eine Konfrontation mit lebensverändernden Ereignissen, wie physische Bedrohung (zum Beispiel Folter), allgemeine physische Bedrohung (u. a. die Naturkatastrophe), spezielle Ich-Bedrohung (verbunden mit inakzeptablen Gefühlen) sowie die generelle Ich-Bedrohung, die mit einer vagen Bedrohung, u. a. durch Stress, einhergehen kann (vgl. Lexikon der Psychologie 2000, S. 186). Dies liegt daran, dass die Konsequenzen von anderen, nicht kontrollierbaren, Ereignissen abhängig sind. Gerade in diesen ungewissen Situationen neigen Menschen dazu, mithilfe besonderer Strategien die Ereignisse und Situationen zu beurteilen (Stichwort Heuristiken). Diese werden aus Sicht der Wahrscheinlichkeitstheorie als Fehler angesehen (vgl. Lexikon der Psychologie 2000, S. 367).

> **Merke!**
>
> Die Unsicherheit wiederum ist das fehlende Wissen über die möglichen Konsequenzen von Entscheidungsoptionen (vgl. hierzu ◘ Abb. 1.3).

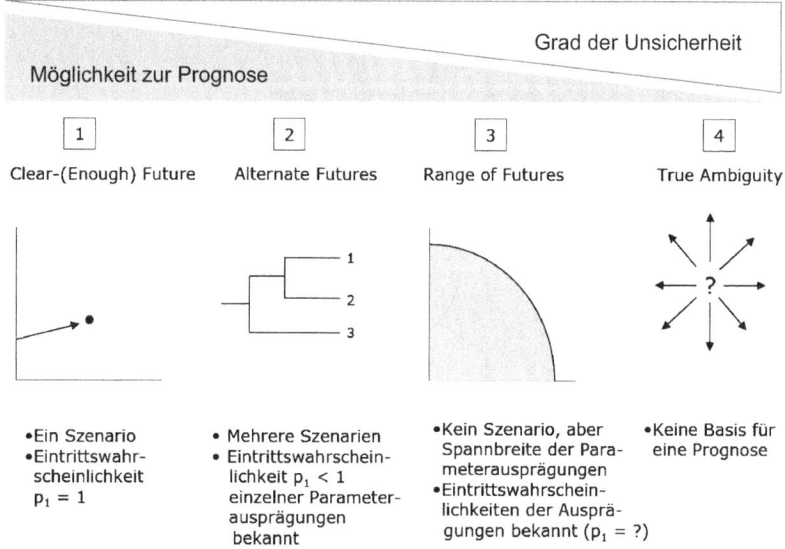

Abb. 1.3 Grad der Unsicherheit vs. Möglichkeit zur Prognose. (Quelle: eigene Darstellung in Anlehnung an Weber et al. 1999, S. 13)

Risiken sind klar von Entscheidungen unter Sicherheit abzugrenzen (vgl. Abb. 1.3). Bei Entscheidungen unter Sicherheit fehlt das Charakteristikum der „Zufälligkeit", da ein Ereignis sicher eintritt. Die Eintrittswahrscheinlichkeit dieses Ereignisses p beträgt somit 100 %. Risikomanagement konzentriert sich daher auf Entscheidungen unter Risiko sowie Entscheidungen unter Unsicherheit. Als Unsicherheit bezeichnet man einen bewusst wahrgenommenen Mangel an Sicherheit oder an Reliabilität und Validität. Bei Entscheidungen unter Unsicherheit sind die möglichen Szenarien mit ihren Auswirkungen nicht oder nicht vollständig bekannt; auch können für die Szenarien keine Eintrittswahrscheinlichkeiten angegeben werden.

Bei Entscheidungen unter Risiko dagegen sind Informationen über die möglichen zukünftigen Alternativen als auch ihre Eintrittswahrscheinlichkeiten vorhanden. Im Hinblick auf die Charakteristika der Risiken kommt dem Grad der Unsicherheit in der Praxis eine sehr hohe Bedeutung zu. Der US-amerikanische Ökonom Frank H. Knight (vgl. Knight 1921) unterschied bereits zu Beginn des letzten Jahrhunderts bei Situationen der Unsicherheit zwischen Ungewissheit (Uncertainty) und Risiko im engeren Sinn (risk). In Abb. 1.3 ist das Szenario der nicht berechenbaren Unsicherheit rechts abgebildet („True Ambiguity"). Derartige außergewöhnliche Einzelereignisse werden auch als „Schwarze Schwäne" (Black Swan) bezeichnet. Es handelt sich um Ausreißer, die außerhalb des üblichen Bereichs der Erwartung liegt, da in der Vergangenheit nichts Vergleichbares geschehen ist.

1.3 Gute Unternehmensführung oder Corporate Governance

Manchmal lohnt ein Blick in die Historie, um Erkenntnisse für die Gegenwart und Zukunft zu gewinnen, beispielsweise über gute Unternehmensführung oder die Abwägung von Chancen und Risiken. Bereits der Fall von Troja mithilfe des Trojanischen Pferdes lehrt uns viel über funktionierendes und fehlerhaftes Risiko- und Chancenmanagement (immerhin war Kassandra durch ihre hellseherischen Fähigkeiten die perfekte Risikomanagerin; allerdings fehlte bei den Bürgern Trojas eine gelebte Risikokultur). Nach dem Sieg über Troja begab Odysseus sich mit seinen zwölf Schiffen auf die Heimreise.

Der schlaue Sagenheld und listenreiche Seefahrer erkannte auf seiner Reise proaktiv und präventiv (basierend auf einem Vorausdenken potenzielle Szenarien und einem vorausschauenden Frühwarnsystem und Krisenmanagement), dass Wasser und Nahrung an Bord langsam knapp wurden. So beschlossen Odysseus und seine Gefährten, auf der (gefährlichen) Insel der Kyklopen (oder auch Zyklopen in deutscher Sprache) zu landen. Die Kyklopen waren einäugige Riesen, die auf der Insel als Schafhirten lebten. Angekommen auf der Insel legte sich Odysseus mit dem größten der Zyklopen, Polyphem, an. Die Konsequenz war ein sofortiger Risikoeintritt: Er wird postwendend mit seinen Männern in eine Höhle gesperrt. Dort nun beginnt Polyphem, die ersten Männer aus Odysseus' Mannschaft genüsslich zu verspeisen. Doch Odysseus verzagt nicht, sondern stellt sich dem Riesen mit dem Namen „Outis" vor (ein im Deutschen nicht wiederzugebendes Wortspiel, da „Outis" zugleich „Odysseuschen" und „Niemand" bedeutet). Schließlich kann er ihn (im Sinne einer aktiven Risikosteuerung) in ein Gespräch verwickeln und betrunken machen. Mit einem glühenden Holzpfahl stechen sie dem schnarchenden Polyphem danach das einzige Auge aus. Dieser ruft sofort die anderen Kyklopen mit den Worten „Niemand hat mich geblendet!" zu Hilfe. Doch alle halten ihn für verrückt und kümmern sich nicht weiter um ihn. Am nächsten Morgen rollte der geblendete Riese Polyphem den Stein zur Seite und blieb vor dem Höhleneingang sitzen, um Odysseus und seine Männer bei einem Fluchtversuch zu erwischen. Als nun seine Widder ins Freie traten, tastete er nur deren Rücken ab, während Odysseus und seine Männer sich an deren Bauchfell festklammerten. Diese äußerst weitsichtige Chancen- und Risikobewertung und präventive Risikosteuerung rettete ihnen das Leben. So zog Odysseus weiter zur Insel der Sirenen. Auch hier beweist er, dass er ein erfolgreicher Chancen- und Risikomanager ist (insbesondere durch ein proaktives Frühwarnsystem und das Antizipieren potenzieller Szenarien).

Als er seine Fahrt vorbei an den liebreizenden aber zugleich gefährlichen Sirenen plante, befolgte er den Rat der Zauberin Kirke. Sie schlug ihm und seinen Männern eine Art „Verhaltenskodex" vor, um mit seinem Schiff die gefürchteten Sirenen zu passieren.

Die Chancen auf ein weiteres Leben wahrend und die Risiken des Getötetwerdens minimierend, verstopften sich die Männer die Ohren mit Wachs. Somit konnten diese die betörenden Gesänge der Sirenen nicht hören. Odysseus selbst ließ sich an den Mast des Schiffes binden, damit er den Lockungen der Sirenen nicht erliegen konnte. Im Grunde handelt es sich bei dem von Homer beschriebenen Abenteuer des Odysseus um ein praxisnahes, proaktives und effektives Risikomanagement. Im Klartext heißt das: Was uns Odysseus Abenteuer im speziellen Fall lehrt, ist ein Chancen- und Risikomanagement par excellence. Die beste Route wählen. Chancen und Risiken in Abstimmung mit Kirke, als eine Art Analystin fungierend, im Vorfeld abwägen, um die richtigen Schlüsse zu ziehen und vorausschauend zu agieren. Manch Unternehmen könnte aus dieser scheinbar simplen Geschichte rund um den Kapitän sowie Risikomanager Odysseus für das hier und jetzt lernen.

Denn die Fähigkeit, Chancen und Gefahren (Risiken) adäquat abzuwägen, ist ein zentraler Erfolgsfaktor des unternehmerischen Erfolgs. Der Erfolg eines Unternehmens hängt wesentlich von der Qualität der Entscheidungen der Unternehmensführung ab. In diesem Kontext zählt Risikomanagement zu den originären Leitungsaufgaben eines jeden Geschäftsleiters und ist fester Bestandteil einer guten „Corporate Governance". Auch, weil jede unternehmerische Tätigkeit direkt mit Unsicherheit und damit den hieraus entstehenden Chancen und Risiken zusammenhängt. Bei jeder unternehmerischen Entscheidung geht es schlussendlich um das Abwägen von Chancen und Risiken. In diesem Kontext spielt vor allem der **Risikoappetit** des Entscheiders eine wesentliche Rolle.

1.3.1 Corporate Governance: transparente Unternehmenskommunikation

Doch was umfasst den Begriff der **Corporate Governance**?

> **Merke!**
>
> Unter Corporate Governance wird der rechtliche und faktische Ordnungsrahmen für die Leitung und Überwachung eines Unternehmens verstanden (vgl. von Werder 2015). Neben dem rechtlichen Rahmen mit all ihren Gesetzen, Normen und Standards steht bei Corporate Governance das Ziel einer guten, verantwortungsbewussten und auf langfristige Wertschöpfung basierende Unternehmensführung im Mittelpunkt (vgl. Romeike und Hager 2013, S. 111). Dazu gehören alle Elemente und Rahmenbedingungen für eine verantwortungsbewusste und zielführende Funktion und Überwachung der Unternehmensführung.

1.3 · Gute Unternehmensführung

Neben Gesetzen und Standards (vgl. ▶ Abschn. 1.4.2) kommen bei einer Corporate-Governance-Strategie auch organisationsinterne Richtlinien und festgelegte Werte zum Einsatz. Hierzu zählen auch Regeln, die das Zusammenspiel zwischen der Führungsetage und den Mitarbeitern sowie zwischen den einzelnen Organisationseinheiten ermöglichen. Hinzu kommen weitere Akteure, die im Sinne einer vorausschauenden und transparenten Unternehmensführung und -kommunikation zwingend einzubinden sind, seien es beispielsweise Aktionäre oder Zulieferer.

Um den Passus der „guten und verantwortungsvollen Unternehmensführung" zu erfüllen, sind alle Mitarbeiter und deren Kommunikation das entscheidende Bindeglied im Gesamtprozess der Corporate Governance. Sie wirken nach innen und außen und repräsentieren ihr Unternehmen (Stichworte u. a.: Employer Branding und Corporate Social Responsibility, CSR). Das wiederum sorgt für ein positives Klima und eine transparente Unternehmenskommunikation, die weitere Türen für das notwendige Vertrauen in der Organisation öffnet. Im Grunde geht es wie bei Odysseus darum, dass die „Mannschaft" sich aufeinander verlassen kann, aufeinander eingespielt ist. Für die Gesamtsicht und den Zusammenhalt braucht es einen erfahrenen Kapitän, der den Blick nach vorn richtet und die eigene Organisation zukunftsgewandt führt, auch in gefährlichen Situationen. Schaut man auf die Begriffe Corporate Governance, Compliance und Controlling, so fällt die Nähe dieser Begriffe zueinander auf. Dies erklärt sich dadurch, dass das Controlling aufgrund seiner Effektivitäts- und Effizienzsicherung sowie der Methodenkompetenz für die Bereiche Corporate Governance und Compliance hilfreiche Dienste erweisen kann, inklusive der Steuerungsfunktion und der Führungsunterstützung (vgl. Fischer et al. 2015, S. 494).

> **Merke!**
>
> In diesem Kontext steht der Begriff **Compliance** für die Einhaltung rechtlicher und ethischer, branchenabhängiger und organisationsinterner Regelungen. Spricht man von Compliance, so wird damit auch immer das regelkonforme Verhalten aller Mitarbeiter gleichgesetzt, vom Top-Management bis zur Mitarbeiterebene.

Auch von externen Unternehmen und Vertragspartnern wird dieses Verhalten mehr und mehr eingefordert. Somit hat das Compliance-Management neben dem internen Fokus auch immer eine ausstrahlende Wirkung auf externe Beteiligte.

Ein Umstand, den die Managementebene bei ihrem Blick auf dem kompletten Compliance-Prozess zwingend in ihrer gesamten Risikobetrachtung berücksichtigen muss.

Die enge Verzahnung der Bereiche Risikomanagement, Controlling, Governance und Compliance führt in den letzten Jahren zu einer stärkeren Gesamtbetrachtung in Organisationen. Ziel ist daher die Schaffung integrierter Managementsysteme zu Governance, Risk und Compliance (**GRC**) unter einem „organisatorischen" Dach. Dies

Tab. 1.1 Wesentliche Inhalte, Ziele und Mehrwerte von Governance, Risk und Compliance

Corporate Governance	Risikomanagement	Compliance
Rechtlicher und faktischer Ordnungsrahmen zur Leitung und Überwachung eines Unternehmens	Umgang mit Risiken und Chancen, die aus dem Führungs- und Durchführungsprozess der unternehmerischen Tätigkeit entstehen	Einhaltung rechtlicher und ethischer, branchenabhängiger und organisationsinterner Regelungen
Ziel: gute und verantwortungsbewusste Unternehmensführung (auf Langfristigkeit ausgelegt)	Ziel: frühzeitige Identifikation von Risiken, die den Fortbestand der Organisation gefährden, um zu einer vorwärtsgewandten Chancensicht zu gelangen und eine Organisation wertorientiert zu steuern	Ziel: regelkonformes Verhalten aller Mitarbeiter im Sinne des Unternehmens
Mehrwert: Die Unternehmensführung leitet vorausschauend und im Sinne der Gesamtorganisation, unter Einbeziehung aller Mitarbeiter	Mehrwert: Es entsteht eine vorausschauende Risiko- und Chancensicht, die neue Handlungsoptionen für die Zukunft eröffnet	Mehrwert: Rechtliche Rahmenbedingungen werden eingehalten, auch mit Blick auf unterschiedliche kulturelle Aspekte sowie sozialer und ethischer Gesichtspunkte

erklärt sich einerseits durch den vielfachen Wildwuchs an Bereichen, heterogenen (Sub-)Systemen und Insellösungen ohne klare Entscheidungs- und Überwachungsgrundlage für die Geschäftsführung. Anderseits reagiert der Gesetzgeber in vielen Bereichen mit verschärften Regelungen zur bindenden Integration von Risikomanagement- sowie Kontroll- und Überwachungssystemen (vgl. ▶ Abschn. 3.4). An dieser Stelle sei darauf verwiesen, dass die zahllosen Angebote zur Softwareunterstützung im Bereich des Risikomanagements, des Internen Kontrollsystems oder kompletter Lösungen zu GRC nur unterstützend wirken können. Maßgabe für das Gelingen eines Gesamtprozesses zum Risikomanagement ist und bleibt der Mitarbeiter in der eigenen Organisation – von der Führungskraft bis zu jedem Mitarbeiter in den einzelnen Abteilungen. In ◘ Tab. 1.1 sind die wesentlichen Unterschiede zwischen Corporate Governance, Risikomanagement und Compliance kompakt zusammengefasst. ◘ Abb. 1.4 visualisiert die Zusammenhänge zwischen den einzelnen Teilgebieten.

1.3 · Gute Unternehmensführung

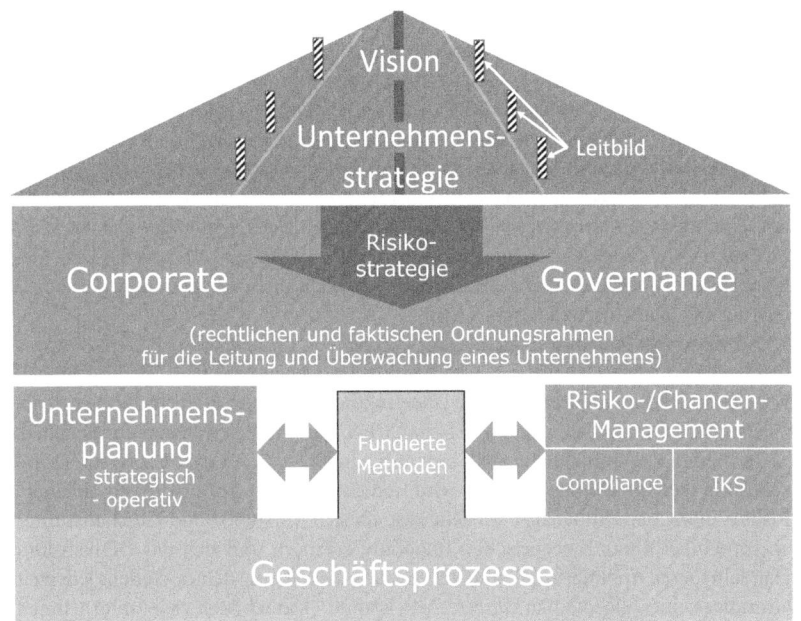

◘ Abb. 1.4 Von der Vision zum Geschäftsprozess. (Quelle: eigene Darstellung)

1.3.2 Vom ehrbaren Kaufmann und dem „Wort halten"

Die Realität in der täglichen Managementarbeit sieht indes vielfach anders aus. Managementverfehlungen führen regelmäßig zu Unternehmensschieflagen oder gar -zusammenbrüchen. Anders formuliert ist es mit der Einsicht, der Gesetzestreue und dem Leitbild des „ehrbaren Kaufmanns" nicht weit her. Denn das war einst Sinnbild für die verantwortungsvolle Teilhabe am Wirtschaftsleben – nach innen und außen gerichtet. Als Garantie diente der ehrbare Kaufmann jahrhundertelang als feste Größe in unwägbaren Zeiten, ohne festgeschriebene Handelsgesetze, im Zeitalter von Kriegen und Verwerfungen sowie wechselnden Machtverhältnissen. Er war bodenständig, vorsichtig und risikoscheu auf der einen Seite. Gleichzeitig zeichnete ihn auf der anderen Seite Wagemut aus.

Kurzum: Er ging kalkuliert Risiken ein, um neue Handelsbeziehungen in entfernten Teilen der bekannten Welt aufzubauen. Und das zu einer Zeit, als die bekannte Wirtschaftswelt Europas von den Kaufleuten der Hanse im Norden und den italienischen Kaufleuten des Südens geprägt wurde. Einen wichtigen Eckpfeiler bildete in diesem Kontext die Ehre, die in vielen Fällen als höchstes Gut innerhalb der Gesellschaft fungierte. Das bedeutet, dass der Erfolg eines Kaufmanns nicht nur durch praktische Fähigkeiten wie Lesen, Rechnen oder Schreiben sowie aufgrund seiner Talente wie sozialer Kompetenz oder dem Verhandlungsgeschick beeinflusst wurde. Hinzu kamen vor allem auch ethische Kompetenzen. Tugenden wie Integrität, Aufrichtigkeit oder Anstand ließen den Kaufmann ehrbar werden. Der ehrbare Kaufmann zeichnete sich dadurch aus, dass sein Wort jederzeit Gültigkeit besaß und man sich auf seine Aussagen verlassen konnte. Ein wichtiger Hinweis, schließlich galt das Wort in Zeiten ohne festgeschriebene Rechtsgrundlage als einzige verbindliche Basis des geschäftlichen Wirkens. Wer es brach, dem war nicht mehr zu vertrauen, der wurde teils aus der Gemeinschaft ausgestoßen.

Kurzum: Die Person war nicht mehr ehrbar. Von diesem „Wort halten" sind wir heute weit entfernt. Der ehrbare Kaufmann ist weitgehend aus dem Sprachgebrauch verschwunden und mit ihm das stille Übereinkommen sich an klare und transparente Spielregeln des wirtschaftlichen, gesellschaftlichen und sozialen Miteinander zu halten.

In diesem Zusammenhang stellt sich auch die Frage, wie Risikomanagement dezentral in einer Organisation gelebt wird und ob sich jeder Mitarbeiter als „kleiner" Risiko- und Chancenmanager versteht bzw. ob sich Vorstände und Geschäftsführer an Immanuel Kants Kategorischen Imperativ erinnern und sich das Denken und Handeln hieran orientiert: „Handle stets so, dass die Maxime deines Wollens jederzeit Grundlage eines allgemeinen Gesetzes sein könnte." Dann hätten viele Unternehmen (vgl. Kodak, Karstadt-Quelle, Air Berlin, Schlecker, Enron, WorldCom, Tyco International, Ahold, SAirGroup, Metallgesellschaft, Schieder Möbel, Beluga Shipping, Flowtex, Bremer Vulkan, Neue Heimat, Comroad, EM.TV, Parmalat, Siemens, Volkswagen etc.) einen Skandal weniger bzw. wären nicht in den Abgrund gestürzt und für immer von der Bildfläche verschwunden (vgl. hierzu vertiefend Peemöller et al. 2017). Leider sieht die Unternehmensrealität heute anders aus. Das Zitat eines Top-Managers des ehemaligen US-Energieriesens Enron bringt diese Denkweise auf den Punkt: „You can break the rules, you can cheat, you can lie, but as long as you make money, it's all right." Viele Risiken könnten heute vermieden werden, wenn sich Entscheider an die Tugenden des ehrbaren Kaufmanns wieder stärker erinnern würden.

> **Kulturelle Unterschiede nicht vergessen**
>
> In diesem Zuge sei exemplarisch auf kulturelle Unterschiede im Umgang mit Risiken und Chancen verwiesen. Länderkulturen sind teils sehr unterschiedlich und ein übergestülpter „One size fits all"-Ansatz greift hier zu kurz – nicht nur aus sprachlichen oder regulatorischen Gründen, sondern aufgrund kultureller Gesichtspunkte. Allerdings beziehen sich Fragen zur Unternehmens- oder Governance-Kultur rein auf die jeweilige Organisation.

Das heißt, in der Praxis dominiert häufig der Mikrokosmos und nicht das große Ganze. Im Umkehrschluss bedeutet das, man sollte die Binnensicht verlassen und den Blick auf die Außensicht lenken. Konkret müssen sich Führungskräfte und ihre Risikomanager in die Lage des jeweiligen Landes samt den politischen, kulturellen und gesellschaftlichen Gegebenheiten versetzen. Denn neben dem gesteckten Rahmen der Gesetze existieren gleichfalls ungeschriebene Gesetze, deren Missachtung massive Reputationsverluste nach sich ziehen kann. Mit anderen Worten: Gepflogenheiten in einem Kulturkreis können zum Ausschluss in einem anderen führen und umgekehrt. Von daher sollten Unternehmen, die multinational aufgestellt sind, ihren Schulungsprozess auch auf interkulturelle Aspekte legen. Ein Thema, das sich gleichfalls auf weitere Bereiche erstreckt, wie die Felder Compliance oder das Chancen- und Risikomanagement. Für Unternehmen heißt das beispielsweise, dass sie ihre Lieferketten in Afrikas, Asiens oder Südamerikas Ländern unterschiedlich gestalten müssen. So wird es in einem globalen Kontext schier unmöglich, eine „hundertprozentige Regelkonformität" umzusetzen. Denn Regularien widersprechen sich und Rechtssysteme (beispielsweise Civil Law versus Römisch-germanischer Rechtskreis) sind nur schwer vergleichbar (vgl. Erben und Romeike 2016, S. 17).

Sei es aufgrund einer enormen Bürokratie vor Ort, durch Streiks von Beschäftigten, permanenten Wegzöllen korrupter Polizisten oder weil Entführungen und Lösegelderpressungen von Mitarbeitern drohen. Und auch Arbeitsbedingungen, Umweltstandards und Mindestlöhne in den Fertigungsstätten dieser Welt sind ein Thema, dem sich Führungskräfte der Unternehmen nicht verschließen können. Wer als Unternehmenslenker unter menschenunwürdigen Bedingungen Bekleidung in schäbigen Hinterhöfen dieser Welt billigst herstellen lässt, der handelt nicht im Sinne einer „Good Corporate Governance". Wer als Topmanager nicht im Vorfeld offen und transparent mit seinen (weltweiten) Mitarbeitern über Umstrukturierungen, Verkäufe von Unternehmensteilen oder gar des kompletten Unternehmens spricht, hat den Wert und vor allem den tieferen Sinn von Corporate Governance als Wertesystem nicht verstanden. Negative Beispiele solcher und weiterer Missstände gibt es genug.

Im Umkehrschluss erfordert das alles Offenheit, Transparenz, Flexibilität im Denken und Handeln sowie ein klares Signal der Entscheiderebene, dass ein nachhaltiges Wertemanagement sowie Kulturunterschiede wesentliche Bestandteile der Unternehmensphilosophie sind – und das nicht nur auf dem Papier. Vielmehr müssen Vorsätze der guten Unternehmensführung in eine Gesamtstrategie des Unternehmens inklusive eines klaren Leitbilds eingebettet sein. Unternehmen, die das beherzigen, werden auch auf anderen Erdteilen und in anderen Kulturkreisen Erfolg mit ihrer Corporate-Governance-Strategie haben. Gleiches gilt übrigens auch bei der Beurteilung von Risiken. Denn andere Kulturkreise interpretieren Risiken anders und haben dementsprechend ein anderes Verständnis von Risiken.

1.4 Risikomanagement: Welt der Gesetze, Normen und Standards

Ein Blick auf die Gesetze im Risikomanagementumfeld verraten die scheinbar grenzenlose Welt – rund 2000 Gesetze und etwa 3500 Verordnungen mit insgesamt rund 77.000 Artikeln und Paragrafen allein in Deutschland. Ein Blick auf die Gesetze, Normen und Standards zum Risikomanagement zeigt eine große Bandbreite an Handlungsleitlinien, die Organisationen in allen Branchen und Größen zur Verfügung stehen, und allein im deutschsprachigen Raum greifen oder in Kraft treten.

1.4.1 Gesetzeslage im Überblick

Zum rechtlichen Rahmen zählt u. a. das umfangreiche Artikelgesetz „Gesetz zur Kontrolle und Transparenz im Unternehmensbereich", kurz KonTraG, wonach die Einrichtung eines Risikomanagements sowie einem Überwachungssystem verlangt wird (vgl. hierzu § 91 Abs. 2 AktG), inklusive des Aufbaus eines Risikofrüherkennungssystems und angemessener Kommunikationsstrukturen. § 43 GmbHG sieht darüber hinaus die Sorgfaltspflicht der Geschäftsführung vor sowie § 76 Abs. 1 AktG die allgemeine Leitungspflicht des Vorstands. Daraus folgt, dass der Vorstand/der Geschäftsführer angemessen mit Risiken umgehen muss.

> Im Klartext heißt das: Risikomanagement ist die originäre Leitungspflicht des Vorstands oder Geschäftsführers.

Bereits in § 91 Abs. 2 AktG wird klargestellt, dass der Vorstand geeignete Maßnahmen zu ergreifen hat, inklusive der Einrichtung eines internen Überwachungssystems, damit für die Organisation bestandsgefährdende Entwicklungen frühzeitig erkannt und Gegenmaßnahmen eingeleitet werden. Im Umkehrschluss setzt dies ein Risikomanagementsystem voraus, das organisationsweit greift, der Unternehmensführung eine umfassende Informations- und Entscheidungsgrundlage bietet und zukunftsgerichtet aufgebaut ist. Wichtige Faktoren sind dabei auch die Angemessenheit und Wirksamkeit der eingesetzten Risikofrüherkennungs- und Überwachungssysteme. Dies sollte in Form eines internen Kontrollsystems (IKS) erfolgen. Und auch die Business Judgement Rule (BJR) stellt klar, dass jede unternehmerische Entscheidung mit Risiken verbunden ist (vgl. Hartmann und Romeike 2015). In diesem Zusammenhang droht dem Vorstand einer AG eine persönliche Haftung aus einer Pflichtverletzung.

Weitere, spezifische Regelungen wie der Sarbanes-Oxley-Act, Basel I bis IV oder MaRisk für Banken sowie VAG und Solvency II im Versicherungsumfeld, zählen zu den Regelungen mit Bezug zum Risikomanagement.

1.4.2 Normen und Standards

Während Gesetze kompliziert sind, sind sie zumindest unumstößlich und bindend. Die Lage im Standardisierungsbereich ist weniger eindeutig. Aktuell bestehen mehr als 100 Guidelines, Normen und Standards im Bereich Risikomanagement. Hierzu zählen branchen- und themenspezifische Regelungen, wie die Vorgaben des Bundesamts für Sicherheit in der Informationstechnik (BSI) oder die internationalen Regelwerke ISO 17799 zur Informationssicherheit oder ISO 22301 zum Thema Business Continuity.

Bei den branchenübergreifenden Regelungen kann das COSO-ERM Framework (formuliert vom „Committee of Sponsoring Organizations of the Treadway Commission" und propagiert vor allem von Wirtschaftsprüfern) auf eine lange Historie zurückblicken. Als internationaler Standard für ein unternehmensweites Risikomanagement kam COSO in der Vergangenheit vor allem in den USA zum Einsatz und ist europaweit im Zusammenhang mit IKS bekannt (vgl. ◘ Abb. 1.5). Aufgrund des komplexen COSO-Standards sehen Experten diesen in der Regel eher bei großen Konzernen als praktikablen Standard. Darüber hinaus bietet CobiT (Control Objectives for Information and Related Technology) als internationaler Standard und Framework einen wichtigen Kontroll- und Steuerungsansatz für Systeme und Prozesse in Organisationen. Neben dem Management der Unternehmens-IT zielt CobiT vor allem auf Führungs- und Kontrollaufgaben ab.

In vielen Fällen herrschte allerdings lange das Prinzip der „Wagenburgmentalität". Australien und Neuseeland entwickelten in der Vergangenheit mit dem AS/NZS 4360 einen eigenen Risikomanagementstandard.

Hinzu kommt die in Österreich und der Schweiz erarbeitete Norm „ONR 49000 ff". Beide Regelwerke beeinflussten maßgeblich die Entwicklung des internationalen Standards ISO 31000, der international in den vergangenen Jahren in vielen Unternehmen vor allem den COSO-Standard abgelöst hat. Der internationale Standard ISO 31000 wurde als „Top-level-Ansatz" entworfen und soll vor allem ein einheitliches Verständnis von Risikomanagement herstellen.

Mit der ISO-Norm 31000 zielen die Protagonisten darauf ab, Risikomanagement mit bestehenden Managementsystemen zu verbinden und ein aktives sowie vorbeugendes Risikokontrollsystem zu etablieren. Ziel ist ein integriertes Managementsystem. Die Grenzen zwischen Qualitätsmanagement, Arbeitssicherheit, Risikomanagement und weiteren Managementsystemen verschwimmen zu einem integrierten (Management-)System.

Kritiker sehen auf der anderen Seite im ISO-Standard 31000 einen rein generischen Ansatz (Ansatz des „kleinsten gemeinsamen Nenners"), ohne die unternehmens- und branchenspezifischen Aspekte eines Risikomanagements angemessen zu berücksichtigen. Bei der Heterogenität der Branchen und Unternehmensgröße stellt sich hier die Frage, inwieweit ein Standard überhaupt alle spezifischen Anforderungen berücksichtigen kann.

Four categories of objectives:

▸ **Strategic** – high-level goals, aligned with and supporting its mission

▸ **Operations** – effective and efficient use of its resources

▸ **Reporting** – reliability of reporting

▸ **Compliance** – compliance with applicable laws and regulations

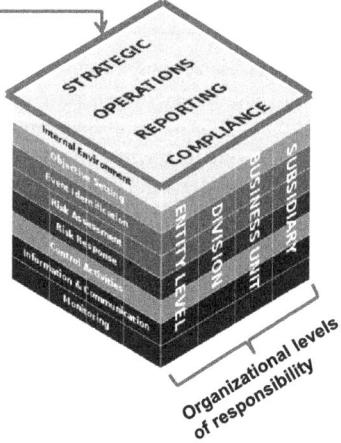

◻ Abb. 1.5 Aufbau und Struktur von COSO ERM. (Quelle: eigene Darstellung basierend auf COSO)

Im Bereich der **Corporate Governance** existieren neben den Bestimmungen des deutschen Aktiengesetzes (AktG) sowie des Mitbestimmungsgesetzes (MitbestG) zahlreiche Standards und Normen, wie die bereits erwähnten Beispiele des COSO-Standards oder der ISO 31000.

Hinzu kommen der Deutsche Corporate Governance Kodex (DCGK), die OECD-Grundsätze oder das „Grünbuch Europäischer Corporate Governance-Rahmen" der EU. Vor allem der DCGK wurde durch den Gesetzgeber gestärkt, da nach § 161 AktG Vorstände und Aufsichtsräte börsennotierter Gesellschaften jährlich eine Erklärung abgeben müssen, dass den Empfehlungen des Kodex entsprochen wurde. Darüber hinaus ist eine sogenannte Entsprechungserklärung abzugeben, wenn bestimmte Empfehlungen nicht angewendet wurden oder werden („comply-or-explain-Mechanismus").

Alle Standards gehen sowohl in ihrem Aufbau als auch den Inhalten in eine ähnliche Richtung, womit eine Art Mainstream oder „anerkannter Standard" im Entstehen ist. Diese ebnen den Weg zu einer internationalen Harmonisierung und einer einheitlichen Architektur. Dieser Argumentation ist entgegenzuhalten, dass beispielsweise sowohl das COSO-Framework als auch ISO 31000 zu generisch formuliert sind, die lediglich einen niedrigen Reifegrad des unternehmerischen Risikomanagements („risk maturity level") abbilden. Außer einem Rahmen werden Anwendern keine konkreten Lösungsvorschläge oder methodische Ansätze unterbreitet. Es fehlt an differenzierten Betrachtungen und Antworten für einzelne Fragestellungen und Sachverhalte (beispielsweise unterschiedliche Herangehensweisen in einem projekt- oder prozessorientierten Unternehmen).

Gerade kleine und mittlere Unternehmen könnten von solchen praxisorientierten Leitlinien profitieren. Zudem lassen internationale Unterschiede im Umgang mit Risk, Governance und Compliance sowie massive Branchenunterschiede eine standardisierte Betrachtung und Behandlung im Sinne des Gesamtrisikomanagements nur schwer zu. Die Flugzeugindustrie hat mit anderen Risiken und Gesetzen zu kämpfen als der Bankensektor, die Pharmabranche wiederum mit anderen als beispielsweise der Logistikbereich oder die Versicherungswirtschaft. Von daher ist eine Verallgemeinerung in den Disziplinen Risikomanagement, Governance und Compliance über unterschiedliche Branchen nur schwer abbildbar. Ein branchenübergreifender und größenklassenunabhängiger Standard kann nur den „kleinsten gemeinsamen Nenner" abbilden und muss damit in letzter Konsequenz generisch bleiben.

1.5 Lern-Kontrolle

Kurz und bündig

Risikomanagement und die Methodik eines präventiven Risikomanagements konnten erst entstehen, als die Menschen erkannten, dass die Zukunft nicht bloß den Launen der Götter entsprang. Erst als man sich bewusst war, dass man sein Schicksal auch selbst mitbestimmt (Voraussetzung war der Begriff der Zukunft), konnten die Grundlagen der Wahrscheinlichkeitstheorie und des Risikomanagements entstehen. Heute zählt Risikomanagement zu den originären Leitungsaufgaben eines jeden Vorstands und Geschäftsführers und sollte fest in die Corporate Governance eingebettet sein.

❓ Let's check

1. Was verstehen Sie unter dem Begriff Risiko?
2. Grenzen Sie den Begriff von Unsicherheit, Gefahr und Chance ab!
3. Was sind die wesentlichen Inhalte, Ziele und Mehrwerte von Corporate Governance, Risikomanagement und Compliance?
4. Welche gesetzlichen Grundlagen zum Aufbau eines Risikomanagements sind Ihnen bekannt?
5. Welche internationalen Standards im Bereich Risikomanagement kennen Sie?
6. Welche Relevanz haben Risikomanagementstandards in der Praxis? Wo liegen die Grenzen von branchenübergreifenden Standards?

❓ Vernetzende Aufgaben

1. Welche Rolle spielt die Risikokultur bzw. der „Risikofaktor Mensch" beim Aufbau eines Risikomanagements?
2. Bilanzbetrug gibt es, seit es Bilanzen gibt. Wählen Sie eines der folgenden Unternehmen aus und analysieren Sie basierend auf einer Literaturrecherche

die Umstände und Ursachen für die Unternehmensschieflage bzw. Bilanzbetrug und skizzieren Sie mögliche Frühwarnindikatoren: Kodak, Karstadt-Quelle, Air Berlin, Schlecker, Swiss Air, Enron, WorldCom, Tyco International, Ahold, SAirGroup, Metallgesellschaft, Schieder Möbel, Beluga Shipping, Flowtex, Bremer Vulkan, Neue Heimat, Comroad, EM.TV, Parmalat.
3. Unter welchen Voraussetzungen haftet ein Vorstand oder Geschäftsführer für eine persönliche Pflichtverletzung im Rahmen einer Entscheidung, beispielsweise weil er Risiken bei einer Unternehmensübernahmen schlichtweg ignoriert und „unter den Teppich gekehrt" hat? Lesen Sie hierzu vertiefend: Romeike 2014.

Lesen und Vertiefen
- Brockhaus (2006) 21. Auflage der Brockhaus Enzyklopädie (Bibliographischen Institut & F. A. Brockhaus). Mannheim
- Cueni C (2006) Das große Spiel. Heyne Verlag, München
- Erben R, Romeike F (2016) Allein auf stürmischer See – Risikomanagement für Einsteiger, 3. Aufl. Wiley, Weinheim
- Hartmann W, Romeike F (2015) Business Judgement Rule – Maßstab für die Prüfung von Pflichtverletzungen. Zeitschrift für das gesamte Kreditwesen, 68. Jahrgang 05(2015):227–230
- Huth M, Düerkop S, Romeike F (2017) RIMA-KIL – Risikomanagement für kritische Infrastrukturen in der Logistik: Abschlussbericht. In: Fachbereich Wirtschaft (Hrsg) Discussion Papers in Business and Economics, Nr. 19, 2017. Hochschule Fulda, Fulda
- Ineichen R (1996) Würfel und Wahrscheinlichkeit – Stochastisches Denken in der Antike. Spektrum Akademischer Verlag, Heidelberg
- Knight FH (1921) Risk, Uncertainty and Profit, Hart, Schaffner & Marx. Houghton Mifflin Co., Boston
- McLuhan HM, Quentin F (1968) War and Peace in the Global Village. Bantam, New York
- Nguyen T, Romeike F (2012) Versicherungswirtschaftslehre. Springer Gabler, Wiesbaden
- Peemöller VH, Krehl H, Hofmann S (2017) Bilanzskandale, Delikte und Gegenmaßnahmen, 2. Aufl. Erich Schmidt Verlag, Berlin
- Renn O (2014) Das Risikoparadox. Warum wir uns vor dem Falschen fürchten (herausgegeben von Klaus Wiegandt, Forum für Verantwortung). Fischer Taschenbuchverlag, Frankfurt am Main
- Romeike F (2008) Rechtliche Grundlagen des Risikomanagements – Haftungs- und Strafvermeidung für Corporate Compliance. Erich Schmidt Verlag, Berlin
- Romeike F (2014) Risikomanagement im Kontext von Corporate Governance. Der Aufsichtsrat 05(2014):70–72

1.5 · Lern-Kontrolle

- Romeike F, Hager F (2013) Erfolgsfaktor Risikomanagement 3.0: Lessons learned, Methoden, Checklisten und Implementierung, 3. Aufl. Springer, Wiesbaden
- Spektrum Akademischer Verlag (Hrsg) (2000) Lexikon der Psychologie (in fünf Bänden). Heidelberg/Berlin
- von Werder A (2015) Führungsorganisation – Grundlagen der Corporate Governance, Spitzen- und Leitungsorganisation, 3. Aufl. Springer Gabler, Wiesbaden
- Weber J, Weißenberger BE, Liekweg A (1999) Risk Tracking and Reporting – Unternehmerisches Chancen- und Risikomanagement nach dem KonTraG. John Wiley & Sons, Weinheim

Aus der Praxis: Kreislauf des Risikomanagements

Frank Romeike

2.1 Relevanz eines integrierten Risikomanagements – 28

2.2 Regelkreis der Risikomanagements – 36

2.3 Organisation des Risikomanagements – 46

2.4 Lern-Kontrolle – 49

© Springer Fachmedien Wiesbaden GmbH 2018
F. Romeike, *Risikomanagement*, Studienwissen kompakt,
https:/doi.org/10.1007/978-3-658-13952-0_2

Lern-Agenda
- Der Regelkreis des Risikomanagements in der Praxis
- Die Relevanz eines integrierten Risikomanagements am Beispiel des Erdbebens von Tōhoku
- Die Risikosteuerung in der Praxis
- Die Organisation des Risikomanagements, u. a. am Beispiel des Three-Line-of-Defence-Ansatzes
- Die Relevanz einer gelebten Risiko- und Unternehmenskultur

2.1 Relevanz eines integrierten Risikomanagements

Am 11. März 2011, 14:46 Uhr, fand in 24 Kilometern Tiefe und rund 370 km in nordöstlicher Richtung entfernt von der japanischen Hauptstadt Tokio die Initialzündung für das große Erdbeben von Tōhoku statt (vgl. zu den nachfolgenden Ausführungen Huth und Romeike 2016, S. 21 ff.). Das Beben wies eine Stärke von 9,0 auf der nach oben offenen Richter-Skala auf und ist damit eines der stärksten der bisher weltweit registrierten Erdbeben. Innerhalb von zweieinhalb Minuten erreichten die unterirdischen Veränderungen eine linsenförmige Ausbreitung von über 400 Kilometern Länge und 200 Kilometern Breite. Die Konsequenzen des Erdbebens blieben in Japan, u. a. aufgrund des Warnsystems und der erdbebenresistenten Bauweise, relativ gering. Durch das Erdbeben wurde allerdings auch ein Tsunami erzeugt, der lokal eine Höhe von bis zu 23 Metern erreicht haben soll (vgl. Sauer 2011). Die unmittelbaren Schäden durch diese Riesenwelle waren deutlich höher als diejenigen des Erdbebens. Neben mehr als 16.000 Toten wurden die Kosten der direkten Schäden auf rund 16,9 Trillionen Yen geschätzt. Das ist ein Wert, der rund 3,5 % des japanischen Bruttosozialprodukts entspricht (vgl. van der Putten 2012, S. 11). Japans Verkehrsinfrastruktur (inklusive des Flughafens Sendai) wurde durch das Erdbeben massiv gestört. So wurden beispielsweise 4200 Straßen und 116 Brücken beschädigt. Auch der Einfluss auf die japanische Produktion war beachtlich, wie ◘ Abb. 2.1 verdeutlicht.

Wir werden uns hier nicht ausführlich mit den Verfehlungen und Ursachen beschäftigen, die zur Nuklearkatastrophe von Fukushima führten. Die Ursachen hierfür sind offensichtlich und weitgehend veröffentlicht. So wurde vor allem die Gefahr von Erdbeben mit einem nachfolgenden Tsunami unterschätzt (vgl. beispielsweise Action und Hibbs 2012). So wird berichtet, dass seinerzeit der Bauplatz von Fukushima auf einer Anhöhe von 35 Metern über dem Meeresspiegel stand, den man aus drei Gründen dann auf 10 m über dem Meeresspiegel absenkte: (1) Kostenersparnis für Meerwasserpumpen, (2) höhere Erdbebensicherheit des stabileren Grundgesteins und (3)

2.1 · Relevanz eines integrierten Risikomanagements

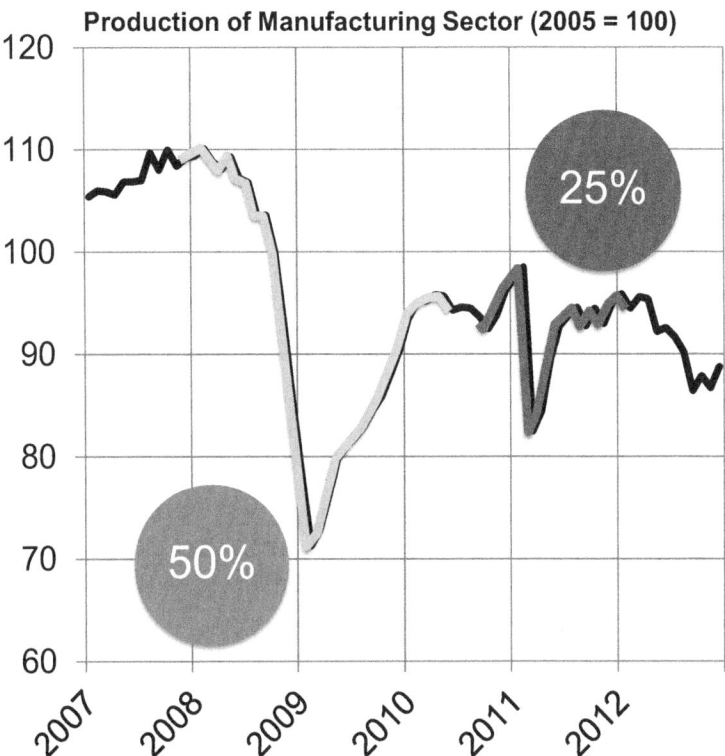

◘ **Abb. 2.1** Auswirkungen des Tōhoku-Erdbebens in Japan auf den Sektor der produzierenden Industrie. (Quelle: eigene Darstellung basierend auf Ministry of Economy, Trade and Industry 2012)

einfachere Übernahme der 500 Tonnen schweren Druckbehälter bei Anlieferung per Schiff über das Meer. Die Kernkraftwerke von Fukushima 1 bis 4 wurden seinerzeit mit schweren Konstruktionsfehlern entworfen, die darauf beruhten, dass man bei der Festlegung der Rahmenbedingungen die Erdbeben- und Tsunamierfahrungen von Japan nur teilweise berücksichtigte. Die Anlage war in der Lage, das starke Erdbeben zu absorbieren, die Reaktor-Schnellabschaltung funktionierte einwandfrei, die Notstromversorgung sprang wie geplant an. Doch die Tsunamigefährdung blieb außer Acht bzw. wurde schon von Anfang an massiv unterschätzt (vgl. hierzu vertiefend Brühwiler 2013).

Das Erdbeben von Tōhoku hatte als Folgewirkung vor allem sehr große Auswirkungen auf die globalen Wertschöpfungsnetzwerke (Supply Chains). Um die Relevanz

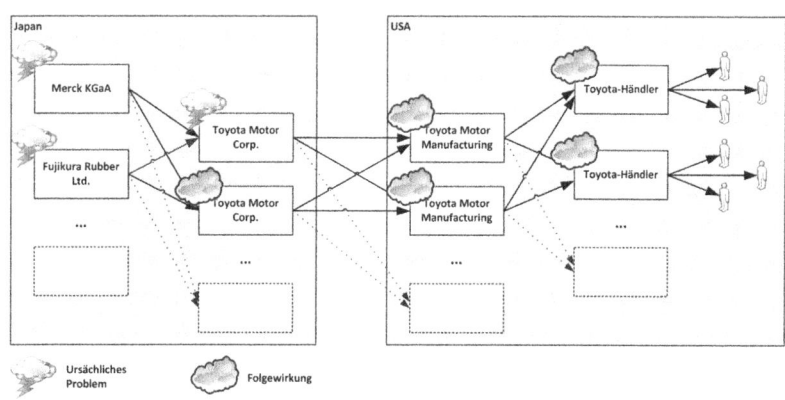

Abb. 2.2 Stilisierte Supply Chain der Toyota Motor Corporation. (Quelle: Huth und Romeike 2016, S. 23)

eines präventiven Risikomanagements darzustellen, werden nachfolgend die Auswirkungen des Tsunami auf die Wertschöpfungskette (Supply Chain) der Toyota Motor Corporation beschrieben. In Abb. 2.2 ist die Supply Chain von Toyota grob skizziert.

Im Jahr vor dem Erdbeben produzierte Toyota Motor Corporation rund 60 % der gesamten Produktionsmenge in Japan, wobei rund 25 % der Absatzmenge auf den japanischen Markt entfielen (vgl. Team 2011). Durch die Naturkatastrophe waren u. a. vier Produktionsstätten von Toyota in Japan direkt betroffen, in denen entweder Fahrzeuge oder Fahrzeugteile produziert wurden (vgl. Team 2011).

Die Schäden in den eigenen Werken konnten relativ schnell behoben werden. Bereits am 4. April lief in zwei Werken, in denen drei verschiedene Modelle mit Hybridantrieb gefertigt wurden, die Produktion wieder an. Dagegen waren rund zwei Drittel von Toyotas Zulieferbetrieben im Nordwesten Japans noch nicht in der Lage zu produzieren (vgl. Team 2011).

Einer der Lieferanten in der Supply Chain von Toyota, der durch das Erdbeben und den Tsunami besonders stark betroffen war, war Fujikura Rubber Ltd., ein Produzent industrieller Gummiprodukte. Fujikura Rubbers Odeka-Werk lag in der Evakuierungszone rund um das zerstörte Atomkraftwerk in Fukushima. Es war daher nicht möglich, die Produktion in diesem Werk wieder anlaufen zu lassen. Um die Lieferfähigkeit von Fujikura Rubber wiederherzustellen, wurde die Entscheidung getroffen, dass die zur Toyota-Gruppe gehörende Denso Corp., einer der weltweit größten Teilelieferanten in der Automobilbranche, Teile eines eigenen Werks für den Zeitraum eines Jahres Fujikura Rubber für deren Produktion zur Verfügung stellt (vgl. Treece 2011). Gut

2.1 · Relevanz eines integrierten Risikomanagements

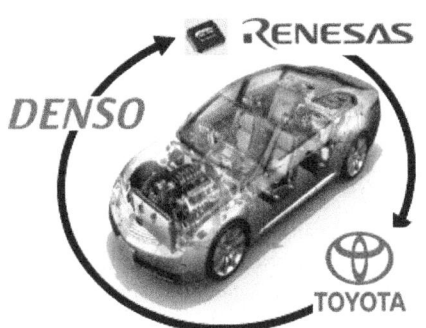

- Abb. 2.3 Single-Sourcing von Renesas. (Quelle: RiskNET GmbH, Seminarunterlagen Supply Chain Risk Management 2013–2017; Huth und Romeike 2016, S. 24)

zwei Monate nach dem Erdbeben und dem Tsunami nahm Fujikura Rubber die Produktionsprozesse in diesem Werk auf.

Die Risiken für die Produktionsfähigkeit der japanischen Automobilindustrie wurden dadurch verstärkt, dass vor dem Fukushima-Ereignis häufig ein „Single Sourcing" betrieben wurde: Einzelne Rohmaterialien, Teile, Komponenten oder Baugruppen werden nur von einem einzigen Lieferanten bezogen, um u. a. Kostenvorteile zu generieren. Rund einen Monat nach der Katastrophe gab knapp die Hälfte der Prozessindustrie an, keine alternativen Lieferanten nutzen zu können (vgl. van der Putten 2012, S. 13). Diese Einschränkung lag u. a. auch daran, dass viele der High-End-Komponenten oder -Technologien sowie die entsprechenden Herstellprozesse von japanischen Unternehmen patentiert sind. Eine Verlagerung auf andere Zulieferer war damit nicht möglich (vgl. Sinha 2011).

Ein Beispiel für die Auswirkungen dieses Single-Sourcing-Ansatzes liefert der Lieferant Renesas Electronics, einer der führenden Hersteller von Mikrocontrollerprozessoren für die Automobilelektronik (vgl. - Abb. 2.3). Das Unternehmen basiert auf einem Zusammenschluss der ausgegliederten Halbleiterbereiche von Hitachi, Mitsubishi Electric und NEC. Wie bei vielen anderen Komponenten und Baugruppen setzte auch bei Halbleitern Toyota auf einen Single-Sourcing-Ansatz. Doch in der Folge der dreifachen Katastrophe aus Erdbeben, Tsunami und Kernreaktorschaden ergaben sich massive Konsequenzen für Renesas Electronics, sodass in dessen Werk in Hitachinaka für eine Zeitdauer von rund sechs Monaten nicht produziert werden konnte. Die Schwierigkeiten, die sich bei einem Ausfall eines Single-Sourcing-Lieferanten ergeben, sind auch dann von großem Einfluss, wenn der Single-Sourcing-Ansatz auf einer niedrigeren Zulieferstufen erfolgt, dem eigentlichen Hersteller aber nicht bekannt ist. In diesem Kontext wird ein Toyota-Manager mit der folgenden Aussage zitiert: „We thought our supply chain was pyramid shaped, but it turned out to be barrel-shaped." (o. V. 2011). Deutlich wird hier, dass dem Management bei Toyota die Struktur der Supply Chain auf tieferen Stufen nicht bekannt war. Ein adäquates Risikomanagement hätte hier Transparenz schaffen und die „Supply Chain Visibility" erhöhen können.

Dass ein derartiges Szenario bei Lieferproblemen des Lieferanten nahezu unweigerlich zu Konsequenzen beim Abnehmer führt, zeigt das Beispiel der Merck KGaA. Merck stellt u. a. mit Xirallic ein Farbpigment her, das besondere Glitzereffekte und hohe Farbstärken verspricht. Das damals einzige Werk für Xirallic stand in Onahama und damit mitten im Erdbebengebiet. Auch wurden einzig und allein dort Sicherheitsbestände an Xirallic vorgehalten (vgl. Greimel 2012). Aufgrund der Konsequenzen der Naturkatastrophe konnte an dem Standort zwei Monate lang nicht produziert werden (vgl. Schreffler 2012). Für die Automobilhersteller, u. a. Toyota in Japan, hatte das gravierende Konsequenzen: Eine Vielzahl von Metallic-Lackierungen konnte nicht mehr gemischt werden; bestimmte Lacke standen daher für eine Weile nicht mehr zur Verfügung, ohne dass die Automobilhersteller auf andere Lieferanten hätten ausweichen können (vgl. Brückner 2011). Fahrzeughersteller konnten damit bestimmte Farbvarianten nicht anbieten. Parallel zu den Aufräum- und Reparaturarbeiten im japanischen Werk, die die Wiederaufnahme der Produktion Anfang Mai 2011 ermöglichten, hat Merck die Versorgungssicherheit dadurch erhöht, dass ein zweiter Standort für die Produktion von Xirallic in Deutschland errichtet wurde.

Mit Single Sourcing lassen sich einige relevante Vorteile erzielen (vgl. die Übersicht über Stärken und Schwächen bei Huth 2012, S. 58–60). So lassen sich mit einer Single-Sourcing-Strategie vor allem günstigere Einkaufspreise aufgrund der Abnahme größerer Mengen realisieren. Eine Dual-Sourcing- oder Multiple-Sourcing-Strategie führt in der Regel zu höheren Einkaufspreisen. Außerdem kann eine Single-Sourcing-Strategie mit einem reduzierten Verhandlungs-, Kommunikations- und Logistikaufwand verbunden sein, wenn beispielsweise mit dem Single-Sourcing-Lieferanten Rahmenverträge geschlossen werden. Die Transaktionskosten lassen sich damit reduzieren. „Weiche" Faktoren, die sich aus einem Single Sourcing ergeben, sind eine einfachere Kommunikation, aber auch verbesserte Möglichkeiten, gemeinsam neue Produkte und/oder Dienstleistungen zu entwickeln. Auch aus Sicht des Risikomanagements kann eine Single-Sourcing-Strategie ein sinnvoller Weg sein, da Single-Sourcing-Kunden (mit einem entsprechenden Volumen) bei Lieferengpässen, Qualitätsproblemen, eiligen Aufträgen oder Sonderwünschen bevorzugt behandelt werden. Das „Commitment" des Lieferanten wird bei einem Single Sourcing tendenziell höher sein.

Gleichzeitig steigen die Risiken in der kompletten Wertschöpfungskette eines Unternehmens durch Single Sourcing: Bei einer Störung in dieser Versorgungskette sind keine kurzfristigen Alternativen einsetzbar, sodass eine Out-of-Stock-Situation droht. Durch die Produktionseinschränkungen bei den Lieferanten ergaben sich Versorgungsprobleme vor allem für die Toyota-Standorte in Japan, die zu Produktionsdrosselungen führten. Die Probleme für die japanische Industrie wurden nicht geringer,

2.1 · Relevanz eines integrierten Risikomanagements

als im Mai 2011 die japanische Regierung ein weiteres Atomkraftwerk aufgrund Sicherheitsbedenken bei einem möglichen weiteren Erdbeben außer Betrieb setzen ließ. Dieses Atomkraftwerk versorgte u. a. die Hälfte der 18 japanischen Werke von Toyota mit Energie. Für Sommer 2011 rechnete man daher mit einer Verknappung der Energiekapazität von rund 25 % im Vergleich zum bisherigen Energieangebot (vgl. Canis 2011, S. 9).

Durch die Stillstände in den japanischen Werken von Toyota oder ihren Zulieferbetrieben ergaben sich daneben auch Probleme für Toyota-Werke in anderen Ländern, deren Produktion und Montage auf Lieferungen aus Japan angewiesen waren (vgl. Nanto et al. 2011, S. 12). So fehlten in Toyotas US-amerikanischen Betriebsstätten für mehrere Wochen lang rund 150 verschiedene Teile, sodass die verfügbare Produktionskapazität nur zu 30 % ausgelastet wurde (vgl. Canis 2011, S. 11).

Nordamerika war die Region, in der Toyota nach der Dreifachkatastrophe des Jahres 2011 in Japan die größten Versorgungs-, Produktions- und Auslieferprobleme realisieren musste. Den finanziellen Schaden in Bezug auf das operative Jahresergebnis bezifferte Toyota mit einem Betrag in Höhe von 880 Mio. US-Dollar (vgl. Schweinsberg 2012).

Aus dem skizzierten Beispiel lassen sich die folgenden Schlussfolgerungen ziehen:

- Die Auswirkungen von Naturkatastrophen können für betriebliche und technische Systeme und damit für globale Supply Chains gravierend sein. Es handelt sich dabei in der Regel um Risiken, die eine sehr geringe Eintrittswahrscheinlichkeit aufweisen. Derartige „low probability/high consequence risks" (bzw. „low probability/high severity risks") dürfen daher trotz der oftmals außerordentlich geringen Eintrittswahrscheinlichkeit keinesfalls im unternehmensweiten Risikomanagement außer Acht gelassen werden. Ansonsten besteht die Gefahr, dass diese gravierenden Risiken die Existenz des Unternehmens bedrohen können. Die in der Praxis nicht selten anzutreffende Methodik der Multiplikation von Eintrittswahrscheinlichkeiten und Schadensausmaß führt daher zu einem völlig falschen Bild. Auf dieses „Wegmultiplizieren" von Risiken kommen wir im Kapitel über die Bewertung von Risiken noch einmal zurück. Ergänzende Informationen enthält außerdem ▶ Kap. 3 zu den Methoden im Risikomanagement.
- Die Komplexität von Wertschöpfungsnetzen in Unternehmen vermindert aufgrund der Stufigkeit und der großen Anzahl involvierter Akteure deren Transparenz (oder besser: Visibility). Risiken lassen sich daher auch im Vorfeld oftmals nur schwer (und schon gar nicht rein intuitiv) identifizieren. Für Unternehmen stellt sich daher die Anforderung, die Transparenz ihrer Risikolandkarte herzustellen bzw. zu erhöhen.
- Auch globale Produktionsnetzwerke sind vor den Auswirkungen von Katastrophen nicht gefeit. Risiken in lieferantenseitigen Stufen können Auswirkungen auf marktnähere Stufen haben, selbst wenn sich diese Stufen auf anderen Kontinenten befinden. Risiken beachten keine politischen oder geografischen

Grenzen. Risiken können allerdings regional sehr unterschiedlich ausgeprägt sein: So sind Naturkatastrophenrisiken oder geopolitische Risiken je nach Region recht unterschiedlich zu bewerten.
- Ein Single-Sourcing-Ansatz führt zu einer steigenden Anfälligkeit einer Wertschöpfungskette. Zwar ist die Wahrscheinlichkeit eines unerwünschten Ereignisses geringer als bei einem Multiple-Sourcing-Ansatz, aber der potenzielle Schaden eines solchen Ereignisses wird deutlich höher sein (vgl. Blome und Henke 2008).
- Die Bündelung von Lagerbeständen an einem einzigen Standort kann dann problematisch werden, wenn dieser eine Lagerstandort nicht lieferfähig ist. Auch hier ist der betriebswirtschaftlich oftmals sinnvolle Ansatz, auf der einen Seite Bestände durch Zentralisierung zu reduzieren und auf der anderen Seite durch eine Bündelung Skaleneffekte zu erzielen, unter Risikoaspekten mit Ausfallgefahren behaftet. Eine Risikostreuung kann durch weitere, geografisch verteilte Lagerstandorte erzielt werden.
- Schlanke Wertschöpfungsnetze, bei denen Abnehmer „just in time" versorgt werden, sind ebenfalls anfälliger für Out-of-Stock-Situationen. Es ist daher zwischen den eingesparten Kosten und den möglichen Folgekosten für den Fall abzuwägen, dass Risiken realisiert werden sollten. Pufferbestände können, insbesondere bei Risiken mit höherer Eintrittswahrscheinlichkeit, hilfreich sein.
- Ein Wertschöpfungsnetzwerk muss als komplexes Ursache-Wirkungs-Geflecht aus der Perspektive des Risikomanagements analysiert werden. Beim Ausfall eines Akteurs kann die gesamte Kette ins Stocken geraten. Nach einer derartigen Katastrophe können kooperative Ansätze wie die temporäre Überlassung von Betriebsmitteln helfen, die Produktionsfähigkeit der Supply-Chain-Partner und damit die Lieferfähigkeit der gesamten Kette schnell wieder herzustellen. Notfallpläne verkürzen die Reaktionszeit nach einer Katastrophe oder einem Großschadenereignis. Es kann daher durchaus sinnvoll sein, für bestimmte Risiken proaktiv Notfallpläne zu entwickeln.

Das skizzierte Beispiel verdeutlicht den Mehrwert, den ein proaktives und reaktives Risikomanagement in der Praxis bieten kann. Und bei dem skizzierten Beispiel haben wir uns ausschließlich auf die Aspekte des Supply-Chain-Managements konzentriert.

Risikomanagement unterstützt Unternehmen dabei, die Plan- und Zielabweichungen bei einer Strategieumsetzung möglichst gering zu halten. ◘ Abb. 2.4 verdeutlicht, dass eine flankierende Risikostrategie bzw. ein Risikomanagement Unternehmen dabei unterstützt, möglichst auf der Idealroute das definierte Ziel zu erreichen. Die Praxis zeigt, dass Unternehmen durch Risikoeintritte die Idealroute verlassen müssen. Die Gründe sind vielfältig. Die flankierende Risikostrategie sowie ein adäquates Risikomanagement stellen Werkzeuge zur Verfügung, damit Unternehmen möglichst auf der Idealroute zum definierten Ziel gelangen.

2.1 · Relevanz eines integrierten Risikomanagements

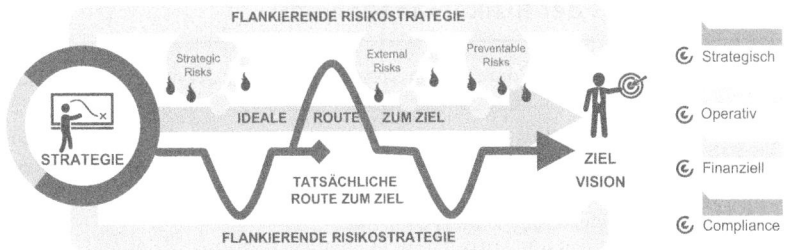

Abb. 2.4 Warum Risikomanagement? (Quelle: RiskNET GmbH, Seminarunterlagen Grundlagen Risikomanagement)

Es ist eine Aufgabe des Risiko- und Chancenmanagements, die möglichst ideale Route abzusichern und die Schwankungsbreite potenzieller Planabweichungen (beispielsweise Gewinn, Cashflow oder auch Unternehmensreputation) zu reduzieren. Dies führt u. a. zu folgenden Vorteilen für Unternehmen oder Institutionen (vgl. Gleißner und Romeike 2005, S. 28 ff.; Romeike und Hager 2013):

- Die Reduzierung der Schwankungen erhöht die Planbarkeit und Steuerbarkeit eines Unternehmens, was insgesamt die Resilienz bzw. Robustheit erhöht und außerdem einen positiven Nebeneffekt auf das erwartete Ertragsniveau hat.
- Die erhöhte Resilienz bzw. Robustheit unterstützt den Markenwert.
- Eine prognostizierbare Entwicklung der Zahlungsströme reduziert die Wahrscheinlichkeit, unerwartet auf teure externe Finanzierungsquellen zurückgreifen zu müssen.
- Eine Verminderung der risikobedingten Schwankungsbreite der zukünftigen Zahlungsströme senkt die Kapitalkosten und wirkt sich positiv auf den Unternehmenswert aus.
- Eine stabile Gewinnentwicklung mit einer hohen Wahrscheinlichkeit für eine ausreichende Kapitaldienstfähigkeit ist im Interesse der Fremdkapitalgeber, was sich in einem guten Rating, einem vergleichsweise hohen Finanzierungsrahmen und günstigen Kreditkonditionen widerspiegelt.
- Eine stabile Gewinnentwicklung reduziert die Wahrscheinlichkeit, dass die Risikotragfähigkeit nicht ausreicht und damit das Risiko eines Konkurses.
- Die beiden vorgenannten Ziele sind im Interesse von Arbeitnehmern, Kunden und Lieferanten, was es erleichtert, qualifizierte Mitarbeiter zu gewinnen und langfristige Verbindungen zu Kunden und Lieferanten aufzubauen.
- Bei einem progressiven Steuertarif haben zudem Unternehmen mit schwankenden Gewinnen Nachteile gegenüber Unternehmen mit kontinuierlicher Gewinnentwicklung.

2.2 Regelkreis der Risikomanagements

Risikomanagement lässt sich durch einen Kreislauf darstellen, der aus mehreren Phasen besteht.

◘ Abb. 2.5 stellt diesen idealtypischen Risikomanagement-Regelkreis gemäß dem internationalen Risikomanagement-Standard ISO 31000 dar. Diese Phasen werden nachfolgend skizziert. Übrigens referenzieren die in der Abbildung aufgeführten Zahlen auf die jeweiligen Kapitel im ISO-Standard.

Das Risikomanagement beginnt damit, die Rahmenbedingungen für das Risikomanagement zu definieren („establish the context"). In dieser auch als „Risikomanagement-Strategie" bezeichneten Phase wird zum einen die Einbindung des Risikomanagements in die Aufbauorganisation festgelegt, zum anderen aber auch Schwellenwerte für Risiken spezifiziert. Neben einer Definition des externen Zusammenhangs (soziale, kulturelle, politische, rechtliche, regulatorische, finanzielle, technologische, wirtschaftliche, natürliche und wettbewerbsspezifische Gegebenheiten internationaler, nationaler, regionaler oder lokaler Art) liegt ein weiterer Schwerpunkt bei der Erstellung des internen Zusammenhangs (Governance-Struktur, organisatorischer Aufbau, Rollen und Verantwortlichkeiten, Strategien, Ressourcen, Informationssysteme etc.).

Um Risiken wirkungsvoll handhaben zu können, müssen diese bekannt sein. Die Risikoidentifikation („Risk Identification") dient dazu, Risiken aufzuspüren. Hierbei sollten Risikoquellen, betroffene Bereiche, Ereignisse und Entwicklungen im Zeitverlauf berücksichtigt werden. Diese Phase führt damit zu einem qualitativen Ergebnis.

In der Prozessphase der Risikoanalyse („Risk Analysis") soll ein besseres Verständnis für ein Risiko generiert werden. Die Risikoanalyse fließt in die Risikobewertung und in Entscheidungen darüber ein, welche Strategien und Methoden der Risikobewältigung für sie am besten geeignet sind. Die Risikoanalyse betrachtet die Ursachen und Quellen der Risiken, ihre positiven und negativen Auswirkungen sowie die Häufigkeit bzw. Wahrscheinlichkeit ihres Eintretens. Das Risiko wird durch eine Bestimmung der potenziellen Auswirkungen analysiert. Die Risikoanalyse kann je nach Risiko, Zweck der Risikoanalyse und den verfügbaren Informationen, Daten und Ressourcen mit unterschiedlicher Untersuchungstiefe durchgeführt werden.

> Die Identifikation und Analyse der Risiken kann je nach Analyseart quantitativer, semi-quantitativer oder qualitativer Natur sein oder eine Kombination davon darstellen.

In der Risikobewertung („Risk Evaluation") werden die bisher erarbeiteten, qualitativen Ergebnisse quantifiziert. Es erfolgt eine Bewertung der Risiken durch potenzielle Schäden oder Schadenszenarien und den damit verknüpften Häufigkeiten bzw. Eintrittswahrscheinlichkeiten.

2.2 · Regelkreis der Risikomanagements

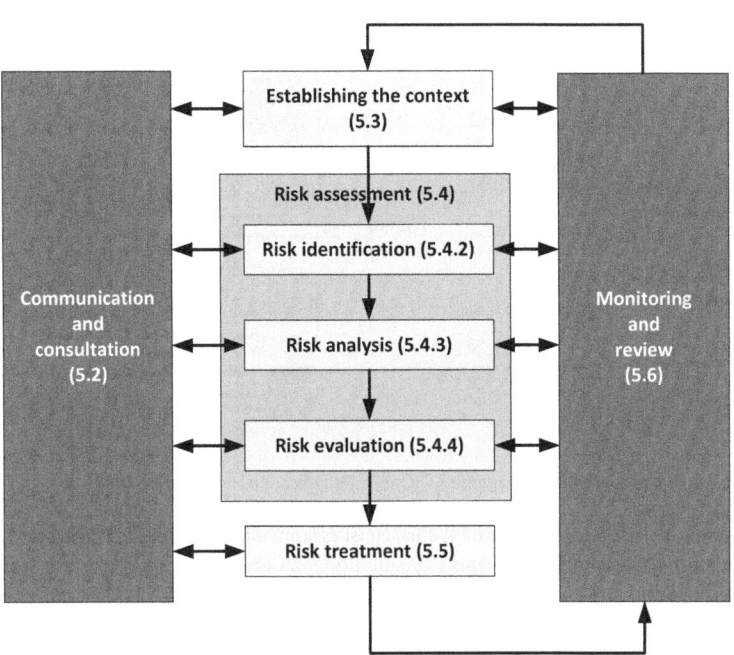

Abb. 2.5 Risikomanagement-Prozess. (Quelle: eigene Darstellung in Anlehnung an ISO 31010:2009, S. 12)

> Alle Risiken werden idealerweise mit geeigneten Verteilungsfunktionen (zum Beispiel Dreiecksverteilung, Poissonverteilung, Normalverteilung, PERT-Verteilung, Weibullverteilung, Compoundverteilung etc.) beschrieben. Mithilfe geeigneter Methoden, zum Beispiel einer Sensitivitätsanalyse, lassen sich die Risiken hinsichtlich Relevanz priorisieren. Diese Phasen der Risikoidentifikation, Risikoanalyse und Risikobewertung werden auch als Risikoabschätzung („Risk Assessment") bezeichnet.

Die im Rahmen der Risikoabschätzung erarbeiteten Informationen, vor allem die bewerteten, aggregierten und priorisierten Risiken, dienen anschließend als Grundlage für die Risikosteuerung („Risk Treatment" bzw. „Risk Mitigation").

Die beschriebenen Phasen des Risikomanagement-Regelkreises werden parallel kontinuierlich überwacht. Durch diese Risikoüberwachung („Monitor and Review") wird sichergestellt, dass die Risikomanagement-Phasen korrekt durchgeführt werden, dass die Maßnahmen zur Risikosteuerung richtig umgesetzt werden und die beabsichtigte Wirkung entfalten.

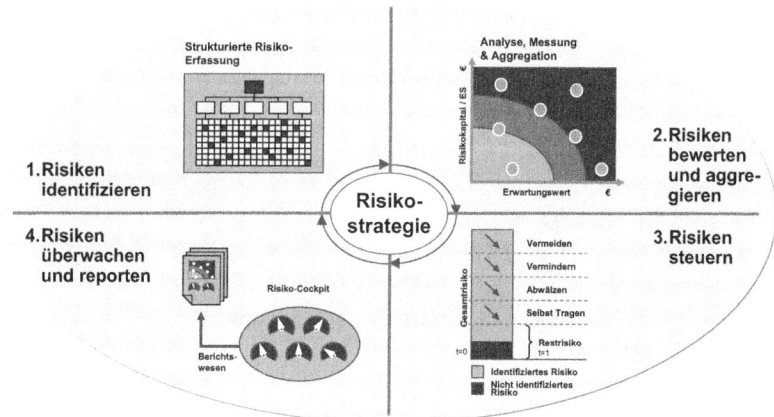

◘ **Abb. 2.6** Prozess der Risikomanagements. (Quelle: Romeike und Hager 2013, S. 102)

Parallel zu den Risikomanagement-Phasen ist es sinnvoll, eine effektive Risikokommunikation („Communication and Consultation") zu etablieren. Insbesondere die Kommunikation unterstützt Unternehmen beim Aufbau bzw. der Weiterentwicklung einer „gelebten" Risikokultur.

In ◘ Abb. 2.6 ist ein alternativer Risikomanagement-Prozess in Form eines Regelkreises visualisiert. Im Mittelpunkt steht die definierte Risikostrategie (inkl. eines hieraus abgeleiteten Risikoappetits). Ein Risikomanagement-Prozess funktioniert ähnlich dem menschlichen Organismus oder anderer Netzwerkstrukturen in der Natur. In einem menschlichen Organismus arbeiten Gehirn, Herz und Nervensystem zusammen (vgl. Romeike und Hager 2013, S. 94 ff.). Übertragen auf den Prozess des Risikomanagements bedeutet dies, dass verschiedene Sensoren und Sinne (etwa Auge, Ohr, Nerven oder Frühwarnindikatoren) die Risiken aufnehmen und sie an eine zentrale Stelle weiterleiten (Gehirn bzw. Risikomanager). Insgesamt entscheidet die strategische Ausrichtung des Systems (Unternehmens) über das Risikoverständnis. In diesem Zusammenhang ist es wichtig, die strategische Dimension des Risikomanagements nicht etwa losgelöst von der strategischen Unternehmensführung (Geschäftsstrategie) zu betrachten.

Das strategische Risikomanagement bildet die integrative Klammer und das Fundament des gesamten Risikomanagement-Prozesses (vgl. ◘ Abb. 2.6). Es beinhaltet vor allem die Formulierung von Risikomanagement-Zielen in Form einer Risikostrategie. Bevor das Risikomanagement als kontinuierlicher Prozess eingeführt und gelebt werden kann, müssen zunächst die Grundlagen bezüglich der Rahmenbedingungen (etwa Risk Policy Statement bzw. Risikostrategie), Organisation (etwa Funktionen, Verantwortlichkeiten und Informationsfluss) und die eigentlichen Prozessphasen definiert

2.2 · Regelkreis der Risikomanagements

werden. Die Risikostrategie muss eine direkte Verbindung zur definierten Unternehmensstrategie herstellen, d. h., die relevanten Risiken sollten aus den strategischen Unternehmenszielen abgeleitet werden („Welche Risiken gefährden beispielsweise die Erfolgspotenziale des Unternehmens?").

Die Risikostrategie soll die aus der Geschäftsstrategie resultierenden Risiken darstellen und so gestaltet sein, dass die operative Steuerung der Risiken an diese anknüpfen kann. Die Risikostrategie muss auf folgende Aspekte eingehen:
- die Art (Welche Risiken sollen überhaupt eingegangen werden?)
- die Risikotoleranz sowie den Risikoappetit (Welche Höhe des Risikos ist akzeptabel?)
- die Herkunft (Woher stammt das Risiko?)
- den Zeithorizont der Risiken (Welche Risiken sollen in welcher Zeitperiode mit der vorhandenen Risikodeckung bewältigt werden?)
- die Risikotragfähigkeit

Risiken effizient zu steuern, zu kontrollieren sowie Chancen zu erkennen und zu nutzen, gehört zur unternehmerischen Kerntätigkeit jedes Unternehmens. Trotzdem ist die Bereitschaft der Unternehmen, Risiken einzugehen, sehr unterschiedlich und abhängig von den Eigentumsverhältnissen, der Liquidität und auch der persönlichen Risikoneigung der Unternehmensleitung bzw. der Eigentümer.

Das operative Risikomanagement (vgl. ◘ Abb. 2.6) beinhaltet den Prozess der systematischen und laufenden Risikoanalyse der Geschäftsabläufe. Ziel der Risikoidentifikation ist die frühzeitige Erkennung von potenziellen Ziel- und Planabweichungen, d. h. die möglichst vollständige Erfassung aller Risikoquellen, Schadensursachen und Störpotenzialen. Für einen effizienten Risikomanagement-Prozess kommt es darauf an, dass dieser als kontinuierlicher Prozess (im Sinne eines Regelkreises) in die Unternehmensprozesse integriert wird.

Die Informationsbeschaffung ist die schwierigste Phase im gesamten Prozess und eine Schlüsselfunktion des Risikomanagements, da dieser Prozessschritt die Informationsbasis für alle nachfolgenden Phasen liefert. Schließlich können nur Risiken bewertet und gesteuert werden, die auch erkannt wurden. ▶ Kap. 3 enthält daher einen ausführlichen Blick in die Werkzeugkiste des Risikomanagements.

> Ein wichtiges Instrument zur Risikoidentifikation sind außerdem **Frühwarnsysteme**, mit deren Hilfe Frühwarnindikatoren (etwa externe Größen wie Zinsen oder Konjunkturindizes, aber auch interne Faktoren wie etwa Fluktuation im Management) ihren Benutzern rechtzeitig latente (d. h. verdeckt bereits vorhandene) Risiken signalisieren, sodass noch hinreichend Zeit für die Ergreifung geeigneter Maßnahmen zur Abwendung oder Reduzierung der Bedrohung besteht. Frühwarnsysteme verschaffen dem Unternehmen Zeit für Reaktionen und optimieren somit die Steuerbarkeit eines Unternehmens.

Die Wahl der Methodik zur Risikoidentifikation hängt stark von den spezifischen Risikoprofilen des Unternehmens und der Branche ab (vgl. ▶ Kap. 3). Bei der Erfassung der Risiken helfen Checklisten, Workshops, Besichtigungen, Interviews, Organisationspläne, Bilanzen und Schadenstatistiken. Ergebnis der Risikoanalyse sollte ein Risikoinventar sein. Die identifizierten Risiken müssen im anschließenden Prozessschritt detailliert analysiert und bewertet werden. Ziel sollte dabei ein sinnvolles und möglichst für alle Risikokategorien anwendbares Risikomaß sein.

Die „grobe" Ersteinschätzung von Risiken erfolgt in der Praxis häufig basierend auf einem Relevanzfilter. Experten unterteilen die Risiken beispielsweise in fünf Relevanzklassen von „unbedeutendes Risiko" bis „bestandsgefährdendes Risiko".

Relevanz wird dabei als die Gesamtbedeutung des Risikos für das Unternehmen verstanden. Sie gilt als weiteres Risikomaß und ist von folgenden Parametern abhängig:
- mittlere Ertragsbelastung (Erwartungswert),
- realistischer Höchstschaden,
- Wirkungsdauer.

Ein weiterer Vorteil der Relevanzeinschätzung besteht darin, dass sie die Information über die Schwere eines Risikos in einfacher Form beschreibt und so die Kommunikation relevanter Risikoinformationen erleichtert.

In einem nächsten Schritt erfolgt eine Detailbewertung aller Risiken, die als „relevant" betrachtet werden. Als Bewertungsmethodik bietet sich entweder ein „Top-down"- oder ein „Bottom-up"-Ansatz an. Erfolgt die Bewertung nach einer Top-down-Methode, so stehen für das Unternehmen die bekannten Folgen der Risiken im Vordergrund. Hierbei werden Daten der Gewinn- und Verlustrechnung wie etwa Erträge, Kosten oder das Betriebsergebnis im Hinblick auf deren Volatilitäten hin untersucht. Der Top-down-Ansatz bietet den Vorteil einer relativ schnellen Erfassung der Hauptrisiken aus strategischer Sicht. Diese „Makroperspektive" kann jedoch auch dazu führen, dass bestimmte Risiken nicht erfasst werden oder Abhängigkeiten bzw. Korrelationen zwischen Einzelrisiken nicht korrekt bewertet werden. Der Bottom-up-Ansatz erfasst Risiken von der Basis aus in den einzelnen Organisationseinheiten (basierend auf dem Three-Lines-of-Defence-Ansatz die Risiken der ersten Verteidigungslinie).

Der Werkzeugkasten des Risiko- und des Compliance Managers bietet eine große Vielfalt an Methoden und Analysemethoden zur Bewertung von Risiken (Details hierzu enthält ▶ Kap. 3). Die Auswahl der Werkzeuge und Methode wird primär von den verfügbaren Daten der einzelnen Risiken determiniert. Bei quantifizierbaren Risiken können die potenziellen Verluste in drei Bereiche aufgeteilt werden: erwartete Verluste, statistische Verluste und Stressverluste.

Die Ergebnisse der Risikobewertung können in das Risikoinventar übernommen werden. Wenn basierend auf den oben skizzierten Bottom-up- bzw. Top-down-Methoden die Eintrittswahrscheinlichkeiten und der Ergebniseffekt (Impact, Schadens-

2.2 · Regelkreis der Risikomanagements

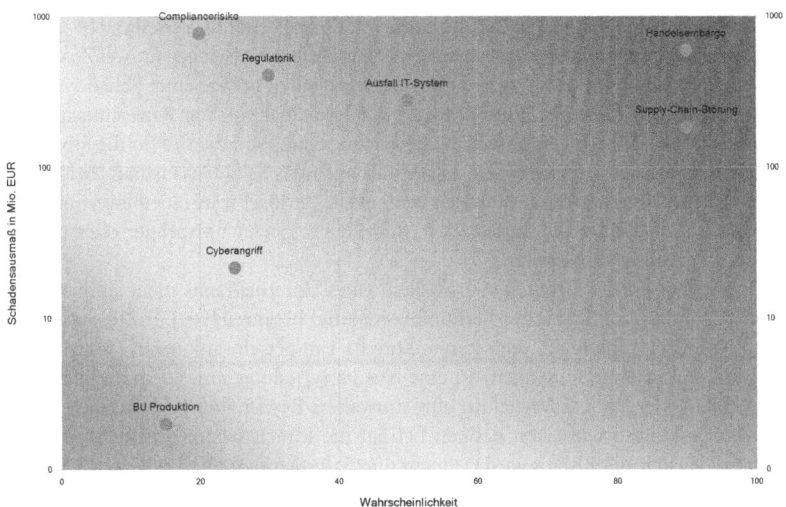

● **Abb. 2.7** Exemplarische Risk Map. (Quelle: eigene Darstellung)

ausmaß etc.) quantifiziert wurden, lassen sich diese in einer Risk Map (auch Risikomatrix oder Risikolandschaft genannt) darstellen. In ● Abb. 2.7 finden Sie ein Beispiel für eine Risikolandkarte.

> Eine Risk Map gibt einen Gesamtüberblick über das Risikoportfolio eines Unternehmens und kann den Entscheidungsträgern als erste und grobe Grundlage zur Risikosteuerung und -kontrolle dienen.

Bei der zusammenfassenden Darstellung von Risiken in einer Risk Map müssen allerdings einige Einschränkungen berücksichtigt werden. So können beispielsweise Abhängigkeiten zwischen einzelnen Risiken nicht sinnvoll abgebildet werden. Auch wird die Zeitdimension (beispielsweise ob ein Risiko in den nächsten sechs Monaten relevant wird oder erst in acht Jahren) weitestgehend ausgeblendet.

> Ein eklatanter Denkfehler liegt darin begründet, dass bei der Anwendung der Risk Maps implizit davon ausgegangen wird, dass ein Risiko überhaupt sinnvoll durch Schadenshöhe und Eintrittswahrscheinlichkeit beschrieben werden kann.

Dies gilt jedoch offensichtlich nur dann, wenn diese (und genau diese) Parameter eine adäquate (möglichst vollständige) Beschreibung eines Risikos ermöglichen. Dies trifft speziell jedoch nur für einen bestimmten Verteilungstyp von Risiken zu, nämlich für binomialverteilte Risiken (bzw. Risiken, die mit einer Bernoulli-Verteilung beschrieben werden können). Derartige binomialverteilte Risiken weisen genau zwei Zustände auf, entweder das Risiko tritt ein (dann tritt ein Schaden infolge einer Schadenshöhe ein) oder es tritt nicht ein. Eine kritische Analyse einer solchen Bewertungspraxis offenbart recht schnell, dass sowohl die Bewertung eines Punktwertes für die Eintrittswahrscheinlichkeit (beispielsweise 23,5 %) als auch das Schadensausmaß (beispielsweise 1,3 Mio. €) eine Pseudoexaktheit vorgaukeln. Seriöser wäre eine Bewertung der Risiken in Form einer Bandbreite, d. h. mithilfe geeigneter univariater oder multivariater Verteilungsfunktionen.

Tatsächlich ist der Großteil aller Risiken eines Unternehmens nicht sinnvoll mit einer Binomialverteilung (bzw. Bernoulliverteilung) beschreibbar. Für Zinsänderungen, Ölpreisschwankungen oder konjunkturelle Umsatzschwankungen (sogenannte schwankungsorientierte Risiken) ist eine Normalverteilung, eine Weibullverteilung, eine PERT- oder Dreiecksverteilung eine sinnvollere Beschreibung des Risikos. Denn bei schwankungsorientierten Risiken beträgt die Eintrittswahrscheinlichkeit stets 100 %. Die Höhe des Risikos wird vielmehr durch die Schwankungsbreite beschrieben. Ereignisorientierte Risiken hingegen können sinnvoll mit einer Compoundverteilung (Häufigkeit und Schadensausmaß als kombinierte Verteilungsfunktionen) beschrieben werden.

Den ersten Fehler begehen Praktiker jedoch nicht selten bereits bei der Priorisierung von Risiken. In der Unternehmenspraxis basieren die in einer Risk Map dargestellten Risiken nur selten auf einer einheitlichen Bewertungsbasis (zum Beispiel korrekt ermittelten Erwartungswerten für das jeweilige Risiko). In der unternehmerischen Praxis vermischen sich nicht selten Worst-Case- mit Best-Case- und irgendwelchen „Bauchgefühls"-Szenarien („Expertenschätzung"). Dies führt in der Konsequenz dazu, dass möglicherweise zwei völlig unterschiedliche Risikoszenarien in einer Risk Map identisch abgebildet werden.

Bereits die Aggregation von Risiken bedingt, dass die individuellen Risiken durch ihre individuelle Verteilungsfunktion quantitativ möglichst korrekt beschrieben werden.

> **Eine Aggregation aller relevanten Risiken ist erforderlich, weil Risiken nicht isoliert voneinander analysiert werden können, sondern durch komplexe Ursache-Wirkungsketten und nicht-lineare Abhängigkeiten miteinander vernetzt sind.**

Es ist offensichtlich, dass alle Risiken gemeinsam die Risikotragfähigkeit eines Unternehmens belasten (vgl. ◼ Abb. 2.8). Die Risikotragfähigkeit wird (vereinfacht betrachtet) von zwei Größen bestimmt, nämlich zum einen vom Eigenkapital und zum anderen von den Liquiditätsreserven. Die Beurteilung des Gesamtrisikoumfangs ermöglicht eine Aussage darüber, ob die oben bereits erwähnte Risikotragfähigkeit eines Unternehmens ausreichend ist, um den Risikoumfang des Unternehmens tatsächlich zu

2.2 · Regelkreis der Risikomanagements

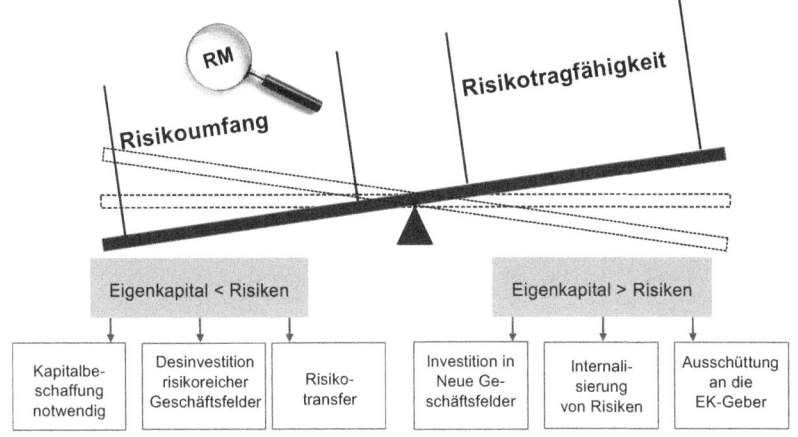

◘ Abb. 2.8 Risikotragfähigkeitswaage eines Unternehmens. (Quelle: Romeike und Hager 2013, S. 136)

tragen und damit den Bestand des Unternehmens zu gewährleisten. Sollte der vorhandene Risikoumfang eines Unternehmens gemessen an der Risikotragfähigkeit zu hoch sein, werden zusätzliche Maßnahmen der Risikobewältigung erforderlich. Die Kenntnis der relativen Bedeutung der Einzelrisiken (Sensitivitätsanalyse) ist für ein Unternehmen in der Praxis wichtig, um die Maßnahmen der Risikofinanzierung und -steuerung zu priorisieren.

Die Aggregation von Risiken zu einer Gesamtrisikoposition kann grundsätzlich auf zwei Wegen erfolgen, analytisch oder durch **Simulation**. Das analytische Vorgehen ist mit einigen Beschränkungen verbunden, so müssen die Risiken in der Regel einer Normalverteilung folgen, was in der Praxis des Risikomanagements nur selten der Fall ist. In ◘ Abb. 2.9 ist das grundsätzliche Vorgehen basierend auf einer stochastischen Simulation (stochastische Szenarioanalyse oder auch Monte-Carlo-Simulation genannt) skizziert. Der Gesamtrisikoumfang (als Ergebnis der Risikoaggregation) ermöglicht erst eine fundierte Beurteilung der Risiko-Eigentragungskraft des Unternehmens, die maßgeblich die nachfolgenden Maßnahmen der Risikofinanzierung oder des Risikotransfers bestimmen. In diesem Zusammenhang ist auch eine Berechnung der kalkulatorischen Eigenkapitalkosten (eine wesentliche Komponente der Gesamtrisikokosten) wichtig. So substituieren Risikotransferlösungen (zum Beispiel Versicherungen) letztlich knappes und relativ teures Eigenkapital. Die kalkulatorischen Eigenkapitalkosten resultieren als Produkt von Eigenkapitalbedarf und Eigenkapitalkostensatz, der von der akzeptierten Ausfallwahrscheinlichkeit und der erwarteten Rendite von Alternativanlagen (zum Beispiel am Aktienmarkt) abhängt.

	IST 2017 in T€	PLAN 2018 in T€	S1	S2	...	Sn
Erträge						
Umsatzerlöse	25.000	28.000	27.100	28.200	...	29.500
Aufwendungen						
Materialeinsatz	15.600	17500	15900	17100	...	17900
Personalkosten	4.500	4600	4400	4700	...	4800
Zinsaufwand	418	418	425	430	...	410
Verkaufsprovisionen	750	800	750	850	...	810
Kundenskonto	280	300	320	280	...	300
Hilfs- und Betriebsstoffe	140	150	160	140	...	150
Stromkosten	680	850	750	900	...	710
Instandhaltung Maschinen	265	265	270	220	...	310
sonstiger Aufwand	550	550	1400	2500	...	450
Abschreibungen	1.100	1100	1100	1100	...	1100
Gewinn (vor Steuern)	717	1.467	1.625	-20	...	2.560

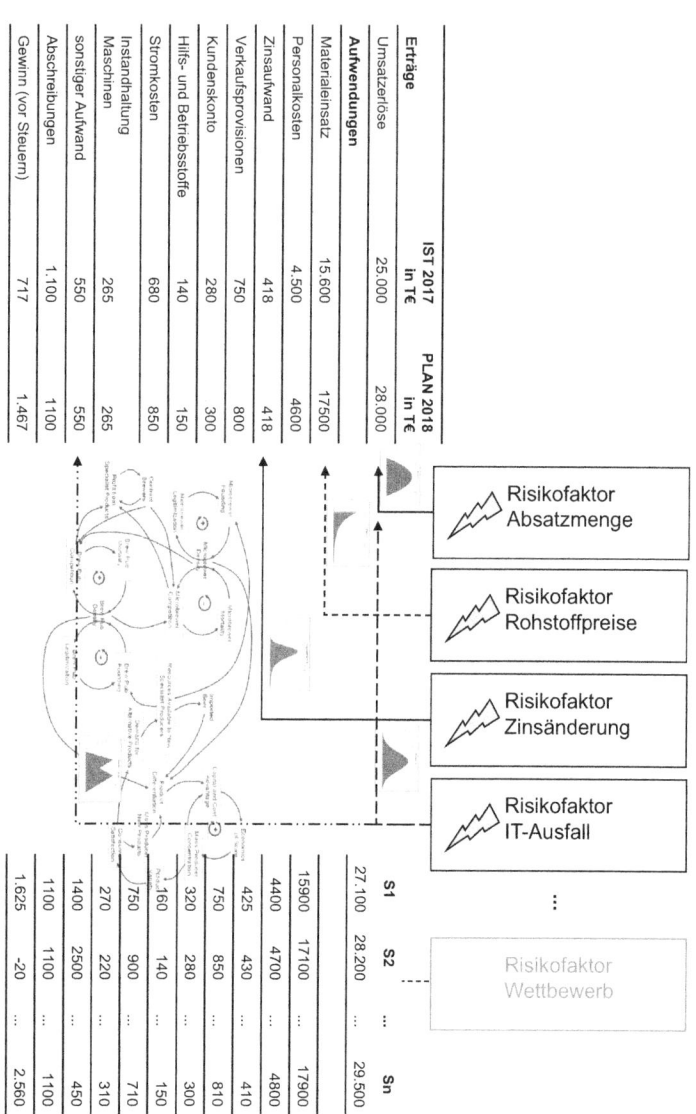

Risikofaktor Absatzmenge

Risikofaktor Rohstoffpreise

Risikofaktor Zinsänderung

Risikofaktor IT-Ausfall

Risikofaktor Wettbewerb

Abb. 2.9 Aggregation von Risiken mithilfe einer stochastischen Simulation. (Quelle: eigene Darstellung in Anlehnung an Romeike und Hager 2013, S. 133)

2.2 · Regelkreis der Risikomanagements

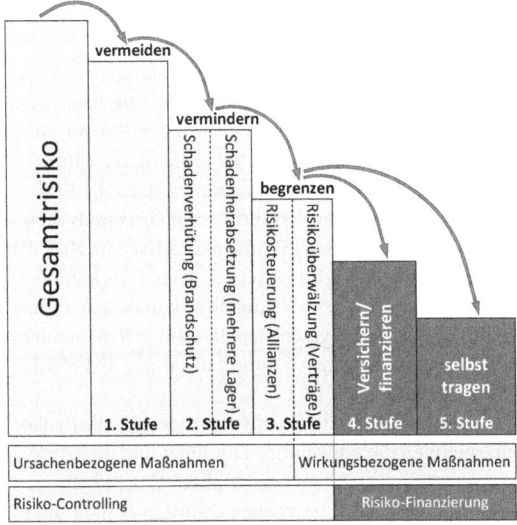

○ Abb. 2.10 Risikosteuerung in der Praxis. (Quelle: Romeike und Hager 2013, S. 140)

Eine Schlüsselstelle im gesamten Risk-Management-Prozess nimmt die Risikosteuerung und -kontrolle ein (vgl. ○ Abb. 2.10). Diese Phase zielt darauf ab, die Risikolage des Unternehmens positiv zu verändern bzw. ein ausgewogenes Verhältnis zwischen Ertrag (Chance) und Verlustgefahr (Risiko) zu erreichen, um den Unternehmenswert zu steigern.

Die Risikosteuerung und -kontrolle umfasst alle Mechanismen und Maßnahmen zur Beeinflussung der Risikosituation, entweder durch eine Verringerung der Eintrittswahrscheinlichkeit und/oder des Schadensausmaßes. Dabei sollte die Risikosteuerung und -kontrolle mit den in der Risikostrategie definierten Zielen sowie den allgemeinen Unternehmenszielen übereinstimmen. Ziele dieser Prozessphase sind die Vermeidung von nicht akzeptablen Risiken sowie die Reduktion und der Transfer von nicht vermeidbaren Risiken auf ein akzeptables Maß. Eine optimale Risikosteuerung und -bewältigung ist dabei diejenige, die durch eine Optimierung der Risikopositionen des Unternehmens den Unternehmenswert steigert.

Im Hinblick auf die Steuerung bzw. das Management von Risiken bestehen prinzipiell drei Strategiealternativen (vgl. vertiefend Romeike und Hager 2013, S. 140 ff.). Die sogenannte präventive (oder auch ätiologische) Risikopolitik zielt darauf ab, Risiken aktiv durch eine Beseitigung oder Reduzierung der entsprechenden Ursachen zu vermeiden oder zu vermindern. Es wird versucht, die Risikostrukturen durch Verringerung der Eintrittswahrscheinlichkeit und/oder der Tragweite einzelner Risiken zu verringern.

Im Gegensatz zu diesen aktiven Steuerungsmaßnahmen, die direkt an den strukturellen Risikoursachen (Eintrittswahrscheinlichkeit, Schadensausmaß) ansetzen, wird bei der sogenannten korrektiven (oder palliativen) Risikopolitik der Eintritt eines Risikos bewusst akzeptiert. Ziel der passiven Risikopolitik ist es nicht, die Eintrittswahrscheinlichkeiten oder die Tragweite der Risiken zu reduzieren, d. h., die Risikostrukturen werden nicht verändert. Der Risikoträger versucht vielmehr, durch geeignete Maßnahmen Risikovorsorge zu betreiben. Diese Risikovorsorge hat zum Ziel, die Auswirkungen des Risikoeintritts zu vermeiden oder zu vermindern. Dies kann beispielsweise in Form der häufig praktizierten Überwälzung von Risiken auf andere Risikoträger (etwa Versicherer oder Kapitalmarkt) geschehen. Bei einem Risikoeintritt werden neben der Bereitstellung der erforderlichen Liquidität die negativen Konsequenzen auf der Ertragslage abgefedert.

Werden die finanziellen Folgen von Risikoeintritten nicht auf professionelle Risikoträger transferiert, muss das Unternehmen die notwendige Liquidität und die ertragsmäßigen Belastungen aus dem eigenen Finanzsystem bereitstellen. Das Selbsttragen von Risiken kann dabei bewusst oder unbewusst geschehen. Wurden Risiken nicht identifiziert oder korrekt bewertet, so müssen die Folgen dieser Fehleinschätzung im Schadensfall aus dem laufenden Cashflow, aus Rücklagen oder durch die Auflösung stiller Reserven finanziert werden. Dies kann jedoch dazu führen, dass der Unternehmensgewinn durch einen Schadeneintritt in einem gewinnschwachen Jahr besonders belastet wird.

In ◘ Abb. 2.11 sind einige grundsätzliche risikopolitische Maßnahmen zusammenfassend dargestellt. Bei einer niedrigen Eintrittswahrscheinlichkeit und einem geringen potenziellen Schadensausmaß sollte das Risiko schlicht und einfach akzeptiert werden. Ein potenzieller Risikoeintritt wird in der Regel durch die eigene Risikotragfähigkeit adäquat abgedeckt. Bei einer hohen Eintrittswahrscheinlichkeit und einem eher geringen Schadensausmaß bietet sich der Aufbau eines Frühwarnsystems an. Die Installation eines Frühwarnsystems soll dazu dienen, Risikoeintritte bereits bei ihrer Entstehung zu erkennen und rechtzeitig Gegenmaßnahmen ergreifen zu können. Bei allen Szenarien mit einem hohen bis schwerwiegenden Schadensausmaß können vor allem Notfallpläne und ein adäquates Krisenmanagement helfen, dass die Wirkungen des Risikoeintritts möglichst in Grenzen gehalten werden können.

2.3 Organisation des Risikomanagements

In der Praxis existieren sehr unterschiedliche Organisationsformen zur Einbettung eines Risikomanagements. Die Varianten reichen von einem zentralen bis zu einem dezentralen Ansatz. In regulierten Branchen (beispielsweise in Banken und Versiche-

2.3 · Organisation des Risikomanagements

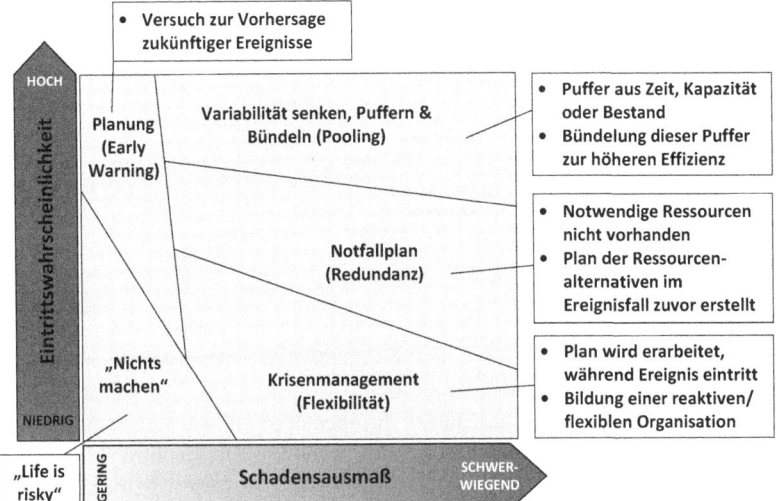

◘ Abb. 2.11 Grundsätzliche Strategien zur Risikosteuerung. (Quelle: Huth und Romeike 2016, S. 73)

rungsunternehmen) ist die Aufbauorganisation vorgegeben. So muss vielfach Risikomanagement zum Beispiel als (von entgegengesetzten Interessen) unabhängige Risikocontrolling-Funktion etabliert werden. Vielfach ist Risikomanagement als Stabsstelle bei der Geschäftsleitung oder beim Vorstand angedockt. Alternativ bietet es sich an, Risikomanagement in das Controlling, den Finanzbereich oder in das Qualitätsmanagement zu integrieren.

Da Risiken an ihrem Entstehungsort am effektivsten erkannt und gesteuert werden, bietet es sich an, dass Risikomanagement dezentral organisiert ist. Nicht selten wird in der Unternehmenspraxis der Risikomanager als der „Manager von Risiken" missverstanden. Der Risikomanager ist jedoch vielmehr der Koordinator im Unternehmen bzw. derjenige, der die „Werkzeugkiste" im Risikomanagement zusammenstellt und die operativen Einheiten beim Management der relevanten Risiken unterstützt. Ein präventives Risikomanagement sollte dezentral in den operativen Einheiten eines Unternehmens verankert und gelebt werden.

Nicht erst die Finanzkrise und diverse Unternehmensskandale haben Unternehmen vor Augen geführt, dass das Corporate-Governance-System zu modifizieren und vor allem Kontrollmechanismen einzuführen sind, um potenzielle und bestandsgefährdende Risiken früher zu erkennen. In diesem Zusammenhang wurde in der Praxis das Organisationsmodell „Three Lines of Defence" (kurz TLoD) als funktionsfähiges Kontroll- und Überwachungssystem in vielen Unternehmen eingeführt (vgl. ◘ Abb. 2.12). Was steckt genau dahinter?

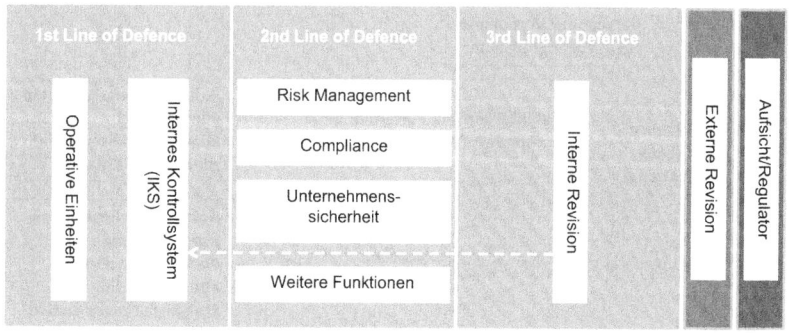

● **Abb. 2.12** Drei Verteidigungslinien in der Praxis. (Quelle: Huth und Romeike 2016, S. 58)

Die „erste Verteidigungslinie" bilden die operativen Einheiten, d. h. die Risikoeigentümer (oder auch „Risk Owner") in den operativen Bereichen wie Produktion, Einkauf, Logistik etc. Sie verantworten für ihren Bereich die Balance zwischen Risiken und Chancen bzw. zwischen Risiken und Risikotragfähigkeit.

Auf der „zweiten Verteidigungslinie" finden die operativen Kontrollen statt. Dies ist vor allem das Betätigungsfeld der Unternehmensbereiche Risikomanagement, Unternehmenssicherheit, Compliance, IT-Security etc. Als eine Art „Inhouse-Berater" stellen sie für die operativen Einheiten Werkzeuge und Prozesse zur Verfügung. Außerdem nehmen sie Einfluss auf die Risikostrategie und schlagen erforderliche Kontrollen zur Beachtung von risikobehafteten Prozessen vor. Des Weiteren sind sie das Sprachrohr gegenüber der Geschäftsleitung, führen alle Unternehmensrisiken (und Chancen) zu einem Gesamtbild zusammen (Risikoaggregation) und unterstützen die Geschäftsleitung bei der Umsetzung einer chancen- und risikoorientierten (und damit wertorientierten) Unternehmensführung. Eine höhere Transparenz über Chancen und Risiken sollte dann in der Konsequenz auch zu besseren Entscheidungen führen.

Die „dritte Verteidigungslinie" stellt eine weitere unabhängige Organisationseinheit dar, die Vorstand und Aufsichtsrat bei der abschließenden Überwachung und Kontrolle bestehender und potenzieller Risiken unterstützt. In der Praxis ist dies in der Regel die interne Revision, die die untergeordneten Verteidigungslinien überwacht und unterstützt.

Losgelöst von der jeweiligen Aufbauorganisation sollte Risikomanagement in einer Organisation vor allem gelebt werden. In ● Abb. 2.13 sind die wesentlichen Elemente bei der Entwicklung einer (gelebten) Risikokultur skizziert. In diesem Kontext sei darauf hingewiesen, dass eine (gelebte) Risikokultur nur auf einer entsprechenden Unternehmenskultur aufbauen kann. Unter der Organisations- oder Unternehmenskultur ist die Gesamtheit von allen in einer Organisation wirksamen Werten, Normen und Einstellungen zu verstehen, die nach innen das Denken, die Entscheidungen und

2.4 · Lern-Kontrolle

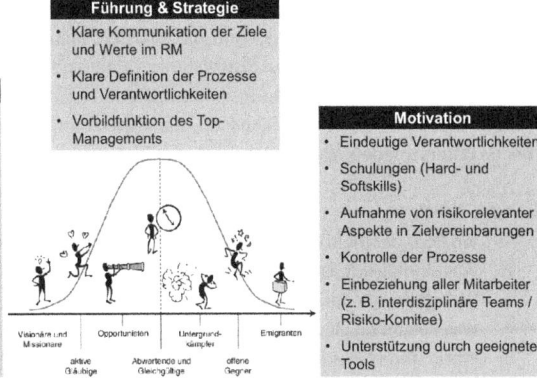

Abb. 2.13 Elemente zur Entwicklung einer Risikokultur. (Quelle: eigene Darstellung basierend auf Seminarunterlagen RiskNET GmbH 2013–2017; Vahs 2007)

das Verhalten der Organisationsmitglieder prägen und nach außen die Art und Weise der Interaktion zwischen der Organisation und ihrer Umwelt bestimmen. Gegenüber den „harten" Faktoren gewinnt die Unternehmenskultur als das „weiche" Handlungsfeld der Veränderungsmanagements, insbesondere auch durch den gesellschaftlichen Wertewandel und seine Folgen, zunehmend an Bedeutung. In der Praxis können Risikomanagement-Planspiele dabei helfen, eine Risikokultur zu entwickeln.

2.4 Lern-Kontrolle

Kurz und bündig

Das strategische Risikomanagement bildet die integrative Klammer und das Fundament des gesamten Risk-Management-Prozesses. Es beinhaltet vor allem die Formulierung von Risk-Management-Zielen in Form einer „Risikostrategie". Bevor das Risikomanagement als kontinuierlicher Prozess eingeführt und gelebt werden kann, müssen zunächst die Grundlagen bezüglich der Rahmenbedingungen (zum Beispiel Risikoappetit, Risikotragfähigkeit), Organisation (etwa Funktionen, Verantwortlichkeiten und Informationsfluss) und die eigentlichen Prozessphasen definiert werden. Das operative Risikomanagement beinhaltet den Prozess der systematischen und laufenden Risikoanalyse der Geschäftsabläufe. Ziel der Risikoidentifikation ist die frühzeitige Erkennung von „den Fortbestand der Gesellschaft gefährdenden Entwicklungen", d. h. die möglichst vollständige Erfassung aller potenziellen Risikoursachen, Schadensursachen und Störpotenzialen. Für einen effizienten Risk-Management-Prozess kommt es darauf an, dass dieser als kontinuierlicher Prozess (im Sinne eines Regelkreises) in die Unternehmensprozesse integriert wird. Die Informationsbeschaffung ist die schwierigste Phase im gesamten Prozess und eine Schlüsselfunktion des Risikomanagements, da dieser Prozessschritt die Informationsbasis für alle nachfolgenden Phasen liefert. Schließlich können nur Risiken bewertet und gesteuert werden, die auch erkannt wurden. In der Prozessphase der Risikoidentifkation ist es wichtig, dass zwischen Risikoursachen (Causes), den potenziellen Plan-/Zielabweichungen (Risiken) und den Wirkungen (Effects) unterschieden wird (Metasprache im Risikomanagement).

? Let's check
1. Wo liegt der Mehrwert eines unternehmerischen Risikomanagements?
2. Was sind die idealtypischen Phasen eines Risikomanagement-Prozesses?
3. Was sollte eine Risikostrategie beinhalten?
4. Was verstehen Sie unter einem Frühwarnsystem?
5. Worin unterscheiden sich Bottom-up-Ansätze von Top-down-Ansätzen?
6. Worin unterscheidet sich eine ätiologische von einer palliativen Risikopolitik?
7. Bitte beschreiben Sie den Three-Lines-of-Defence-Ansatz!

? Vernetzende Aufgaben
1. Welche Rolle spielt die Aufbauorganisation bei der (Weiter)-entwicklung einer gelebten Risikokultur?
2. Führen Sie eine Literaturrecherche durch! Diskutieren Sie den Three-Lines-of-Defence-Ansatz vor dem Hintergrund der letzten Finanz-/Bankenkrise!
3. Diskutieren Sie (basierend auf einem veröffentlichten Unternehmenszusammenbruch oder eine Schieflage, siehe Schlecker, Metallgesellschaft oder Karstadt/Quelle) die Risiken, die zum Zusammenbruch geführt haben sowie die vorgelagerten Ursachen (Causes) sowie Wirkungen (Effects)!
4. Diskutieren Sie die Verwundbarkeit globaler Wertschöpfungsketten an einem konkreten Beispiel (Erdbeben von Kobe im Jahr 1995, Überschwemmungen in Thailand im Jahr 2011 oder Vulkanausbruch des Eyjafjallajökull in Island im Jahr 2010)!

ⓘ Lesen und Vertiefen
- Acton, Hibbs (2012) Why Fukushima was preventable (The Carnegie Papers), March 2012. http://carnegieendowment.org/files/fukushima.pdf. Zugegriffen: 10. Nov. 2017
- Blome C, Henke M (2008) Single Versus Multiple Sourcing: A Supply Risk Management Perspective. In: Zsidisin GA, Ritchie B (Hrsg) Supply Chain Risk – A Handbook of Assessment, Management, and Performance. Springer, New York S 127–135
- Brückner F (2011) Autobauern gehen die Farben aus – Folgen des Bebens in Japan. Verlagsgruppe Handelsblatt. http://www.handelsblatt.com/unterneh-

2.4 · Lern-Kontrolle

men/industrie/folgen-desbebensin-japan-autobauern-gehen-die-farben-aus/3996440.html. Zugegriffen: 10. Nov. 2017
- Brühwiler B (2013) Die Nuklearkatastrophe von Fukushima – Konsequenzen für das Risikomanagement. https://www.risknet.de/themen/risknews/die-nuklearkatastrophe-von-fukushima/9039e27501722c61e1527360464f1b01. Zugegriffen: 22. Mai 2017
- Canis B (2011) The motor vehicle supply chain: Effects of the Japanese earthquake and tsunami. Congressional Research Service. https://fas.org/sgp/crs/misc/R41831.pdf. Zugegriffen: 10. Nov. 2017
- Erben R, Romeike F (2016) Allein auf stürmischer See – Risikomanagement für Einsteiger, 3. Aufl. Wiley, Weinheim
- Gleißner W, Romeike F (2005) Risikomanagement – Umsetzung, Werkzeuge, Risikobewertung. Haufe Verlag, Freiburg im Breisgau
- Greimel H (2011) How 2 suppliers are getting ready for the next disaster. Automotive News. http://www.autonews.com/article/20120312/OEM01/303129961/how-2-suppliers-are-getting-ready-forthenext-disaster. Zugegriffen: 10. Nov. 2017
- Huth M (2012) Einführung in die Logistik. Ventus Publishing, London
- Huth M (2003) Risikomanagement in der Logistik (Teil 1) – Alter Wein in neuen Schläuchen? RiskNews 4(1):57–68
- Huth M, Romeike F (2016) Risikomanagement in der Logistik. Springer Gabler, Wiesbaden
- Nanto DK et al (2011) Japan's 2011 earthquake and tsunami: Economic effects and implications for the United States. Congressional Research Service. http://fas.org/sgp/crs/row/R41702.pdf. Zugegriffen: 10. Nov. 2017
- o. V. (2011) Manufacturers expect lasting quake impact – Perils of relying on limited suppliers come to the fore. The Japan Times. https://www.japantimes.co.jp/news/2011/05/20/business/manufacturersexpect-lasting-quake-impact/#.WgXT84iDPb0. Zugegriffen: 10. Nov. 2017
- van der Putten R (2012) Japan: One year after the Tohoku earthquake. Conjoncture. http://economic-research.bnpparibas.com/Views/DisplayPublication.aspx?type=document&IdPdf=19077. Zugegriffen: 10. Nov. 2017
- Romeike F (2013) Risikomanagement im Kontext Compliance – Grundlagen, Prozesse, Verantwortlichkeiten und Methoden. In: Inderst C, Bannenberg B, Poppe S (Hrsg) Compliance: Aufbau – Management – Risikobereiche, 2. Aufl. Verlag C. F. Müller, Heidelberg, S 195–218
- Romeike F (2014) Risikomanagement im Kontext von Corporate Governance. Der Aufsichtsrat 05(2014):70–72
- Romeike F, Hager F (2013) Erfolgsfaktor Risikomanagement 3.0: Lessons learned, Methoden, Checklisten und Implementierung, 3. Aufl. Springer, Wiesbaden

- Sauer HD (2011) Das große Beben von Tohoku: Vorläufige Rekonstruktion des Geschehens. Neue Zürcher Zeitung. http://www.nzz.ch/aktuell/startseite/das-grosse-beben-von-tohoku-1.9994656. Zugegriffen: 10. Nov. 2017
- Schreffler R (2012) Quake changes little in Toyota's supply-chain strategy. WardsAuto. http://wardsauto.com/industry/quake-changes-little-toyota-s-supply-chain-strategy. Zugegriffen: 10. Nov. 2017
- Schweinsberg C (2012) Toyota says toll from earthquake cost 70 billion in fiscal 2012. WardsAuto. http://wardsauto.com/industry/toyota-says-toll-earthquake-cost-70-billion-fiscal-2012. Zugegriffen: 10. Nov. 2017
- Sinha N (2011) A Pandora's Box for the global automotive electronics industry. Frost & Sullivan Market Insight. http://www.frost.com/prod/servlet/market-insight-print.pag?docid=239487264. Zugegriffen: 10. Nov. 2017
- Team T (2011) Japan quake, tsunami take – Heavy toll on Toyota. Forbes Magazine. https://www.forbes.com/sites/greatspeculations/2011/04/08/japan-quake-tsunami-take-heavy-toll-on-toyota/#4779a81861b4. Zugegriffen: 10. Nov. 2017
- Treece JB (2011) Denso to lend plant to quake-damaged Fujikura Rubber. Automotive News. http://www.autonews.com/article/20110428 OEM10/110429868/denso-to-lend-plant-to-quake-damagedfujikura-rubber. Zugegriffen: 10. Nov. 2017
- Vahs D (2007) Organisation – Einführung in die Organisationstheorie und -praxis. Schäffer Poeschel, Stuttgart

Methoden und Werkzeuge im Risikomanagement

Frank Romeike

3.1 Überblick – 55

3.2 Unterschiedliche Reifegrade im Risikomanagement – 59

3.3 Methodenmatrix – 59

3.4 Kollektionsmethoden – 61
3.4.1 Checklisten – 61
3.4.2 Interview – 67
3.4.3 Risiko-Identifikationsmatrix (RIM) – 69
3.4.4 SWOT-Analyse – 71

3.5 Analytische Methoden – 74
3.5.1 Bow-tie Analysis – 74
3.5.2 Fehlerbaumanalyse (Fault Tree Analysis, FTA) – 81
3.5.3 Fehlermöglichkeits- und Einflussanalyse (FMEA) – 85
3.5.4 Markov-Analyse – 92
3.5.5 Fehler-Ursachen-Analyse (Root cause analysis) – 100
3.5.6 Business Impact Analysis (BIA) – 104
3.5.7 Social Network Analysis – 110
3.5.8 Ursache-Wirkungs-Diagramm (Cause-and-Effect Analysis, Ishikawa-Diagramm) – 114
3.5.9 Ereignisbaumanalyse (Event Tree analysis) – 118
3.5.10 Hazard Analysis and Operability Study (HAZOP) – 123

3.6 Kreativitätsmethoden – 127
3.6.1 Brainstorming – 127
3.6.2 Brainwriting – 131
3.6.3 Delphi-Methode – 134
3.6.4 KJ-Methode – 137
3.6.5 Kopfstandtechnik – 141

© Springer Fachmedien Wiesbaden GmbH 2018
F. Romeike, *Risikomanagement*, Studienwissen kompakt,
https://doi.org/10.1007/978-3-658-13952-0_3

3.6.6 Methoden 6-3-5 – 144
3.6.7 Morphologische Analyse – 147
3.6.8 Mind-Mapping – 151
3.6.9 World-Café – 156
3.6.10 Business Wargaming – 159
3.6.11 Deterministische Szenarioanalyse – 166
3.6.12 Stochastische Szenarioanalyse (Monte-Carlo-Simulation) – 175
3.6.13 Empirische Datenanalyse – 183
3.6.14 System Dynamics – 188

3.7 Lern-Kontrolle – 197

> **Lern-Agenda**
> - Reifegrade (Maturity Level) im Risikomanagement
> - Methodenmatrix im Überblick
> - Eine detaillierte und strukturierte Beschreibung der einzelnen Werkzeuge (Kreativitätsmethoden, analytische Methoden, Kollektionsmethoden) des Risikomanagements in der Praxis

3.1 Überblick

Die erste Phase eines effektiven Risikomanagements ist die Identifikation der potenziellen Risiken (und Chancen). Damit verbunden sind die Risikoanalyse sowie die Risikobewertung (vgl. die Schritte 1 und 2 in ◘ Abb. 2.6). Die Qualität der Ergebnisse aus der Identifikation und Bewertung liefert die Grundlage für die Steuerung der Risiken. Doch wenn bei der Risikoidentifikation und -bewertung (zum Beispiel aufgrund einer schwachen methodischen Fundierung, zu oberflächlicher Betrachtung oder anderen Gründen) Fehler gemacht werden, wirken sich diese Fehler unweigerlich auf die Priorisierung von Risiken sowie die Entwicklung und Anwendung von Maßnahmen zur Risikosteuerung aus. Risiken, deren Bedeutung unterschätzt wird oder die gar „übersehen" werden (d. h., die bei der Identifizierung nicht erkannt werden), können zu gravierenden Konsequenzen (bis zur Unternehmensinsolvenz) führen.

Aus diesem Grund ist es von besonderer Bedeutung, dass Risikomanager den „Werkzeugkoffer" für Risikoidentifikation, -analyse und -bewertung kennen und zielgerichtet einsetzen können. Das „Handwerkzeug" sind die entsprechenden Methoden. Unter einer Methode verstehen wir recht allgemein ein mehr oder weniger planmäßiges Verfahren zur Erreichung eines Zieles. Im Kern verstehen wir unter einer Methode einen Erkenntnisweg (hier im Kontext Risikoidentifikation und Risikobewertung).

Empirische Studien zeigen regelmäßig auf, dass viele Risikomanager nur eine oder sehr wenige Methoden kennen und in der Praxis einsetzen. Doch „wer nur einen Hammer hat, für den ist jedes Problem wie ein Nagel". Und wer einen ganzen Werkzeugkasten hat, für den ist jedes Problem einzigartig. Für das Risikomanagement gilt, dass es nicht die „eierlegende Wollmilchsau" gibt, die für alle Risikoarten geeignet ist. Vielmehr wird der Risikomanager ganz unterschiedliche Methoden anwenden müssen, je nach Fragestellung und Risikoart. Bei der Identifikation und Bewertung von strategischen Risiken wird der Risikomanager zu anderen Werkzeugen greifen, als wenn er Rohstoffpreisrisiken bewerten muss.

Nachfolgend werden daher die wesentlichen Werkzeuge im Risikomanagement vorgestellt. Um einen besseren Überblick zu erhalten, haben wir (analog zu einem guten Handwerker) die Werkzeugkiste in verschiedene Schubladen und Abteilungen eingeteilt.

Die Methoden zur Risikoidentifikation, Risikoanalyse und Risikobewertung lassen sich in **Kollektionsmethoden** sowie **Suchmethoden** unterteilen (vgl. ◘ Tab. 3.1). **Kollektionsmethoden** sind vornehmlich für Risiken geeignet, die offensichtlich oder bereits bekannt sind (beispielsweise aufgrund einer bereits in der Vergangenheit durchgeführten Risikoidentifikation). In der Praxis erfolgt die Identifikation von Risiken recht häufig (insbesondere bei einem niedrigen Reifegrad, vgl. ◘ Abb. 3.1) unter Verwendung von Checklisten. Checklisten dienen in der Regel der Identifikation von Risikoquellen (Ursachen). Der Nachteil einer detaillierten Checkliste liegt in dem großen Aufwand, der bei der Problemanalyse entsteht. Es existiert außerdem keine allgemein anerkannte Systematik bei der Erstellung von Checklisten. Die Qualität hängt in der Regel von der Erfahrung des Checklisten-Erstellers ab. Sie lassen sich allerdings einfach aus einem bestehenden Risikoinventar extrahieren.

Da die Anzahl der Fragen und Themenstellungen beschränkt ist, wird der Status quo (zum Beispiel der Risikolandkarte) möglicherweise nur unvollständig identifiziert. Eine weitere Schwierigkeit bei der Verwendung von Checklisten ist der hohe

◘ **Tab. 3.1** Methoden der Risikoidentifikation, -analyse und -bewertung. (Quelle: eigene Darstellung in Anlehnung an Romeike und Hager 2013, S. 104)

Kollektions-methoden	Suchmethoden	
	Analytische Methoden	Kreativitätsmethoden
– Checkliste – Schadenfall-Datenbank – SWOT-Analyse – Self-Assessment – Risiko-Iden-tifikations-Matrix (RIM) – Interview	– Bow-tie Analysis – Empirische Datenanalyse – Fehlerbaumanalyse (Fault Tree Analysis, FTA) – Fehlermöglichkeits- und Einflussanalyse (FMEA) – Hazard and operability studies (HAZOP) – Business impact analysis – Fehler-Ursachen-Analyse (Root cause analysis, RCA) – Ereignis-Baumanalyse (Event tree analysis) – Cause-and-effect analysis – Ishikawa-Diagramm – Markov analysis/Bayesian statistics and Bayes Nets – Consequence/probability matrix – Social Network Analysis	– Morphologische Analyse – Brainstorming – Brainwriting – Methode 635 – Brainwriting Pool – Mind Mapping – KJ-Methode – Flip-Flop-Technik (Kopfstandtechnik) – World-Café – Delphi-Methode – Business Wargaming – Deterministische Szenarioanalyse – Stochastische Szenarioanalyse (stochastische Simulation) – System Dynamics

3.1 · Überblick

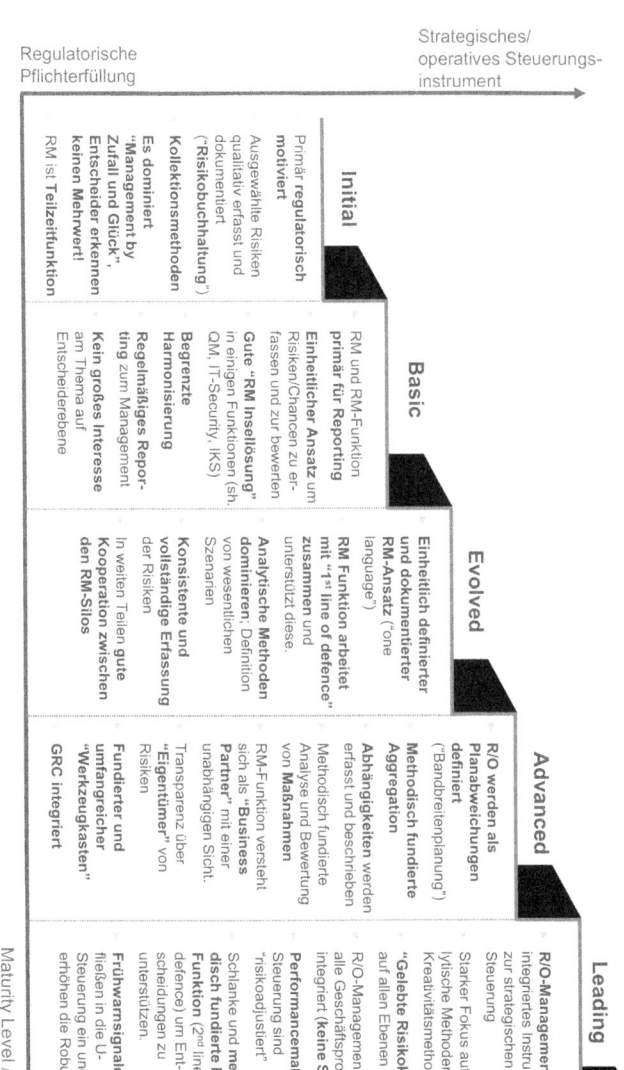

Abb. 3.1 Reifegradtreppe im Risikomanagement. (Quelle: RiskNET GmbH)

Aggregationsgrad, weil in der Regel nicht auf die individuellen Einzelrisiken und deren Wechselwirkungen geschlossen werden kann. Eine weitere Problematik liegt in der mangelnden Vollständigkeit und dem starren Raster, was dem revolvierenden Charakter der Risikoidentifikation entgegensteht. Auch lassen sich mit Checklisten nur bekannte Risiken auflisten. Unbekannte, aber potenzielle Risiken können mit ihr nicht „entdeckt" werden. Checklisten dienen daher allenfalls als Ausgangspunkt für die Risikoidentifikation oder zur Verifikation eine Risikoanalyse auf Vollständigkeit.

Auch die SWOT-Analyse dient im Wesentlichen einer strukturierten Darstellung bzw. Zusammenfassung von Ergebnissen, die mithilfe anderer Methoden (etwa Brainstorming) erfasst wurden. Auch eine Risiko-Identifikationsmatrix oder ein Self-Assessment unterstützt im Kern die Identifikation offensichtlicher Risiken.

Suchmethoden dagegen lassen sich vor allem für bisher unbekannte Risiken einsetzen. Die Suchmethoden können in **analytische Methoden** und **Kreativitätsmethoden** klassifiziert werden.

Alle **analytischen Suchverfahren** sind darauf fokussiert, zukünftige und bisher unbekannte Risikopotenziale zu identifizieren. Einige analytische Suchverfahren wurden ursprünglich für die Risikoanalyse im Qualitätsmanagement entwickelt. Da die Prozessstruktur und Methodik des Risikomanagements einige Parallelen zum Qualitätsmanagement (bei dem im Kern Qualitätsrisiken identifiziert, bewertet und gesteuert werden) aufweist, liegt es nahe, etablierte Methoden auch auf den Risikoidentifikationsprozess für andere Risikoarten zu übertragen.

Kreativitätsmethoden hingegen basieren auf kreativen Prozessen, die durch divergentes Denken charakterisiert sind, um relativ flüssig und flexibel zu neuartigen Einfällen und originellen Lösungen zu gelangen. Kreativitätstechniken lassen (im Gegensatz zum rationalen und strukturierten Denken) das Denken chaotisch werden und ermöglichen so vor allem die Identifikation bisher unbekannter Risikopotenziale (es sei erinnert an den bereits zitierten Hinweis von Herman Kahn: „Aus der Vergangenheit kann jeder lernen. Heute kommt es darauf an, aus der Zukunft zu lernen.").

◘ Tab. 3.1 liefert eine Übersicht über Methoden der Risikoidentifikation, -analyse und -bewertung. Diese werden im folgenden Abschnitt dargestellt, erläutert und hinsichtlich ihres Einsatzpotenzials im Risikomanagement bewertet. Jede Methode wird einheitlich dargestellt. Dabei werden neben einer Beschreibung der Methode und einem Anwendungsbeispiel folgende Eigenschaften beleuchtet:

- Einsatzzweck
- Phase des Risikomanagements, in der die Methode eingesetzt werden kann
- Input bzw. Datenbedarf
- Output
- Zeitlicher Aufwand für den Methodeneinsatz

- Personeller Aufwand für den Methodeneinsatz (insbesondere auch benötigte Qualifikation)
- Reifegrad des zugrundeliegenden Risikomanagements
- Stärken und Grenzen der Methode
- Gesamtbewertung (Eignung für das Risikomanagement in der Praxis)

3.2 Unterschiedliche Reifegrade im Risikomanagement

In ◘ Abb. 3.1 ist eine Reifegradtreppe (Risk Maturity Model) wiedergegeben, die die wesentlichen Schritte von einem initialen System hin zu einem „Leading"-System skizziert.

Zwischen dem Reifegrad des Risikomanagements und dem Einsatz unterschiedlicher Werkzeuge und Methoden besteht ein direkter und zwingender Zusammenhang. Auf der Stufe eines initialen Risikomanagements sowie auf der Stufe „Basic" dominieren vor allem Kollektionsmethoden. Auf der Reifegradstufe „Evolved" erfolgt immerhin bereits eine gute Kooperation zwischen den existierenden Silos auf Risikomanagement, Compliance-Management und Controlling und neben Kollektionsmethoden kommen auch Analytische Methoden zum Einsatz. Bei „Advanced" erfolgt zum einen eine Verknüpfung von Planung und Risikomanagement in Form einer „Bandbreitenplanung" sowie die Integration von Compliance-Management und Risikomanagement zu einem integrierten ERM-System (Enterprise-Risk-Management-System) bzw. GRC-System (Governance, Risk & Compliance-System). Dies bedingt auch den Einsatz eines fundierten und umfassenden Werkzeugkastens, etwa von quantitativen Methoden zur methodischen Aggregation von Risiken. In der höchsten Ausbaustufe („Leading") wird Risiko-/Chancenmanagement als strategisches Instrument der Unternehmenssteuerung verstanden. Compliance-Management, IKS und Controlling sind hier selbstverständlich integriert in ein einheitliches Methodensetting und System. Außerdem sind Risiko- und Chancenmanagement (bzw. Risk-/Opportunity-Management) voll in die Geschäftsprozesse integriert. Basierend hierauf wird Risiko-/Chancenmanagement in der gesamten Organisation gelebt (Risikokultur) und ist einer der Kernprozesse des Unternehmens.

3.3 Methodenmatrix

In ◘ Tab. 3.2 sind alle nachfolgend beschriebenen Methoden hinsichtlich ihres Einsatzes für unterschiedliche Risikoarten klassifiziert. Die Bewertung erfolgt anhand einer fünfstufigen Skala (exzellent geeignet, sehr gut geeignet, gut geeignet, eher ungeeignet, nicht geeignet).

Tab. 3.2 Methoden-Matrix. (Quelle: eigene Darstellung)

+++ exzellent geeignet ++ sehr gut geeignet + gut geeignet – Eher ungeeignet – – Nicht geeignet	Strategische Risiken	Finanzwirtschaftliche Risiken	Politische, rechtliche Risiken sowie Länderrisiken	Risiken aus Corporate Governance und Organisation	Leistungsrisiken	Reputationsrisiken
Checkliste	–	–	–	+	+	–
Schadenfall-Datenbank	–	–	–	+	++	–
SWOT-Analyse	+++	–	+	–	–	–
Self-Assessment	–	–	–	+	+	–
Risiko-Identifikations-Matrix (RIM)	–	–	–	–	+	–
Interview	+	+	+	+	+	+
Social Network Analysis	–	– –	+	++	+	+++
Empirische Datenanalyse	– –	+++	+	+	+	–
Fehlerbaumanalyse (Fault tree analysis)	–	–	–	–	++	–
FMEA	–	–	–	–	++	–
HAZOP	–	–	–	–	++	–
Business impact analysis	–	+	–	–	++	–
Root cause analysis	–	– –	–	–	++	–
Ereignis-Baumanalyse	–	– –	–	–	+	–
Markov-Analyse	+	+	–	–	+	–
Morphologische Analyse	–	–	–	–	+	–
Bow-tie Analysis	–	– –	+	+	++	+
Brainstorming	++	– –	+	++	++	++
Brainwriting	+++	– –	+	++	++	++
Methode 635	++	– –	+	++	++	++

Tab. 3.2 (Fortsetzung)

+++ exzellent geeignet ++ sehr gut geeignet + gut geeignet − Eher ungeeignet − − Nicht geeignet	Strategische Risiken	Finanzwirtschaftliche Risiken	Politische, rechtliche Risiken sowie Länderrisiken	Risiken aus Corporate Governance und Organisation	Leistungsrisiken	Reputationsrisiken
Mind Mapping	+	− −	+	−	+	+
KJ-Methode	++	− −	+	+	+	+
Flip-Flop-Technik / Kopfstandtechnik	++	− −	+	−	+	++
World Café	++	−	+	+	+	+
Delphi-Methode	++	−	++	+	+	+
Deterministische Szenarioanalyse	+++	+	+++	++	++	++
Stochastische Szenarioanalyse	+++	+++	++	++	+++	++
Business Wargaming	+++	−	++	+	+	+
System Dynamics	+	++	+	+	+	+

3.4 Kollektionsmethoden

3.4.1 Checklisten

- **Beschreibung**

Eine Checkliste ist eine bestimmte Form der Prüfliste. Es handelt sich um eine einfach anzuwendende Methode, um eine Vollständigkeitskontrolle (und damit eine Verifizierung) durchzuführen. Ursprünglich wurden Checklisten von Piloten entwickelt, beispielsweise zur Vorflugkontrolle und für den Startcheck. Piloten nutzen auch heute noch Checklisten, um alle Funktionen „abzuchecken" und um nichts zu vergessen. Das sogenannte QRH (Quick Reference Handbook) enthält wichtige Checklisten für technische Problem- und Notsituationen sowie Notverfahren wie EICAS- bzw. ECAM-Warnmeldungen („Engine Indication and Crew Alerting System" bzw. „System Electronic Centralized Aircraft Monitoring"), Triebwerksbrand/-zerstörung oder Einleitung eines Notsinkfluges und weitere potenzielle Störereignisse. Im Kontext Risikomanagement verwenden u. a. auch Wirtschaftsprüfer und Auditoren Checklisten, um das Risikomanagement auf Vollständigkeit zu prüfen (vgl. IDW PS 340: Prüfung des Risikofrüherkennungssystems nach § 317 Abs. 4 HGB; IDW PS 980: Grundsätze ordnungsmäßiger Prüfung von Compliance Management Systemen; IDW PS 981: Grundsätze ordnungsmäßiger Prüfung von Risikomanagementsystemen; IDW PS 982: Prüfung des internen Kontrollsystems des internen und externen Berichtswesens; IDW PS 983: Prüfung des Internen Revisionssystems). Der eigentliche kollektivistische Charakter der Methode besteht in der Erarbeitung der Checkliste selbst. Eine Checkliste könnte alternativ auch sicherstellen, dass Risiken (möglichst vollständig) erfasst werden. Dies wird in der Regel jedoch nur für Risiken erfolgen, die aus der Vergangenheit bekannt sind und daher auch in eine Checkliste eingeflossen sind. Neuartige Risiken (etwa resultierend aus neuen und disruptiven Geschäftsmodellen) können in Checklisten nur sehr eingeschränkt erfasst werden.

Die Verwendung einer Checkliste ist attraktiv, weil sie zum einen wiederverwendet und zum anderen stetig weiterentwickelt werden kann. So können beispielsweise neue Risiken leicht und schnell einer Checkliste hinzugefügt werden. Außerdem erfolgt beispielsweise eine externe Prüfung nach einem einheitlichen Raster (vgl. IDW-Prüfungsstandards).

Eine Checkliste kann allerdings niemals vollständig sein. Die stochastische und unerwartete Natur eines möglichen negativen Ereignisses in der Zukunft verbietet per definitionem eine vollständige Auflistung aller solcher Ereignisse (vgl. „Black Swan"-Ereignisse). Die Gefahr einer Checkliste ist der vermeintliche Glaube an die vollständige Berücksichtigung der Risiken. Wenn der Blick nur auf die Checkliste gerichtet ist, kann damit die Motivation eingeschränkt werden, bisher unbekannte Risiken zu identifizieren. Die Osborn-Checkliste sowie die SCAMPER-Checkliste versuchen diese Grenzen, u. a. bei der Entwicklung von neuen aus bestehenden Produkten, durch einen spielerisch-experimentellen und kreativen Ansatz zu überwinden.

Durch den vom Institut der Wirtschaftsprüfer (IDW) herausgegebenen Prüfungsstandard IDW PS 340 (vgl. ◘ Tab. 3.3) soll eine Mindestausgestaltung des Risikofrüherkennungssystems definiert und überprüft werden. Hierbei konzentriert sich die Checkliste auf die Prüfung des Risikofrüherkennungssystems nach § 317 Abs. 4 HGB.

- **Phase**
- ☒ Risikoidentifikation
- ☐ Risikoanalyse
- ☐ Risikobewertung
- ☐ Risikosteuerung

3.4 · Kollektionsmethoden

Tab. 3.3 Prüfliste IDW PS 340

Prüffeld gem. IDW PS 340	Beschreibung	Erfüllt/ Nicht erfüllt
Festlegung der Risikofelder, die zu bestandsgefährdenden Risiken führen können (IDW PS 340.7-8)	Der Vorstand muss im ersten Schritt Risikofelder definieren und festlegen, bei denen eine Bestandsbedrohung möglich ist. Bevor das Unternehmen über Risiken kommunizieren kann, muss weiterhin gem. § 91 Abs. 2 AktG ein unternehmensweites Überwachungssystem implementiert werden. Dort inbegriffen sind sämtliche Abteilungen, Ebenen und Prozesse. Sinn dieser unternehmensweiten Erstreckung des Risikomanagementsystems ist, dass insbesondere Risiken erkannt werden, die in Kombination mit anderen Risiken eine besondere Bedrohung besitzen. Diese Risikofelder sollten kontinuierlich auf Aktualität geprüft werden.	☐
Risikoerkennung und Risikoanalyse (IDW PS 340.9-10)	Damit Risiken analysiert werden können, müssen Risiken definiert werden. Außerdem sind Mitarbeiter dafür zu sensibilisieren, dass eine Risikokultur (Risikobewusstsein) im Unternehmen geschaffen wird. Es sollen jedoch nicht nur bereits bekannte, sondern auch noch unbekannte Risiken erkannt werden. Im nächsten Schritt können Risiken dann analysiert werden, indem sie in Bezug auf Häufigkeit und/oder Wahrscheinlichkeit und Schadenshöhe und/oder Schadensszenario untersucht werden. Dabei ist insbesondere darauf zu achten, dass Risiken aggregiert werden sollten, weil sie sich erst mit anderen Risiken zusammen zu bestandsgefährdenden Risiken kumulieren.	☐

Tab. 3.3 (Fortsetzung)

Prüffeld gem. IDW PS 340	Beschreibung	Erfüllt/ Nicht erfüllt
Risikokommunikation (IDW PS 340.11-12)	Die Kommunikation von Risiken betrifft sowohl das aufsichtsrechtliche (d. h. an den Vorstand) als auch das handelsrechtliche (d. h. Empfänger der Risikoberichte) Risikoreporting. Dabei ist es notwendig, dass auf Basis der erkannten Risiken, eine schnelle Kommunikation erfolgt. Insbesondere bestandsgefährdende Risiken müssen unverzüglich zum Vorstand hin berichtet werden (Ad-hoc-Berichterstattung). In diesem Kontext wird ein besonderer Wert auf die Risiken gelegt, die noch nicht bewältigt werden konnten. Um zu erkennen, ob Risiken bestandsbedrohend wirken können, ist es unverzichtbar, Grenzwerte zu definieren. Ein Überschreiten dieser Schwellen sollte dann unverzüglich zur Kommunikation an den Vorstand führen. Abseits des kontinuierlichen Reportings sollte bei kurzfristig eingetretenen Entwicklungen, die eine besondere Entwicklung nehmen könnten, eine Ad-hoc-Mitteilung an den Vorstand vorgenommen werden.	☐
Zuordnung von Verantwortlichkeiten und Aufgaben (IDW PS 340.13-14)	Für ein funktionsfähiges Risikomanagementsystem ist es unverzichtbar, dass klare Verantwortlichkeiten für die Risiken definiert werden. Der Verantwortliche soll sicherstellen, dass Risiken erkannt, bewältigt und weitergegeben werden. Bei Interdependenzen zwischen verschiedenen Risiken ist ein erhöhter Kommunikationsbedarf zwischen den verantwortlichen Personen zu berücksichtigen.	☐
Einrichtung eines Überwachungssystems (IDW PS 340.15-16)	Zuständig für die Überwachung der Maßnahmen nach § 91 Abs. 2 AktG ist die interne Revision. Dabei ist nicht nur das Bestehen eines solchen Systems zu prüfen, sondern auch eine regelmäßige Überprüfung der Aktualität von Meldegrenzen sowie die Effizienz von Abläufen zu kontrollieren. Der Prüfungsstandard enthält konkrete Punkte, die Gegenstand der Prüfungstätigkeit der internen Revision sind, beispielsweise die Prüfung der vollständigen Erfassung aller Risikofelder, die kontinuierliche Anwendung von Maßnahmen oder Einhaltung integrierter Kontrollen.	☐

3.4 · Kollektionsmethoden

◘ **Tab. 3.3** *(Fortsetzung)*

Prüffeld gem. IDW PS 340	Beschreibung	Erfüllt/ Nicht erfüllt
Dokumentation der getroffenen Maßnahmen (IDW PS 340.17-18)	Zur Sicherstellung der dauerhaften und personenunabhängigen Funktionsfähigkeit der getroffenen Maßnahmen und zum Nachweis der Erfüllung der Pflichten des Vorstands nach § 91 Abs. 2 AktG ist es erforderlich, dass die Maßnahmen einschließlich des Überwachungssystems angemessen dokumentiert werden. Hierfür bietet sich die Erstellung eines Risikomanagement-Handbuches an, in das die organisatorischen Regelungen und Maßnahmen zur Einrichtung des Systems aufgenommen werden, beispielsweise: – Aussagen zur Bedeutung der frühzeitigen Erkennung von Risiken für das Unternehmen; – Definition von Risikofeldern, die zu bestandsgefährdenden Entwicklungen führen können; – Grundsätze für die Risikoerkennung und Risikoanalyse sowie Risikokommunikation, insbesondere auch über die Feststellung und die Reaktion auf Veränderungen im Zeitablauf; – Festlegung von Verantwortlichkeiten und Aufgaben für Risikoerkennung, -analyse und -kommunikation; – Regelungen zur Berichterstattung über erkannte und nicht bewältigte Risiken an die zuständige Stelle (beispielsweise höhere Hierarchiestufe) sowie zur Risikoverfolgung; – Zusammenstellung der wesentlichen integrierten Kontrollen und der Aufgaben der internen Revision. Die Art und der Umfang der Dokumentation sind abhängig von Größe und Komplexität des Unternehmens.	☐

- **Input/Datenbedarf**
☐ Quantitative/historische/empirische Daten
☒ Expertenschätzung

- **Output**
☒ eher qualitativ
☐ qualitativ und quantitativ
☐ eher quantitativ
☐ rein quantitativ

- **Zeitlicher Aufwand für den Methodeneinsatz**
☒ niedrig
☐ mittel
☐ hoch

Begründung: Der initiale Aufwand für die Erstellung einer Checkliste kann mittel bis hoch sein. Durch die ständige Wiederholbarkeit kann der Gesamtaufwand pro Durchführung als äußerst niedrig bewertet werden.

- **Personeller Aufwand (Qualifikation etc.) für den Methodeneinsatz**
☐ niedrig
☒ mittel
☐ hoch

Begründung: Zur Erstellung der Checkliste wird ein fundiertes Know-how benötigt (beispielsweise über potenzielle Risiken oder die Elemente eines Risikomanagement-Systems). Da in der Regel Checklisten jedoch fortwährend weiterentwickelt werden und sämtliche Akteure die Möglichkeit erhalten, selbst Punkte hinzuzufügen, ist der personelle Aufwand pro Zeiteinheit sehr gering. Die wiederkehrende Überprüfung der Risiken, die in einer Checkliste aufgeführt werden, erfolgt in der Regel zwar zeitsparend, beansprucht aber durchaus qualifiziertes Fachpersonal.

- **Reifegrad des zugrundeliegenden Risikomanagements**
☒ Initial
☒ Basic
☐ Evolved
☐ Advanced
☐ Leading

Erläuterung: Für höhere Reifegrade dienen Checklisten lediglich der Validierung von Ergebnissen oder einer Prüfung auf Vollständigkeit (vgl. beispielsweise IDW PS 340 oder IDW PS 981).

Tab. 3.4 Stärken und Grenzen von Checklisten

Stärken	Grenzen
– Methode einfach kommunizierbar und leicht verständlich. – Checklisten helfen dabei, nichts zu vergessen und unterstützen ein strukturiertes Arbeiten. – Arbeitsvorgänge können mithilfe von Checklisten dokumentiert werden (vgl. IDW PS 340). – Checklisten ermöglichen recht einfach das Delegieren von Aufgaben. – Relativ geringer Aufwand.	– Neue oder nur schwer antizipierbare Risiken werden unterschätzt (siehe „Black Swan"-Ereignisse). – Kreativität wird nicht gefördert, sondern tendenziell eher unterdrückt. – Qualität der Inhalte stark abhängig vom Know-how der Checklisten-Autoren.

- **Gesamtbewertung/Eignung für das Risikomanagement**

☐ sehr gut
☒ gut
☐ weniger geeignet

Begründung: Viele Risiken lassen sich schnell und einfach regelmäßig mithilfe einer Checkliste unter Hinzuziehung von externen Daten durchführen. Nicht-antizipierbare Risiken (siehe „Black Swans") lassen sich durch Checklisten hingegen nicht aufdecken und werden so systematisch unterschätzt bzw. vernachlässigt (vgl. auch ◘ Tab. 3.4).

3.4.2 Interview

- **Beschreibung**

Ein Interview ergänzt häufig andere Methoden (vor allem analytische Methoden oder Kreativitätsmethoden) und ist häufig eine vorgelagerte Stufe in der Informationsgewinnung des Risikomanagements. So kann eine Expertenbefragung wichtige Denkanstöße liefern, um bisher nicht betrachtete Risiken zu analysieren. Vor allem bei Kollektionsmethoden ist es grundsätzlich ratsam, verschiedene Fachexperten (Ingenieur, Betriebswirt, Jurist etc.) intern und extern zu interviewen, um möglichst breite Erkenntnisse über potenzielle Risiken zu erhalten.

In der Praxis können verschiedene Interviewtechniken unterschieden werden. Strukturierte Interviews definieren vor allem die Fragenbereiche und potenzielle Fragen. Standardisierte Interviews gehen in der Formalisierung weiter. Sie können die konkreten Fragen und ihre Abfolge sowie die Bewertung der gegebenen Antworten durch ein Beurteilungssystem unterschiedlich vorgeben. Durch die Standardisierung soll vor allem der sogenannte Interviewer-Bias (bewusste oder unbewusste Beeinflussung von Personen durch die Art der Fragestellung, siehe Confirmation Bias, Affective Heuristic, Anchoring, Intuition) reduziert werden (vgl. Kahneman 2011; Romeike 2013a, 2013b).

- **Phase**
- ☒ Risikoidentifikation
- ☐ Risikoanalyse
- ☐ Risikobewertung
- ☐ Risikosteuerung

- **Input/Datenbedarf**
- ☐ Quantitative/historische/empirische Daten
- ☒ Expertenschätzung

- **Output**
- ☒ eher qualitativ
- ☐ qualitativ und quantitativ
- ☐ eher quantitativ
- ☐ rein quantitativ

- **Zeitlicher Aufwand für den Methodeneinsatz**
- ☒ niedrig
- ☐ mittel
- ☐ hoch

- **Personeller Aufwand (Qualifikation etc.) für den Methodeneinsatz**
- ☒ niedrig
- ☐ mittel
- ☐ hoch

- **Reifegrad des zugrundeliegenden Risikomanagements**
- ☒ Initial
- ☒ Basic
- ☒ Evolved
- ☒ Advanced
- ☒ Leading

- **Gesamtbewertung/Eignung für das Risikomanagement**
- ☐ sehr gut
- ☒ gut
- ☐ weniger geeignet

Begründung: Ein Interview ist eine sehr effektive und zeitsparende Methode, um potenzielle Risiken zu erkennen. Interviews eignen sich ideal als Ergänzung zu anderen analytischen Methoden oder Kreativitätsmethoden.

3.4.3 Risiko-Identifikationsmatrix (RIM)

- **Beschreibung**

Eine Risiko-Identifikationsmatrix (RIM) (nicht zu verwechseln mit einer Risikomatrix oder Risk Map) ist ein einfach anzuwendendes Verfahren, um Risiken zeit- und ressourceneffizient zu sammeln und grob zu bewerten. In einer Risikoidentifikationsmatrix werden die Risikoursachen (Treiber) mit den Auswirkungen in Verbindung gebracht (beispielsweise mit Scorewerten von 0 = niedrig bis 10 sehr hoch, vgl. ◘ Tab. 3.5). Alle Risikotreiber oder -ursachen (Causes) werden horizontal in der Matrix abgebildet. Alle (Risiko-)Wirkungen (Effects) werden vertikal in der Matrix abgebildet.

Die exemplarische Risikoidentifikationsmatrix zeigt, dass bei den Verbindungen Mensch/Finanzen, Technologie/Kunde sowie Organisation/Finanzen hohe Risiken (hohe Scorewerte) vorliegen. Daher sollten vor allem die Ursachen bzw. Risikotreiber Mensch (auf Finanzen), Technologie (auf Kunde) sowie Organisation (auf Finanzen) reduziert bzw. aktiv gemanagt werden.

◘ Tab. 3.5 Risikoidentifikationsmatrix

Bspw. Produkt Z		Risikoursachen / Risikotreiber					
		Mensch	Technologie	Methode	Material	Organisation	...
Auswirkungen eines Risikoeintritts	Umwelt	4	3	3	0	3	...
	Kunde	3	9	2	5	4	...
	Mitarbeiter	3	3	4	2	2	...
	Finanzen	6	0	5	5	7	...
	...	...	...	...	...	...	...

- **Phase**
  - ☒ Risikoidentifikation
  - ☐ Risikoanalyse
  - ☐ Risikobewertung
  - ☐ Risikosteuerung

- **Input/Datenbedarf**
  - ☐ Quantitative/historische/empirische Daten
  - ☒ Expertenschätzung

- **Output**
  - ☒ eher qualitativ
  - ☐ qualitativ und quantitativ
  - ☐ eher quantitativ
  - ☐ rein quantitativ

- **Zeitlicher Aufwand für den Methodeneinsatz**
  - ☒ niedrig
  - ☐ mittel
  - ☐ hoch

- **Personeller Aufwand (Qualifikation etc.) für den Methodeneinsatz**
  - ☒ niedrig
  - ☒ mittel
  - ☐ hoch

Begründung: Die Aussagekraft einer RIM steht in enger Relation zu der Qualifikation des Konsortiums, welche die Inhalte erstellt hat.

- **Reifegrad des zugrundeliegenden Risikomanagements**
  - ☒ Initial
  - ☐ Basic
  - ☐ Evolved
  - ☐ Advanced
  - ☐ Leading

- **Gesamtbewertung/Eignung für das Risikomanagement**
  - ☐ sehr gut
  - ☒ gut
  - ☒ weniger geeignet

3.4 · Kollektionsmethoden

Tab. 3.6 Stärken und Grenzen der Risikoidentifikationsmatrix (RIM)

Stärken	Grenzen
– Einfache und schnelle Möglichkeit in der Nutzung und zur Identifizierung von Risiken. – Relativ geringer Aufwand.	– Stark reduzierte (fast triviale) Beschreibung von Abhängigkeiten zwischen Ursachen und Wirkungen. – Kreativität wird nicht gefördert, sondern tendenziell eher unterdrückt. – Ursachen- bzw. Wirkungsketten, die in der Praxis regelmäßig existieren, können nicht abgebildet werden.

Die wesentlichen Stärken und Grenzen der Risikoidentifikationsmatrix (RIM) sind in Tab. 3.6 zusammengefasst.

3.4.4 SWOT-Analyse

- **Einsatzzweck**

Die SWOT-Analyse (engl. Akronym für Strengths, Weaknesses, Opportunities und Threats) ist ein Werkzeug des strategischen Managements, wird aber auch für Evaluationen und die Qualitätsentwicklung von Software-Programmen sowie im Risikomanagement eingesetzt. Die Methode wurde vom US-amerikanischen Stanford Research Institute zu Beginn der 1960er-Jahre entwickelt.

Mithilfe dieser einfachen und flexiblen Methode werden sowohl innerbetriebliche Stärken und Schwächen (Strength-Weakness), als auch externe Chancen und Gefahren (Opportunities-Threats) betrachtet, welche die Handlungsfelder des Unternehmens betreffen. Aus der Kombination der Stärken/Schwächen-Analyse und der Chancen/Gefahren-Analyse kann eine ganzheitliche Strategie für die weitere Ausrichtung der Unternehmensstrukturen und der Entwicklung der Geschäftsprozesse abgeleitet werden. Die Stärken und Schwächen sind dabei relative Größen und können erst im Vergleich mit den Wettbewerbern beurteilt werden.

- **Beschreibung**

Mithilfe der SWOT-Analyse können aus der Markt-, Wettbewerbs- und Organisationsanalyse Stärken, Schwächen, Chancen und Risiken abgeleitet werden. Das Resultat der Analyse ist eine genaue Bestandsaufnahme des gegenwärtigen Zustandes und liefert klare Erkenntnisse (vgl. Tab. 3.7):

- über den Ist-Zustand der eigenen Organisation (Kernkompetenzen),
- über die Zielgruppen (Zielgruppenfokus und -bedürfnisse),
- über das Wettbewerbsumfeld (Positionierung, Leistungsumfang, Alleinstellungsmerkmale) und

● **Tab. 3.7** SWOT-Matrix. (Quelle: Romeike und Hager 2013, S. 106)

SWOT-Analyse		Interne Analyse	
		Stärken (Strengths)	Schwächen (Weaknesses)
Externe Analyse	Chancen (Opportunities)	Strategische Zielsetzung für Strengths und Opportunities: Verfolgen von neuen Chancen, die gut zu den Stärken des Unternehmens passen.	Strategische Zielsetzung für Weaknesses und Opportunities: Schwächen eliminieren, um neue Möglichkeiten zu nutzen.
	Gefahren (Threats)	Strategische Zielsetzung für Strenths und Threats: Stärken nutzen, um Bedrohungen abzuwenden.	Strategische Zielsetzung für Weaknesses und Threats: Verteidigungen entwickeln, um vorhandene Schwächen nicht zum Ziel von Bedrohungen werden zu lassen.

- über die Aufstellung im Markt (Marktpräsenz).

Bei der Durchführung der SWOT-Analyse stehen vor allem die folgenden Fragen im Vordergrund:
- Wie sollten wir unsere Stärken nutzen und einsetzen, um Chancen zu nutzen?
- Wie sollten wir an unseren Schwächen arbeiten und sie reduzieren, um Chancen zu nutzen?
- Wie sollten wir unsere Stärken einsetzen, um die Risiken zu reduzieren?
- Wie sollten wir an unseren Schwächen arbeiten, um die Risiken zu reduzieren?
- Ist unsere gegenwärtige Strategie adäquat und ausreichend, um auf die zu erwartenden Veränderungen reagieren zu können?
- Passen unsere aktuellen Kernkompetenzen und Stärken/Wettbewerbsvorteile noch in die Gesellschaft und Wirtschaftswelt von morgen (siehe disruptive Innovation)?
- Können heutige Stärken in der Zukunft zu Schwächen werden, wenn wir sie nicht kontinuierlich weiterentwickeln?
- Wie können wir im Hinblick auf die Chancen am besten unsere Stärken nutzen?
- Wie können wir auf Basis unserer Kernkompetenzen auf externe Veränderungen besser reagieren als der Wettbewerb?
- Was können wir besser als der Wettbewerb? Wo liegen unsere Erfolgspotenziale?
- Lassen sich aus diesen Erfolgspotenzialen neue Kernkompetenzen, Geschäftsfelder oder Serviceangebote ableiten?

3.4 · Kollektionsmethoden

Der SWOT-Analyse besteht aus zwei Teilen: Der Unternehmensanalyse und der Umfeldanalyse. Im Rahmen der Unternehmensanalyse wird die interne Situation (beispielsweise die Chancen und Risiken) erfasst, die vom Unternehmen selbst beeinflussbar ist. Mithilfe der Umfeldanalyse werden externe Faktoren bewertet, die nur sehr schwer vom Unternehmen beeinflusst werden können. Für die Unternehmens- und Umfeldanalyse können andere analytische Methoden oder Kreativitätsmethoden verwendet werden (beispielsweise Delphi-Methode, Szenarioanalyse, Business Wargaming).

- **Phase**
- ☒ Risikoidentifikation
- ☐ Risikoanalyse
- ☐ Risikobewertung
- ☐ Risikosteuerung

- **Input/Datenbedarf**
- ☐ Quantitative/historische/empirische Daten
- ☒ Expertenschätzung

- **Output**
- ☒ eher qualitativ
- ☐ qualitativ und quantitativ
- ☐ eher quantitativ
- ☐ rein quantitativ

- **Zeitlicher Aufwand für den Methodeneinsatz**
- ☐ niedrig
- ☒ mittel
- ☐ hoch

- **Personeller Aufwand (Qualifikation etc.) für den Methodeneinsatz**
- ☐ niedrig
- ☒ mittel
- ☐ hoch

- **Reifegrad des zugrundeliegenden Risikomanagements**
- ☒ Initial
- ☒ Basic
- ☐ Evolved
- ☐ Advanced
- ☐ Leading

Tab. 3.8 Stärken und Grenzen der SWOT-Analyse

Stärken	Grenzen
– Transparente und leicht verständliche Strukturierungshilfe bei der Bestandsaufnahme der Stärken, Schwächen, Chancen und Risiken eines Unternehmens. – Sehr gut kombinierbar mit anderen Methoden (insbesondere analytischen Methoden und Kreativitätsmethoden).	– Die SWOT-Analyse ist im Kern eine Strukturierungshilfe und muss daher in der Praxis mit anderen Methoden (Interviews, Brainstorming etc.) kombiniert werden. – Es besteht die Gefahr, dass eine SWOT-Analyse zu abstrakt durchgeführt wird. Wichtig: SWOT-Analysen müssen immer bezogen auf ein Ziel erstellt werden. – SWOT-Analysen definieren keine potenziellen Strategien, sondern beschreiben den Status quo. – Gefahr, dass externe Chancen mit internen Stärken verwechselt werden. – Bei der SWOT-Analyse wird keine Priorisierung vorgenommen. – Es werden keine Maßnahmen mithilfe der SWOT-Analyse definiert.

- **Gesamtbewertung/Eignung für das Risikomanagement**
☐ sehr gut
☒ gut
☐ weniger geeignet

Anmerkung: Die SWOT-Analyse eignet sich primär zur Analyse strategischer Risiken. Die Wurzeln der SWOT-Analyse sind in der sogenannten strategischen Designschule zu finden (vgl. auch ◘ Tab. 3.8).

3.5 Analytische Methoden

3.5.1 Bow-tie Analysis

- **Einsatzzweck**

Die Bow-tie Analysis wird dazu genutzt, ein Risiko sowie dessen Ursachen und Wirkungen zu identifizieren und in einem einzigen Diagramm strukturiert darzustellen. Da ein Risiko in der Regel eine Vielzahl von Ursachen, aber auch Wirkungen aufweist, hat das Diagramm die Form einer Fliege (im Englischen: bow-tie, vgl. ◘ Abb. 3.2). Es unterstützt damit die Risikoidentifikation, aber auch die Risikokommunikation und

3.5 · Analytische Methoden

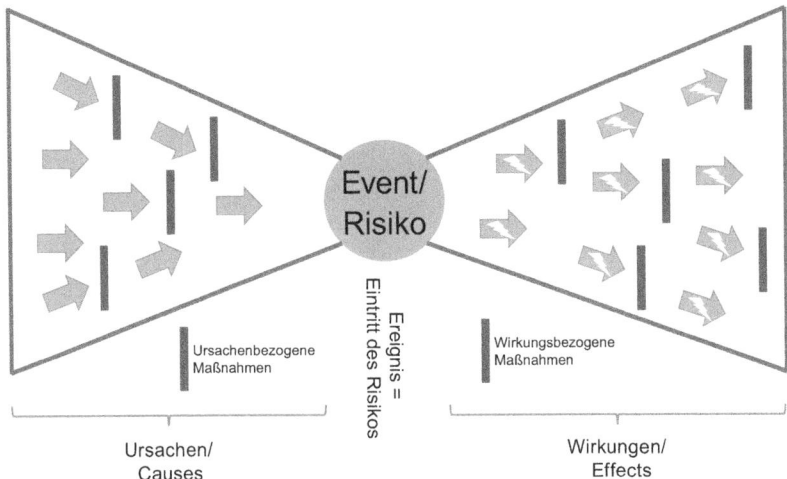

Abb. 3.2 Risikomanagementrahmen für die Anwendung der Bow-tie Analysis. (Quelle: Romeike und Spitzner 2015, S. 134)

die Entwicklung von Maßnahmen zur Risikosteuerung. Wenn (quantitative) Daten zu Ursachen und Wirkungen verfügbar sind, kann die Bow-tie Analysis auch zur Risikobewertung genutzt werden.

▪ Beschreibung

Die Bow-tie Analysis hat sich zeitlich auf der Basis vier früheren Methoden entwickelt; diese sind (vgl. de Ruijter und Guldenmund 2016, S. 211–212; Romeike und Spitzner 2015, S. 134–135):

- die Fehlerbaumanalyse,
- die Ereignisbaumanalyse,
- Ursache-Wirkungs-Diagramme
- sowie die Barrier Analysis.

Dementsprechend integriert die Bow-tie Analysis Elemente dieser vier Methoden.

Die Bow-tie Analysis wird aus den folgenden Elementen gebildet (vgl. de Ruijter und Guldenmund 2016, S. 213; Romeike und Spitzner 2015, S. 134–135):

- Ein „Top Event": Das zentrale (unerwünschte) Ereignis, für das Ursachen und Wirkungen identifiziert werden sollen.
- Ursachen: Auf der linken Seite des „Top Events" werden die identifizierten Ursachen für das unerwünschte Ereignis dargestellt. Dies kann mittels eines Ursache-Wirkungs-Diagramms oder mittels einer Fehlerbaumanalyse geschehen.

- Wirkungen: Auf der rechten Seite des „Top Events" werden die möglichen Wirkungen des unerwünschten Ereignisses dargestellt. Auch hier kann ein Ursache-Wirkungs-Diagramm genutzt werden, alternativ aber auch eine Ereignisbaumanalyse. Die Anwendung von Fehlerbaum- und Ereignisanalyse unter Nutzung quantitativer Daten ermöglicht es, die Bow-tie Analysis auch zur Risikobewertung zu nutzen. Ein derartiger Ansatz wird beispielsweise bei Ferdous et al. (2013) dargestellt. Er wird durch die Anwendung der Fuzzy-Theorie erweitert.
- Schwellen: Sowohl links als auch rechts des „Top Events" werden sogenannte Barriers platziert. Damit sind Schwellen oder Sperren gemeint, mit denen (dann bereits im Sinne einer Risikobewältigung) versucht wird, den Eintritt des unerwünschten Ereignisses und/oder die Wirkungen zu vermindern oder zu vermeiden.
- Managementsystem: Teilweise werden die in Verbindungen stehenden Managementsysteme ebenfalls in das Diagramm eingezeichnet.

Es existieren verschiedene Variationen der Bow-tie Analysis, die davon abhängen, zu welchem Zweck die Analyse genutzt werden soll (Risikoidentifikation, Risikobewertung, Risikokommunikation) und aus welchen konkreten Elementen das Diagramm besteht bzw. welche Methoden angewandt werden.

3.5.1.1 Konkretes Anwendungsbeispiel

Mokhtari et al. (2011, 2012) zeigen beispielhaft, wie die Bow-tie Analysis in einen Risikomanagementprozess integriert werden kann, um die Phasen der Risikoidentifikation, Risikobewertung und Risikobewältigung von Seehäfen und Offshore-Terminals zu unterstützen. Dieser Rahmen wird in ◘ Abb. 3.3 dargestellt. In ◘ Tab. 3.9 sind exemplarisch die Inhalte einer Bow-tie Analysis aus der Projektorganisation eines Hochtechnologiekonzerns in tabellarischer Form dargestellt.

Die Anwendung der Bow-tie Analysis wird begleitet durch den Einsatz der Analytic Hierarchy Method für die Priorisierung der Risiken. Für die Top-Risiken wird anschließend die Bow-tie Analysis angewandt, um Ursachen und Wirkungen zu identifizieren sowie eine Bewertung durchzuführen. Die Ursachen können mittels der Fehlerbaumanalyse, die Wirkungen mittels der Ereignisbaumanalyse erarbeitet werden.

Kjølle et al. stellen den Ablauf einer Risikoanalyse für kritische Infrastrukturen im Elektrizitätsbereich dar. Sie betonen die gute Eignung der Bow-tie Analysis als Rahmenmodell für die Risikoanalyse (vgl. Kjølle et al. 2012, S. 81).

3.5 · Analytische Methoden

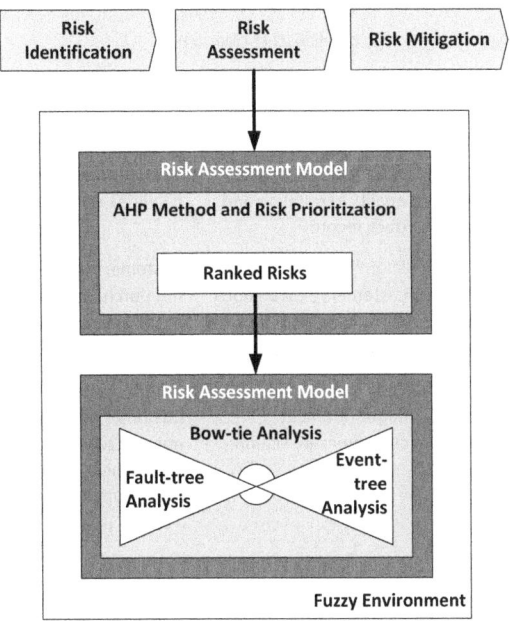

◘ Abb. 3.3 Risikomanagementrahmen für die Anwendung der Bow-tie Analysis. (Quelle: eigene Darstellung in Anlehnung an Mokhtari et al. 2011, S. 470, 2012, S. 5091)

- **Phase**
- ☒ Risikoidentifikation
- ☒ Risikoanalyse
- ☒ Risikobewertung
- ☐ Risikosteuerung

- **Input/Datenbedarf**
- ☒ Quantitative/historische/empirische Daten
- ☒ Expertenschätzung

Beschreibung: Für die Risikoidentifikation ist es sinnvoll (und ausreichend), Expertenschätzungen zu nutzen. Gleichzeitig können Kreativitätsmethoden genutzt werden, um die Bow-tie Analysis durchzuführen.

Tab. 3.9 Ursachen, Ereignisse und Effekte in tabellarischer Übersicht

	Cause	Risk/Event	Effect
Sales	Limited quality of sales people	Might not meet own expectations of trust, quality, reputation and track record	Assuming inappropriate liabilities and risks
		Might not meet customers expectations of trust, quality, reputation and track record	Customer might not purchase again, speak badly about supplier
	Limited quality of product / service	Might not meet customer satisfaction	Customer might not purchase again, speak badly about supplier
	Sales process		
	Contracting process	Contracting process design and operating effectiveness might be inadequate	…
	Customer requirements	Quality and detail of customer requirements might be bad	…
	Offer schedule	Potentially no adequate offer schedule	…
	Offer team and contract team	Potentially no adequate ofer team or no necessary resources for the contract phase	…
	Risk Management	Potentially no adequate risk management procedures in place	…
	Interface bid team and contract team	Potentially no close cooperation between bid and contract execution team	…

3.5 · Analytische Methoden

Tab. 3.9 (*Fortsetzung*)

	Cause	Risk/Event	Effect
Sales	Compliance – Export Control	Proposals might not be in line with the legal requirements/restrictions for export control/war good export	…
	Customer Finance – Customer credit status	Credit line might not be proporly defined and monitored for each customer	…
Finance and control	Assuming inappropriate liabilities and risks	Business case might be endangered	Not meeting financial targets
HR	Company under stress due to unrealistically high growth targets	Might not be enough focus on quality and integrity of sales force	Limited quality of sales people
	Company rather saturated		
	Company under stress due to unrealistically high growth targets	Might not be enough focus on quality of engineers	Limited quality of development engineers
	Engineer resource planning process		
Development	Limited quality of development engineers	Might not meet expectations of technical expertise	Limited quality of product / service
	Development process	Development process design and operating effectiveness might be inadequate	
Strategic	Investors and analysists pressure on company	Executive management might adopt stategy for short term growth	Company under stress due to unrealistically high growth targets

- **Output**
  - ☐ eher qualitativ
  - ☒ qualitativ und quantitativ
  - ☐ eher quantitativ
  - ☐ rein quantitativ

Beschreibung des Outputs: In Abhängigkeit von der Zielsetzung der Analyse, aber auch des Methodeneinsatzes und der Datenverfügbarkeit ist der Output eher qualitativ (für die Risikoidentifikation) oder quantitativ (für die Risikobewertung). Der qualitative Output, vor allem in Form von Ursachen-Szenarien, wird häufig in einer sinnvoll-simplifizierter Form dargestellt (vgl. Mokhtari 2011, S. 466).

- **Zeitlicher Aufwand für den Methodeneinsatz**
  - ☒ niedrig
  - ☒ mittel
  - ☐ hoch

Begründung: Der zeitliche Aufwand für die Durchführung der Bow-tie Analysis hängt von der Zielsetzung ab. Die Risikoidentifikation kann mit einem relativ geringen Zeitaufwand durchgeführt werden. Für die Risikobewertung sind sowohl Datenbedarf, aber auch der Zeitaufwand für die Durchführung deutlich höher.

- **Personeller Aufwand (Qualifikation etc.) für den Methodeneinsatz**
  - ☒ niedrig
  - ☐ mittel
  - ☒ hoch

Begründung: Der personelle Aufwand für die Durchführung der Bow-tie Analysis hängt von der Zielsetzung ab. Die Risikoidentifikation kann auch von Fach-/Domänenexperten durchgeführt werden, die nur ein geringes Methodenwissen einbringen (vgl. dazu auch die Einschätzung bei Lewis und Smith 2010, S. 8). Für die Risikobewertung sind neben des Fach- oder Domänenwissens vor allem auch profunde Kenntnisse in Fehlerbaum- und Ereignisbaumanalyse notwendig.

- **Reifegrad des zugrundeliegenden Risikomanagements**
  - ☐ Initial
  - ☒ Basic
  - ☒ Evolved
  - ☐ Advanced
  - ☐ Leading

3.5 · Analytische Methoden

> **Tab. 3.10** Stärken und Grenzen der Bow-tie Analysis

Stärken	Grenzen
- Strukturiertes Verfahren. - Klare (auch grafische) Gliederung von Ursachen, Ereignissen und Effekten. - Bow-tie Analysis fördert ein strukturiertes Denken (Transparenz der Ursache-Wirkungs-Zusammenhänge). - Eine gut strukturierte Bow-tie Analysis bietet eine exzellente Basis für die Definition von Frühwarnindikatoren bzw. Key Risk Indicators (ganz links in der Ursachenketten). - Grafische Darstellung auch zur Risikokommunikation geeignet. - Gute Verbindungsmöglichkeiten zu anderen (vor allem analytischen) Methoden. - Maßnahmen (Barriers) können in der Bow-tie Analysis abgebildet werden.	- Komplexe Ursache-Wirkungszusammenhänge können nur sehr eingeschränkt abgebildet werden (komplexe Feedback-Loops und nicht lineare Abhängigkeiten). - Wirkungen bilden oft die Ursache für andere „Top Events". Dies kann im Bow-tie-Diagramm nicht abgebildet werden.

- **Gesamtbewertung/Eignung für das Risikomanagement**
- ☒ sehr gut
- ☐ gut
- ☐ weniger geeignet

Die wesentlichen Stärken und Grenzen der Bow-tie Analysis sind in ◘ Tab. 3.10 zusammengefasst.

3.5.2 Fehlerbaumanalyse (Fault Tree Analysis, FTA)

- **Einsatzzweck**

Die Fehlerbaumanalyse (engl. Fault Tree Analysis, FTA) wird eingesetzt, um Ausfallswahrscheinlichkeiten von komplexen Systemen, nicht einzelner Komponenten, zu ermitteln. Der Hauptzweck ist somit, das Risiko eines Gesamtsystems als Ableitung der Risiken einzelner Komponenten zu bewerten und zu quantifizieren.

- **Beschreibung**

Die Fehlerbaumanalyse (vgl. zum Beispiel ◘ Abb. 3.4) ist im Kern eine Top-down-Fehleranalyse, die (ausgehend von dem binären Zustand eines Top-Ereignisses [1 = defekt, 0 = nicht defekt]) untersucht, welche binären Zustände tieferliegender System-

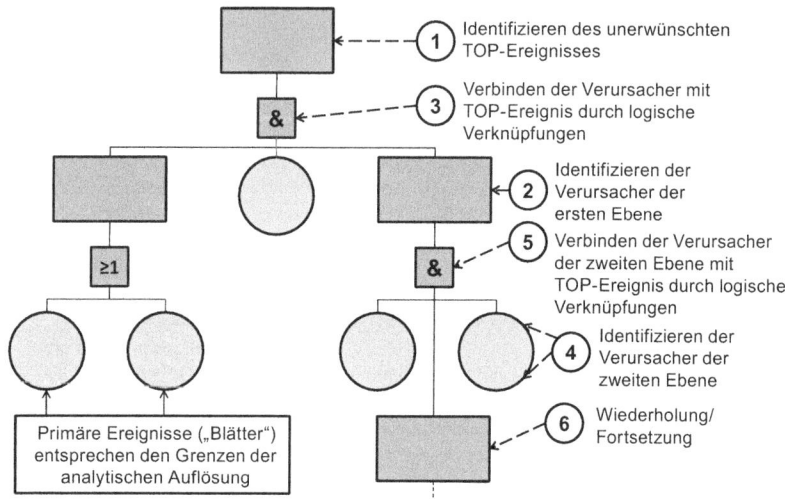

◘ **Abb. 3.4** Exemplarischer Fehlerbaum. (Quelle: Romeike und Hager 2013, S. 264; Schulungsunterlagen RiskNET GmbH 2003–2017)

teile plausibel sind. Wird also der Defekt des Gesamtsystems auf der obersten Ebene des Fehlerbaums angenommen, so prüft die Fehlerbaumanalyse, ob dieser Ausfall zwangsläufig den Ausfall eines oder mehrerer tieferliegender Systemteile als Ursache haben muss. Diese Abhängigkeiten werden, unter Benutzung der Boolschen Algebra (hierbei werden die Eigenschaften der logischen Operatoren UND ∧, ODER ∨, NICHT ¬ sowie die Eigenschaften der mengentheoretischen Verknüpfungen Durchschnitt, Vereinigung und Komplement verallgemeinert), bis zu den elementaren Teilen des Systems herunter propagiert. Somit werden mithilfe der Fehlerbaumanalyse die logischen Verknüpfungen von Teilsystemausfällen auf allen kritischen Pfaden ermittelt, welche insgesamt zu einem Systemausfall des gesamten Systems führen kann.

Die Fehlerbaumanalyse und seine grafische Darstellung sind durch die DIN 25424 (bzw. international durch IEC 61025 und EN 61025) standardisiert. Entsprechend konsistent werden sowohl die grafische Repräsentation als auch die eigentliche Boolsche Berechnungsmethode in zahlreichen verschiedensten Unternehmen und Branchen angewendet.

3.5.2.1 Konkretes Anwendungsbeispiel

Für die Fehlerbaumanalyse gibt es eine Vielzahl von Anwendungsbeispielen aus unterschiedlichen Fachgebieten. Giannopoulos et al. (2012) bezeichnen die Fehlerbaum-

3.5 · Analytische Methoden

analyse mit Fokus auf das Risikomanagement als eine der wesentlichen Methoden zur Identifikation potenzieller Verwundbarkeiten eines Systems. Beispielsweise sei die Fehlerbaumanalyse vor allem für die Analyse für einzelne Elemente der kritischen Infrastruktur geeignet.

Sherwin et al. (2016) beschreiben die Anwendung der Fehlerbaumanalyse für eine konkrete Fragestellung im Rahmen des Supply Chain Risk Management: Dabei geht es um Verspätungsrisiken in Supply Chains, die durch geringe Stückmengen, aber erhebliche Werte (für Bauteile und Komponenten) charakterisiert sind. Das Besondere an der Anwendung ist (neben der Nutzung der Stücklisten als Grundlage für die Nutzung der Fehlerbaumanalyse), dass verschiedene Szenarien für die Abmilderung der Auswirkungen sowie die damit verbundenen Kosten berücksichtigt werden. Die Anwendung der Fehlerbaumanalyse führt damit nicht nur zur Identifikation und Bewertung von Risiken, sondern bereits zur proaktiven Bewertung risikoreduzierenden Maßnahmen.

Gerde und Kjølle (2011) sowie Romeike und Hager (2013, S. 263 ff.) zeigen, wie die Fehlerbaumanalyse als ein Element von mehreren im Rahmen eines umfangreichen Prozesses zur Risikoidentifikation genutzt werden kann, bei dem unterschiedliche Methoden miteinander kombiniert werden. Konkret geht es bei Gerde und Kjølle um die Risikoidentifikation von Energiesystemen, bei der die Fehlerbaumanalyse einen Beitrag zur übergeordneten Bow-tie Analysis leistet. Romeike und Hager weisen auf die Anwendung der Fehlerbaumanalyse in der Verfahrenstechnik, bei der Software-Entwicklung sowie der Produktentwicklung in der Automobilindustrie hin (vgl. Romeike und Hager 2013, S. 264–265).

- **Phase**
- ☒ Risikoidentifikation
- ☒ Risikoanalyse
- ☒ Risikobewertung
- ☐ Risikosteuerung

- **Input/Datenbedarf**
- ☐ Quantitative/historische/empirische Daten
- ☐ Expertenschätzung

Beschreibung: Der Input muss eine möglichst detaillierte Systembeschreibung, zum Beispiel in Form einer Explosionszeichnung, sein. Weitere quantitative und/oder historische Daten sowie Experteneinschätzungen sind im Prinzip nicht notwendig.

- **Output**
- ☐ eher qualitativ
- ☒ qualitativ und quantitativ

☐ eher quantitativ
☐ rein quantitativ

Beschreibung des Outputs: Man unterscheidet zwischen der qualitativen und der quantitativen Fehlerbaumanalyse. Bei der qualitativen Fehlerbaumanalyse wird ausschließlich bestimmt, welches Bauteil oder welche Fehlermeldung den Defekt des Gesamtsystems verursachen könnte. Bei der quantitativen Fehlerbaumanalyse werden neben den rein Booleschen Aussagen (spezielle algebraische Struktur, die die Eigenschaften der logischen Operatoren UND, ODER, NICHT sowie die Eigenschaften der mengentheoretischen Verknüpfungen Durchschnitt, Vereinigung, Komplement verallgemeinert) auch explizite Rechnungen über die Wahrscheinlichkeiten und deren Fortpflanzungen durch das System durchgeführt, um quantitative Erkenntnisse, in Form von Ausfallwahrscheinlichkeiten als Output, zu gewinnen.

- **Zeitlicher Aufwand für den Methodeneinsatz**
☐ niedrig
☒ mittel
☐ hoch

Begründung: Die erstmalige Implementierung der Methode ist enorm aufwendig, da tiefes Wissen über die Struktur des Systems als Input benötigt wird, die initial oft nicht vorliegen. Ist der eigentliche Fehlerbaum hingegen einmal implementiert, im Idealfall sowohl qualitativ als auch quantitativ, so ist der Aufwand der Methodenpflege sehr gering. Lediglich die Richtigkeit des Systemaufbaus und eventueller Wahrscheinlichkeiten muss überwacht und ggf. angepasst werden.

- **Personeller Aufwand (Qualifikation etc.) für den Methodeneinsatz**
☐ niedrig
☐ mittel
☒ hoch

Begründung: Gerade in der Implementierungsphase der Fehlerbaumanalyse ist tiefgreifendes Fachwissen erforderlich, um den Systemaufbau genau zu beschreiben. Insbesondere Wirkungszusammenhänge sind hierbei häufig nur bei hoch qualifizierten Experten zu erfragen.

- **Reifegrad des zugrundeliegenden Risikomanagements**
☐ Initial
☐ Basic
☒ Evolved
☒ Advanced
☐ Leading

Tab. 3.11 Stärken und Grenzen der Fehlerbaumanalyse

Stärken	Grenzen
– Baumstruktur ermöglicht klar strukturierte systematische Untersuchung. – Relativ einfache Analyse von Teilsystemausfällen auf allen kritischen Pfaden durch logische Verknüpfungen. – Kann als Methode für die Ursachenanalyse im Rahmen der Bow-tie Analysis genutzt werden. – ISO- und DIN-Standardisierung. – Viele Good-/Best-Practice-Beispiele in vielen Branchen.	– Ermittelt „nur" die Ausfallwahrscheinlichkeiten. – Vollständigkeit des Fehlerbaums ist nicht garantiert (insbesondere bei komplexen Systemen). – Detailliertes Strukturwissen erforderlich. – Nur bei einfachen Systemen übersichtlich. – Keine Abbildung von Komponenten mit mehr als zwei Zuständen möglich.

Erläuterung: Aufgrund seiner vielseitigen (weil qualitativen und quantitativen) Ausrichtung und seiner Branchenunabhängigkeit ist die Fehlerbaumanalyse ein ausgereiftes Verfahren. Dies drückt sich auch durch die zahlreichen Standardisierungen, national wie international (vgl. beispielsweise NUREG-0492 im Bereich der Nuklearindustrie und bei der NASA, ARP4761 im Bereich der Luftfahrt sowie den internationalen Standard IEC 61025 (EN 61025)) aus.

- **Gesamtbewertung/Eignung für das Risikomanagement**
☒ sehr gut
☐ gut
☐ weniger geeignet

Begründung: Da Unternehmen und Projekte oft hochkomplexe und vielverzweigte Systeme (siehe Supply-Chains) sind, ergibt eine Fehlerbaumanalyse in der Analyse von Risiken viel Sinn. Nur durch eine konsequente deduktive Schlussfolgerungskette, wie sie die Fehlerbaumanalyse durchführt, ist oft die eigentliche Ursache eines resultierenden Risikos zu ermitteln (vgl. auch ◘ Tab. 3.11).

3.5.3 Fehlermöglichkeits- und Einflussanalyse (FMEA)

- **Einsatzzweck**

Die Fehlermöglichkeits- und Einflussanalyse bzw. Ausfalleffektanalyse (FMEA = Failure Mode and Effects Analysis) ist eine systematische, halbquantitative Risikoanalysemethode (vgl. Romeike und Hager 2013, S. 256–257). Sie wurde ursprünglich zur

Analyse von Schwachstellen (Risiken) technischer und militärischer Systeme oder Prozesse entwickelt. So wurde die FMEA beispielsweise im Jahr 1963 von der Nasa für die Untersuchung der technischen Risiken beim Apollo Projekt angewendet und anschließend auch in der Luft- und Raumfahrt, für Produktionsprozesse in der chemischen Industrie und in der Automobilentwicklung eingesetzt. Unter anderem wurde die FMEA nach dem Störfall im Druckwasserreaktor „Three Miles Island" in Harrisburgh/Pennsylvania vom 28. März 1979 auch für Nuklearanlagen empfohlen. Heute empfehlen viele Standards, beispielsweise im Qualitätsmanagement, nachdrücklich den Einsatz einer FMEA-Methode. Seit einigen Jahren wird in der Automobilindustrie die Erstellung einer FMEA sogar zwingend vorgeschrieben.

Die Kernidee der modernen FMEA basiert auf dem frühzeitigen Erkennen und Vermeiden von potenziellen Fehlern und damit der Reduktion des Auftretens deren Folgen. Die FMEA analysiert daher präventiv Fehler und deren Ursache. Sie bewertet Risiken bezüglich ihres Auftretens, ihrer Bedeutung und ihrer Entdeckung in der Ursachenebene. Hierbei gilt die einfache Logik: Je früher ein Fehler erkannt wird, desto besser. Eine Fehlerfortpflanzung über den gesamten Produktentstehungszyklus von der Forschung und Entwicklung bis zum ausgelieferten Produkt bedeutet fast immer eine Potenzierung des Aufwandes.

- **Beschreibung**

Im Rahmen der Risikoidentifikation und -bewertung ermittelt die FMEA das Ursachenrisiko über die drei Faktoren A, B und E. Hierbei symbolisiert A (Auftreten oder auch O für „Occurrence" bzw. P für „Probability") die subjektive Wahrscheinlichkeit, dass ein gewisses Risiko auftritt, E die Entdeckungswahrscheinlichkeit (oder auch D für „Detection") und B für die Bedeutung der Fehlerfolge (oder auch S für „Severity") (vgl. Bojar 2012; Romeike und Hager 2013, S. 257). Hierzu werden aktuell drei Matrizen (B × A = Produktrisiko, B × E = Verifizierungsrisiko, A × E = Durchschlupfrisiko) zur Analyse verwendet. Die früher oft benutzte RPZ (B × A × E) diente mehr oder weniger als Maß zur Risikobewertung, wird aber von keinem FMEA-Experten (aufgrund mangelnder Aussagekraft) mehr empfohlen.

Da üblicherweise alle drei Faktoren auf den Bereich 1 bis 10 normiert werden, eignet sich das Verfahren insbesondere zur Quantifizierung von qualitativen Daten (vgl. Arvanitoyannis und Varzakas 2008). Die nicht mehr empfohlene RPZ entsteht durch Multiplikation der A-, B- und E-Scorewerte (RPZ = B × A × E) und kann dementsprechend Werte zwischen 1 und 1000 annehmen.

Bedingt durch dieses Vorgehen lassen sich die Ergebnisse lediglich als grobe Einschätzung eines Risikos verstehen. Eine hohe RPZ deutet demnach auf die Notwendigkeit weiterer Maßnahmen hin, während Risiken mit niedriger RPZ vernachlässigt werden können. Die multiplikative Verknüpfung der drei Faktoren muss jedoch kritisch gesehen werden: Insbesondere bei „Low-Probability-High-Consequence-Risks" (Extremereignissen) kann die RPZ bei extrem niedrigen P- oder W-Werten insgesamt niedrig sein und damit eine geringe Dringlichkeit suggerieren. Da die verwendeten Matrizen meistens asymmetrisch sind, wird eine Multiplikation, wie in der RPZ, oft falsche Abarbeitungsprioritäten liefern.

Deshalb wurde 2009 von Martin Werdich (vgl. Werdich 2012) der Ampelfaktor (Farbbestimmung in den drei Matrizen) als alternative Priorisierung vorgestellt. Diese Auswertung hat sich in der Zwischenzeit in vielen Unternehmen als alternative Darstellungsform etabliert (in anerkannten Methodenbeschreibungen sowie in der Mehrzahl der am Markt angebotenen Analysesoftware umgesetzt). Inzwischen wurde der „Ampelfaktor" zur RMR (Risk-Matrix based Ranking) weiterentwickelt.

Die Analyse der modernen FMEA erfolgt in der Regel grafisch unterstützend zu den Entwicklungstätigkeiten. Dies bringt den Beteiligten erheblich mehr Übersichtlichkeit und somit Nutzen als die früher übliche Formblattnotation.

Durch die Aggregation von Risiken an einzelnen Stellen eines größeren Systems, dessen Grenzen klar definiert sein müssen, erlaubt die FMEA insbesondere auch die Ableitung eines Maßes für die Verlässlichkeit eines komplexen Systems. Im Kontext des Risikomanagements ermöglicht die FMEA so, durch Analyse aller Netzwerkkomponenten, eine (grobe) Gesamtrisikobewertung für eine Infrastruktur zu erstellen.

Die FMEA ist letztendlich weniger eine Methode zur Risikoidentifikation, sondern mehr ein Mittel zu einer (möglichst) ganzheitlichen Dokumentation, Bewertung und Steuerung identifizierter Risiken sowie ein bedeutendes Medium zur Konzentration in der systematischen Kommunikation.

Ein weiterer Vorteil der Fehler-Folgen-Analyse ist die klare Formalisierung mithilfe von „Worksheets" (Arbeitsblättern), die neben der Funktion, die Fehlerursache, die Fehlerwirkung, die bedrohten Objekte (targets) sowie die Risikobewertung enthalten (vgl. ◘ Abb. 3.5).

In der Praxis werden unterschiedliche Arten von FMEA unterschieden:

- **System-FMEA**

Hierbei liegt der Fokus vor allem auf einem einwandfreien Funktionieren der einzelnen Systemkomponenten. Bereits in einer sehr frühen Produktplanungsphase werden Überlegungen zum Gesamtrisiko, wie etwa unsichere Marktanteile, Kostenbeherrschung, Make or Buy, Sicherheit, Werbe- und Vertriebsstrategien oder Fragen der Umweltverträglichkeit gestellt.

- **Kundenbetriebs-FMEA (früher System-FMEA)**

Der primäre Fokus liegt hierbei vor allem auf einem einwandfreien Funktionieren des Systems während dem Kundenbetrieb. Hierbei wird das System, von Systemarchitekten analysiert und durch Fehlerentdeckung sowie der folgenden Fehlerreaktion abgesichert. Entdeckt werden Fehler so rechtzeitig, dass der Schaden noch abgewendet werden kann.

Kapitel 3 · Methoden und Werkzeuge im Risikomanagement

RiskNET® – FMEA: Formblatt

Prozess-FMEA ☐ Produkt-FMEA ☐

Name / Abteilung: Prozess- / Produktname: Erstellt durch: Datum: Überarbeitet durch / am:

#	Fehlerort/ Fehlermerkmal	Potenzielle Fehler	Fehlerfolge	Fehlerursache	Derzeitiger Zustand Kontrollmaßnahmen	A*	B*	E*	RPZ*	Empfohlene Maßnahmen	Verantwortlich	Verbesserter Zustand Getroffene Maßnahmen	A*	B*	E*	RPZ*
1.	Server X200	Firmware Bug	Totalausfall	Firmware Upgrade nicht geladen	Regelmäßige Upgrades	3	10	10	300	Parallelsystem und Spiegelung	PH	Parallelsystem gestartet	1	10	10	100
2.		Spiel in der Lageranordnung	unexakte Funktionserfüllung	Lockern der Wellenmutter im Betrieb	Regelmäßige Kontrollen	3	8	10	240	Zusätzliche Sicherung der Wellenmutter	FR		1	8	10	80
3.	Lagerung	Dichtung durchlässig	frühzeitiger Lagerverschleiß	Dichtung genügt nicht den Anforderungen		2	5	10	100	Radialwellendichtring nach DIN verwenden	PH		1	5	10	50
4.	Vertrieb	Falsche Adresse	Retoursendung / Kundenverlust	Unachtsamkeit beim Kundenkontakt	Regelmäßige Stichproben im CallCenter	4	9	10	360	Bessere Schulung der CallCenter Mitarbeiter	FR	Zielgerichtete Auswahl von CallCenter Mitarbeitern	1	8	10	80
5.																
6.																
7.																
8.																
9.																
10.																

A* ... Auftreten
Wahrscheinlichkeit des Auftretens
(Fehler kann vorkommen)
unwahrscheinlich = 1
sehr gering = 2 - 3
gering = 4 - 6
mäßig = 7 - 8
hoch = 9 -10

B* ... Bedeutung
Auswirkungen auf den Kunden
kaum wahrnehmbar = 1
unbedeutender Fehler = 2 - 3
mäßig schwerer Fehler = 4 - 6
schwerer Fehler = 7 - 8
äußerst schwerer Fehler = 9 -10

E* ... Entdeckung
Wahrscheinlichkeit der Entdeckung
(vor Auslieferung an Kunden)
hoch = 1
mäßig = 2 - 3
gering = 4 - 6
sehr gering = 7 - 8
unwahrscheinlich = 9 -10

RPZ* ... Risiko-Prioritätszahl
hoch <= 1000
mittel <= 250
gering <= 125
kein = 1

Abb. 3.5 Beispiel für ein FMEA-Arbeitsblatt. (Quelle: Romeike und Hager 2013, S. 259)

3.5 · Analytische Methoden

- **Konstruktions-FMEA**
Der primäre Fokus liegt hierbei vor allem auf einem einwandfreien Funktionieren der einzelnen Produktkomponenten. Hierbei wird der konkrete Produktentwurf, bevor er in der Detailkonstruktion weiterbearbeitet wird, von Fachleuten der Konstruktion, der Produktion, des Verkaufs, des Kundendienstes und der Qualitätsabteilung auf Produktionsrisiken, Prüfrisiken oder Materialrisiken untersucht. Entdeckt werden Fehler vor Übergabe in die Produktion

- **Prozess-FMEA**
Hierbei liegt der Fokus vor allem auf der Analyse von einwandfreien Prozessen zur Herstellung der Bauteile und Systeme. Bevor die Einzelteile und Baugruppen in die Produktion gehen, untersucht ein Team von Experten die Realisierungsrisiken und legt fest, welche möglichen prozessbegleitenden Maßnahmen zur besseren Beherrschung notwendig werden. Entdeckt werden Fehler vor Auslieferung zum Kunden.

Ein konkretes Anwendungsbeispiel liefern etwa Arvanitoyannis und Varzakas (2008), die eine Case Study zur Durchführung der ISO 22000 (Managementsysteme für die Lebensmittelsicherheit – Anforderungen an Organisationen in der Lebensmittelkette) am Beispiel der industriellen Verarbeitung von Lachs veröffentlichten. Die konkreten Arbeitsschritte der Lachsverarbeitung wurden hierbei zunächst mittels eines Flussdiagramms entsprechend in Beziehung zueinander gesetzt (vgl. ◘ Abb. 3.6). Anschließend wurden für sämtliche kritischen Prozessteile (Anlieferung, Blutentfernung, Filetierung, Kühlung, Verpackung, Distribution), welche ausnahmslos im Rahmen der Qualitätsanalyse bereits überprüft werden, durch eine FMEA-Analyse hinsichtlich Auftrittswahrscheinlichkeit von Schadstoffen, Entdeckungswahrscheinlichkeit dieser und Fehlerfolge, bewertet. Diese Bewertungen basierten dabei sowohl auf historischen, analytischen, Daten, als auch auf qualitativen Daten, welche durch Expertenbefragungen gewonnen wurden. Schlussendlich wurden die Ergebnisse, mit den Vorgaben des Unternehmens abgeglichen. Überschritt das Risiko einen gewissen Schwellwert, so implizierte dies direkt, dass regulative Maßnahmen seitens des Managements nötig waren um das Risiko zu reduzieren.

- **Phase**
☐ Risikoidentifikation
☐ Risikoanalyse
☒ Risikobewertung
☐ Risikosteuerung

- **Input/Datenbedarf**
☒ Quantitative/historische/empirische Daten
☒ Expertenschätzung

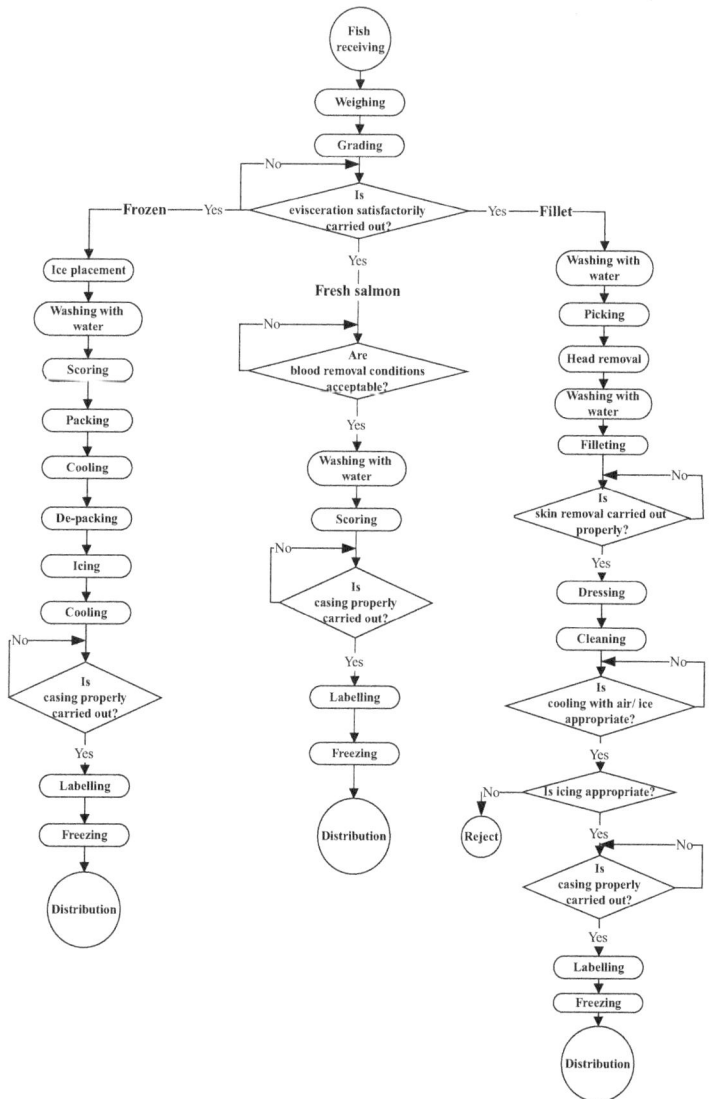

• **Abb. 3.6** Flussdiagramm zur Lachsverarbeitung. (Quelle: Arvanitoyannis und Varzakas 2008)

3.5 · Analytische Methoden

Beschreibung: Als Input können sowohl historische Daten, als auch Expertenschätzungen zur Ermittlung der einzelnen Faktoren genutzt werden.

- **Output**
- ☐ eher qualitativ
- ☐ qualitativ und quantitativ
- ☒ eher quantitativ
- ☐ rein quantitativ

Beschreibung des Outputs: Output der FMEA ist das mit einer kritischen Infrastruktur verbundene Risikoinventar. Für jedes Risiko ergibt sich (im Rahmen der ursprünglichen FMEA) als weiterer Output die Risikoprioritätszahl RPZ. Sie ist eine quantitative Bewertung des Risikos. Da diese Kennzahl häufig auf qualitativen Inputs („Scoringwerte") innerhalb eines normierten Zahlenbereichs basiert, kann der Output nicht als absolutes Risikomaß missverstanden werden, sondern sollte ausschließlich zum Abgleich miteinander oder mit einem externen Schwellwert dienen.

- **Zeitlicher Aufwand für den Methodeneinsatz**
- ☐ niedrig
- ☒ mittel
- ☒ hoch

Begründung: Da in einer ersten Phase zunächst das System komplett und inklusive aller Wirkungsbeziehungen abgebildet wird, fällt bereits vor der eigentlichen Durchführung der Methode ein beträchtlicher Arbeitsaufwand an. Für die Analyse müssen schlussendlich alle Einzelteile eines Systems explizit untersucht werden, welches erneut mit einem großen Aufwand verbunden ist.

- **Personeller Aufwand (Qualifikation etc.) für den Methodeneinsatz**
- ☐ niedrig
- ☒ mittel
- ☒ hoch

Begründung: Da die Methode u. a. auf „Rankings", also Experteneinschätzungen, zurückgreift und ein tiefes Verständnis aller Wirkungszusammenhänge voraussetzt, müssen nahezu alle hochqualifizierten System- und Teilsystemexperten in den Prozess mit eingebunden werden.

- **Reifegrad des zugrundeliegenden Risikomanagements**
- ☐ Initial
- ☒ Basic

◘ Tab. 3.12 Stärken und Schwächen der Fehlermöglichkeits- und Einflussanalyse

Stärken	Grenzen
– Das System wird vollumfassend betrachtet und schrittweise in kleinste Komponenten zerlegt. – FMEA wird in diversen ISO-Regelwerken beschrieben. – Ein wesentlicher Vorteil der Ausfalleffektanalyse ist die klare Formalisierung mithilfe von „Worksheets" (Arbeitsblättern).	– Die Multiplikation der ordinal skalierten Merkmale B, A und E ist streng mathematisch nicht definiert. Daher ist auch die RPZ eher kritisch zu bewerten. – Viele Risiken (vor allem schwankungsorientierte) können nicht mithilfe B, A und E bewertet werden. – Es ist nicht sichergestellt, dass ähnlichen Risiken eine identische RPZ zugeordnet wird. – Hoher Zeit- und Ressourcenverbrauch. – Großer Datenbedarf und Systemkenntnisse erforderlich. – Interdependenzen zwischen den einzelnen Komponenten des Gesamtsystems können (in der originären FMEA) nicht analysiert werden.

☒ Evolved
☐ Advanced
☐ Leading

- **Gesamtbewertung/Eignung für das Risikomanagement**
☐ sehr gut
☒ gut
☒ weniger geeignet

Begründung: Aufgrund der Analyse von Risiken an Einzelstellen eines Systems bzw. Netzwerkes und der Propagierung dieser Risiken auf ein Gesamtnetzwerk eignet es sich gut, um ein komplexes und vielfach verflochtenes System zu untersuchen. Die eigentliche Identifikation von Risiken wird allerdings nicht methodisch unterstützt. Die Risikoprioritätszahl suggeriert eine Quantifizierung, die aufgrund der multiplikativen Verknüpfung kritisch zu sehen ist. Allerdings ist die Methode zurzeit massiv im Wandel und könnte künftig eine größere Rolle in einem universellen Analysemodell spielen (vgl. auch ◘ Tab. 3.12).

3.5.4 Markov-Analyse

- **Einsatzzweck**

Die Markov-Analyse (benannt nach dem russischen Mathematiker Andrei Andrejewitsch Markow * 1856; † 1922) wird im Kontext des Risikomanagements angewendet,

3.5 · Analytische Methoden

um zufällige Zustandsänderungen eines Systems zu modellieren („Random Walk"), falls man davon ausgehen darf, dass die Zustandsänderungen nur über einen begrenzten Zeitraum hinweg Einfluss aufeinander haben oder sogar gedächtnislos sind (das heißt, die zukünftige Entwicklung des Prozesses ist nur von dem zuletzt beobachteten Zustand abhängig und von der sonstigen Vorgeschichte unabhängig). So können beispielsweise Ausfallwahrscheinlichkeiten oder Verfügbarkeitswahrscheinlichkeiten analytisch ermittelt werden. Mithilfe der so ermittelten Wahrscheinlichkeiten kann in der Folge ein System stochastisch auf Schwachstellen, also Teile mit hoher Ausfallwahrscheinlichkeit, untersucht werden.

Aufgrund der rechnerischen Komplexität und den ausführlichen benötigten Daten, die in der Regel aus langfristigen Analysen des Systems gewonnen werden müssen, um aussagekräftig zu sein, wird die Markov-Analyse hauptsächlich auf sich durchgehend wiederholende Prozesse angewandt, die komplex aufgebaut sind und zufälligen Einflüssen ausgeliefert sind. Markov-Prozesse kennzeichnen einen stochastischen Prozess. Hierbei wird zwischen kontinuierlichen und diskreten Prozessen unterschieden. Handelt es sich um einen diskreten Prozess, so wird dieser auch als Markov-Kette bezeichnet. Eine Markov-Kette ist eine Folge von Zufallsexperimenten, bei der die Wahrscheinlichkeit, in Schritt n einen bestimmten Zustand anzunehmen, lediglich vom Zustand in Schritt (n − 1) abhängt und nicht von der weiter zurückliegenden „Vorgeschichte" des Prozesses.

Eine Stärke der Markov-Analyse ist, dass sie eine präzise Aussage über Ausfallwahrscheinlichkeiten (etwa in Ratingmodellen) auch dann ermöglicht, wenn starke Abhängigkeiten zwischen den einzelnen Teilprozessen bestehen (vgl. Weber et al. 2012). In diesem Kontext sind Markov-Ketten ein in der Praxis häufig verwendetes Modell zur Beschreibung von Systemen, deren Verhalten durch einen zufälligen Übergang von einem Systemzustand zu einem anderen Systemzustand gekennzeichnet ist.

▪ Beschreibung

Um einen Markov-Prozess auf seine Verlässlichkeit hin zu prüfen, muss dieser zunächst in Form einer Markov-Kette modelliert werden. Eine solche Markov-Kette kann dabei etwa die zeitliche Entwicklung von Objekten oder Systemen beschreiben, die zu jedem Zeitpunkt jeweils nur eine von endlich vielen Zuständen annehmen können.

Als Datenbasis für die Modellierung der Markov-Kette werden hierzu folgende Komponenten als Input benötigt:
1. Die Menge der endlichen vielen möglichen Zuständen, genannt Zustandsraum.
2. Die Wahrscheinlichkeiten, dass das Objekt bzw. das System sich zum Ausgangszeitpunkt in einem bestimmten Zustand befindet. Diese Wahrscheinlichkeiten, die in Summe eine Wahrscheinlichkeit von 1 ergeben müssen, definieren die Anfangsverteilung.
3. Eine Matrix, welche Übergangswahrscheinlichkeiten enthält, also die Wahrscheinlichkeit, dass Zustand i zu j im nächsten zeitdiskreten Schritt wird.

Die Gesamtheit der Daten aus 1 bis 3 nennt man Markov-Kette (vgl. Putermann 2005). Der Begriff der Kette rührt daher, dass der Zustand des Systems zu jedem beliebigen Zeitpunkt ausschließlich von dem Zustand in der unmittelbaren Vorgängerperiode abhängt. Die entsprechende Wahrscheinlichkeit lässt sich folglich aus der Matrix der Übergangswahrscheinlichkeiten ableiten.

Es wird angenommen, dass die Menge der möglichen Zustände endlich viele Elemente $s_1, \ldots, s_L$ enthält. Eine Markov-Kette wird durch eine Migrationsmatrix beschrieben, deren i-te Zeile die Wahrscheinlichkeiten angibt, in einem Schritt von Zustand s_i in die Zustände $s_1, \ldots, s_L$ zu migrieren. Die Migrationsmatrix hat daher die Dimension L × L.

Ein Beispiel für eine Markov-Kette sind die Ratingmigrationen von Unternehmen. Ein Unternehmen hat beispielsweise das Rating 4 zu Beginn eines Jahres und wird dann mit gewissen Wahrscheinlichkeiten zum Jahresende hin in Rating 1-L migrieren. Dieses Vorgehen lässt sich auch auf andere Themen übertragen, um beispielsweise die zeitliche Entwicklung von Projekten zu evaluieren.

Mithilfe der Modellierung des Prozesses lassen sich so schlussendlich stationäre Wahrscheinlichkeiten ermitteln, also die Wahrscheinlichkeit, dass ein bestimmter Zustand in einer bestimmten Zeitperiode eintritt. So kann man etwa bei einem komplexen System präzise die Wahrscheinlichkeit eines Ausfalls berechnen, indem man diesen als einen möglichen Zustand definiert.

Klassische Beispiele für Markov-Ketten sind durch sogenannte „zufällige Irrfahrten" gegeben, die auch als „Random Walk" bezeichnet werden.

Zahlreiche finanzmathematische Bewertungs- und Risikomodelle (beispielsweise die Black/Scholes-Formel sowie das Varianz-Kovarianz-Modell) bauen auf einem Random Walk (und damit einer Markov-Kette) auf. In Anlehnung an eine Parabel von Murray kann dieser zufällig gewählte Pfad wie der Weg eines „Betrunkenen" betrachtet werden (vgl. Kim et al. 1999, S. 87 ff.). Wenn der Betrunkene auf seinem Heimweg eine Teilstrecke zurückgelegt hat, ist es ungewiss, welche Richtung er als nächstes einschlagen wird und welche Entfernung er dann in dieser Richtung hinter sich lässt. Die insgesamt von dem „Betrunkenen" zurückgelegte Wegstrecke setzt sich aus mehreren Teilschritten zusammen, die jeder für sich betrachtet bezüglich der Richtung und Länge ebenso zufällig und unabhängig vom vorherigen Schritt sind wie die daraus entstehende Gesamtentfernung vom Ursprungspunkt. Random Walks können auf unterschiedliche Weise generiert werden: als echter Zufallsprozess, als Prozess mit bestimmten Mustern in der zeitlichen Entwicklung der Volatilitätsclusterin, mit oder ohne Trends und so weiter.

In ◘ Abb. 3.7 wird gezeigt, wie sich die in einem Random Walk zurückgelegte Entfernung S von einem ursprünglichen Startpunkt A_0 aus den einzelnen Schritten S_1 bis S_6 zusammensetzen könnte. Der Random Walk startet vom Ausgangspunkt A_0 beginnend in eine zufällige Richtung und legt dabei eine Strecke S_1 zufälliger Länge zurück. An dem nächsten Punkt A_1 angekommen, wird wieder eine Strecke S_2 zufälliger Länge in eine zufällige Richtung

3.5 · Analytische Methoden

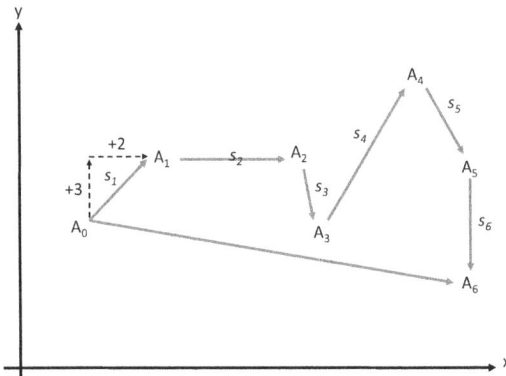

◘ **Abb. 3.7** Beispiel für einen Random Walk. (Quelle: eigene Darstellung basierend auf Romeike und Hager 2010)

beschritten. Nach sechs Schritten wird der Punkt A_6 erreicht. Die einzelnen Schritte S_i eines Random Walk lassen sich mithilfe von Vektoren beschreiben. In ◘ Abb. 3.7 ist jeder Schritt ein zweidimensionaler Vektor. Der erste Schritt S_1 wäre beispielsweise ein Vektor mit den Elementen $x = 2$ und $y = 3$. Werden vom Punkt A_0 beginnend aus zwei Einheiten nach rechts und drei Einheiten nach oben zurückgelegt, wird der Punkt A_1 erreicht. Bei einem negativen x und y würde die Bewegung genau in die entgegengesetzte Richtung führen. Entsprechend lassen sich die restlichen Schritte S_2 bis S_6 als Vektoren ausdrücken. Die Summe der sechs Schrittvektoren S_i ergibt den Random Walk, welcher selbst einen Vektor S darstellt und die Bewegung von A_0 nach A_6 beschreibt. Jeder Vektor S kann deshalb als eine Summe von n einzelnen Schrittvektoren S_i aufgefasst werden oder selbst ein Schrittvektor eines übergeordneten Random Walks sein. Diese Eigenschaft wird als Selbstähnlichkeit bezeichnet. Weil die Länge und Richtung der einzelnen Vektoren vom Zufall abhängig ist, ist auch der daraus entstehende Random Walk ein Zufallsprozess.

Für statistische Aussagen sind viele Random Walks mit der gleichen Anzahl n von Schritten (Vektoren) notwendig, denn erst bei einer großen Anzahl von zufälligen Bewegungen kann etwas über deren mittlere Entfernung vom Ursprungspunkt ausgesagt werden. Dabei hängt die mittlere Entfernung von der Anzahl n der Schrittvektoren S_i ab, denn der Summenvektor S wird umso länger, je mehr Schritt-Vektoren S_i vorhanden sind.

In diesem Kontext ist das Wurzelgesetz von großer Relevanz: Standardabweichung $(S) = \sigma(S) \sim \sqrt{n}$.

Es besagt, dass die Unsicherheit von Marktpreisentwicklungen proportional mit der Wurzel aus der Anzahl der Schritte (Zeit) zunimmt. Die Unsicherheit kommt über die Standardabweichung bzw. Volatilität eines Risikofaktors zum Ausdruck. Für die

Gültigkeit des Wurzelgesetzes müssen die täglichen Marktpreisänderungen X_1, …, $X_n \sim X$ unabhängig und identisch verteilt sein mit dem Erwartungswert $E(X)$ und der Varianz $Var(X)$. Dann lässt sich aus den täglichen Veränderungen zum Beispiel die Fünf-Tages-Volatilität wie folgt berechnen:

Fünf-Tages-Volatilität

$$= \sqrt{Var(X_1 + X_2 + X_3 + X_4 + X_5)}$$

$$= \sqrt{Var(X_1) + Var(X_2) + Var(X_3) + Var(X_4) + Var(X_5)}$$

$$= \sqrt{5 \cdot Var(X)}$$

$$= \sqrt{5} \cdot \sigma$$

Auf dem Fundament von Random Walk und Wurzelgesetz beruhen zahlreiche Simulationen im Risikomanagement. Die Standardparametrisierung von stochastischen Simulationen (Monte Carlo Simulation) enthält häufig eine Normalverteilung für den Random Walk, kombiniert mit der Skalierung der Volatilität auf einen längeren Planungshorizont mithilfe des Wurzelgesetzes. Beispielhaft könnte die zukünftige Entwicklung des Dieselpreises simuliert werden als Random Walk mit normalverteilten Zufallszahlen und einer historisch beobachteten monatlichen Standardabweichung des Dieselpreises in Höhe von 3,5 Cent (Zeitraum seit Beginn des Jahres 2000):

$$\text{Dieselpreis in einem Monat} = 1{,}20 \text{ EUR } \cdot e^{\text{Zufallszahl} \cdot \sigma \cdot \sqrt{t}}$$

In diesem Beispiel ist der Startwert von 1,20 € der aktuelle Dieselpreis. Simuliert wird, wie sich dieser Dieselpreis in den nächsten 30 Tagen verändern kann. Die Konstante „e" bezeichnet die Eulersche Zahl (2,71828182845904523536…).[1] Sie ist die Basis des natürlichen Logarithmus und der (natürlichen) Exponentialfunktion. Im Beispiel bildet sie die Basis einer Exponentialfunktion für die Veränderung des Dieselpreises. Exponentielle Veränderungen können insbesondere bei sehr volatilen Marktpreisen an-

---

1 Unter der Zahl e ist nach Leonhard Euler der Grenzwert der folgenden unendlichen Reihe zu verstehen:

$$e = 1 + \frac{1}{1} + \frac{1}{1 \cdot 2} + \frac{1}{1 \cdot 2 \cdot 3} + \frac{1}{1 \cdot 2 \cdot 3 \cdot 4} + \ldots$$

$$= \frac{1}{0!} + \frac{1}{1!} + \frac{1}{2!} + \frac{1}{3!} + \frac{1}{4!} + \ldots$$

$$= \sum_{k=0}^{\infty} \frac{1}{k!}$$

3.5 · Analytische Methoden

genommen werden. Die Zufallszahl im Exponenten ist in diesem Beispiel eine normalverteilte Zufallszahl. Diese wird multipliziert mit der historisch beobachteten Standardabweichung des Dieselpreises innerhalb eines Monats. Letztere wird mithilfe des Wurzelgesetzes auf den gewünschten Zeitraum skaliert. Im Tabellenkalkulationsprogramm Microsoft Excel umgesetzt würde die obige Formel wie folgt aussehen:

Dieselpreis in t Tagen =
1,20 × exp(STANDNORMINV(ZUFALLSZAHL())) × 0,035 × WURZEL(t))

Wenn Sie für die Variable „t" den Bezug zu einer Reihe von Zellen mit der aufsteigenden Folge 1, 2, 3 bis 30 aufstellen, erhalten Sie einen Random Walk für die zukünftige Entwicklung des Dieselpreises. So würde beispielsweise in einem Excel-Tabellenblatt in Zelle A1 die Zahl 1, in Zelle A2 die Zahl 2 usw. bis Zelle A30 = 30 stehen. In der Formel wird „t" durch einen Bezug zu den Zellen A1 bis A30 ersetzt. Sie bekommen eine Reihe von 30 zufälligen zukünftigen Dieselpreisen, die durch Drücken der Funktionstaste „F9" beliebig oft neu berechnen lassen können. Das ist das Prinzip der stochastischen Simulation auf Basis eines Random Walks normalverteilter Zufallszahlen. ◘ Abb. 3.8 zeigt beispielhaft eine von vielen möglichen Realisationen des Zufallsprozesses.

Um einen Random Walk für die Entwicklung eines Risikofaktors unterstellen zu dürfen, bedarf es einer Reihe von Annahmen. Insbesondere müssen die einzelnen Schritte unabhängig voneinander sein. Statt einer Normalverteilung können alternativ verteilte Zufallszahlen verwendet werden, statt des Random Walks sind alternative Zufallsprozesse denkbar. Die Annahmen und Prämissen ändern sich, aber ob diese Annahmen in der Realität erfüllt werden, muss der Risikomanager im Einzelfall entscheiden (vgl. Romeike und Hager 2010).

- **Phase**
  - ☒ Risikoidentifikation
  - ☒ Risikoanalyse
  - ☒ Risikobewertung
  - ☒ Risikosteuerung

- **Input/Datenbedarf**
  - ☒ Quantitative/historische/empirische Daten
  - ☒ Expertenschätzung

- **Output**
  - ☐ eher qualitativ
  - ☐ qualitativ und quantitativ
  - ☐ eher quantitativ
  - ☒ rein quantitativ

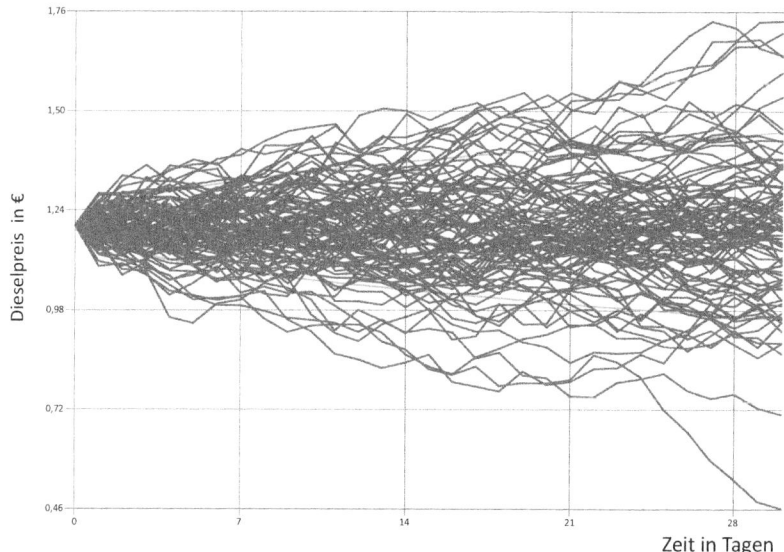

◘ Abb. 3.8 Random Walk für die zukünftige Entwicklung des Dieselpreises. (Quelle: eigene Darstellung)

Beschreibung des Outputs: Das Ergebnis ist eine Wahrscheinlichkeit zwischen 0 und 1 dafür, ob beispielsweise ein System (oder eine Komponente) in einer bestimmten Periode ausfällt.

- **Zeitlicher Aufwand für den Methodeneinsatz**
☐ niedrig
☒ mittel
☒ hoch

Begründung: Der methodische und zeitliche Aufwand der Methode ist hoch.

- **Personeller Aufwand (Qualifikation etc.) für den Methodeneinsatz**
☐ niedrig
☐ mittel
☒ hoch

Begründung: Zur Durchführung einer Markov-Analyse wird qualifiziertes Personal mit tiefgreifenden analytischen Kenntnissen im Bereich der Stochastik und Mathematik benötigt.

3.5 · Analytische Methoden

Tab. 3.13 Stärken und Grenzen der Markov-Analyse

Stärken	Grenzen
– Zufällige Zustandsänderungen eines Systems können relativ einfach modelliert werden (siehe auch GBM-Modellierung). – Relativ leichte Modellierung von stochastischen Netzen. – Das Grundprinzip von Markov-Ketten ist leicht verständlich und kommunizierbar. – Sehr effiziente Algorithmen bei geringem Aufwand (insbesondere bei Verwendung stochastischer IT-Werkzeuge).	– Große Rechenkomplexität. – Hohe mathematische/stochastische Fachkompetenz erforderlich. – In der Praxis können beispielsweise mit einem Random Walk nur sehr begrenzt extreme Stressszenarien abgebildet werden.

- **Reifegrad des zugrundeliegenden Risikomanagements**
- ☐ Initial
- ☐ Basic
- ☐ Evolved
- ☒ Advanced
- ☒ Leading

Erläuterung: Markov-Ketten liegen vielen stochastischen Prozess-Simulationen (beispielsweise Wiener Prozess oder einer geometrischen Brownschen Bewegung, GBM) zugrunde. Markov-Ketten werden vor allem im Bereich der Finanzmarktmodellierung und bei Ratingmodellen intensiv genutzt. In der Versicherungsmathematik werden diskrete Markov-Ketten zur Analyse und Berücksichtigung biometrischer Risiken (Invalidisierungswahrscheinlichkeiten, Sterbewahrscheinlichkeiten etc.) verwendet. Auch im Bereich von Projekten ist eine Anwendung möglich, um beispielsweise die zeitliche Entwicklung einer Investition inklusive der Wirkung von Risiken abzubilden.

- **Gesamtbewertung/Eignung für das Risikomanagement**
- ☒ sehr gut
- ☒ gut
- ☐ weniger geeignet

Begründung: Im Risikomanagement ist eine Anwendung der Markov-Analyse sinnvoll anwendbar und in der Praxis weit verbreitet und methodisch etabliert (vgl. auch Tab. 3.13).

3.5.5 Fehler-Ursachen-Analyse (Root cause analysis)

- **Einsatzzweck**

Die Fehler-Ursachen-Analyse (im Englischen: Root Cause Analysis, kurz: RCA) ist ein Prozess, der entwickelt wurde, um die Ursachen von Ereignissen bzw. Risikoeintritten, die die Sicherheit, die Gesundheit, die Umwelt, die Qualität oder die Zuverlässigkeit beeinflussen, detailliert zu analysieren. Somit ist die Fehler-Ursachen-Analyse ein Tool, welches dabei hilft, nicht nur zu ermitteln, was genau wie passiert, sondern auch, warum ein Ereignis eintrifft.

Das Hauptargument für eine tiefgehende Ursachenanalyse ist die Überzeugung, dass nur durch ein detailliertes Verständnis von Fehlerursachen künftige Wiederholungen eines Fehlers vermieden werden können. Schlussendlich dienen die gewonnenen Erkenntnisse über Fehlerursachen der Erstellung von Maßnahmenkatalogen um die Auslösung einer solchen Fehlerursache künftig unwahrscheinlicher zu machen (vgl. Rooney und van den Heuvel 2004, S. 45–56).

- **Beschreibung**

Die RCA besteht in der Regel aus vier Phasen (vgl. Rooney und van den Heuvel 2004):
1. **Datenerhebung:** In der Initialphase der Analyse werden alle verfügbaren Daten über einen aufgetretenen Fehler gesammelt.
2. **Kausalanalyse:** In der zweiten Phase der Analyse werden Kausalzusammenhänge grafisch dargestellt, etwa in Form eines Ereignisbaumes. Dank dieser strukturierten Darstellung können die Analysten in einem nächsten Schritt die gesammelten Daten den einzelnen Teilprozessen zuordnen und eventuell fehlende Datensätze klar definieren. Um die erste Phase effektiv und zielführend durchzuführen, werden Datenbedarfe, die bei der Erstellung der Kausalketten auftreten, immer wieder an Phase 1 kommuniziert.
3. **Ursachenanalyse:** In Phase 3 der RCA werden die Grundursachen auf Basis der kausalen Zusammenhänge ermittelt. Hierzu kommt vor allem die sogenannte Grundursachenkarte als Tool zur Anwendung, welche tieferliegende Gründe für jeden Kausalzusammenhang aufzeigt.
4. **Maßnahmendefinition und Implementierung:** Im letzten Schritt werden Maßnahmen zur Anpassung des Systems und der Ressourcenallokation definiert. Aufgrund der Ermittlung der Grundursachen in den vorigen Phasen können gezielte Maßnahmen implementiert werden, die künftigen Risikorealisierungen vorbeugen.

Ein interessantes Anwendungsbeispiel für eine klassische Fehler-Ursachen-Analyse liefern Weeks et al. (2004). Sie untersuchen ugandische Entbindungsstationen in Krankenhäusern und die häufigsten dort auftretenden Negativereignisse. Beispielhaft zeigt ◘ Abb. 3.9 die Ergebnisse der RCA für das Ereignis „Hebamme kommt zu spät zur Arbeit" auf. Durch wie-

3.5 · Analytische Methoden

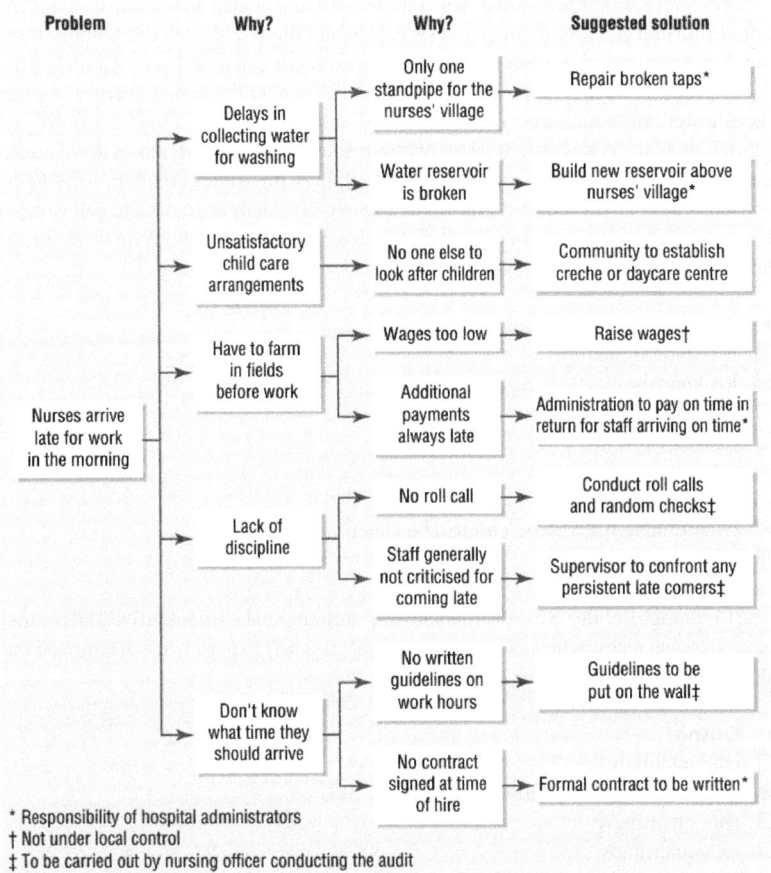

* Responsibility of hospital administrators
† Not under local control
‡ To be carried out by nursing officer conducting the audit

Abb. 3.9 RCA für das Ereignis „Hebamme kommt zu spät zur Arbeit". (Quelle: Weeks et al. 2004)

derholte Kausalrückführungen können so am Ende, in Spalte 3, die Grundursachen für das Ereignis ausgemacht werden. Auf Basis dieser Erkenntnisse können dann wiederum Entscheidungen definiert und der Klinikleitung vorgelegt werden.

Abb. 3.9 folgt einer sehr systematischen und strengen „Why-Why-Why-Policy" (5-Why Methode), die darauf abzielt, so lange kausale Ursachen zu erforschen, bis eine sogenannte Grundursache ermittelt werden kann.

Die bereits erwähnte Studie liefert außerdem allgemeine Erkenntnisse über die Durchführung einer RCA. So deutet sie explizit auf die Wichtigkeit der Einbeziehung von Experten aus allen Fachbereichen hin, in diesem Fall sowohl das Gesundheitsministerium als auch erfahrene Mitarbeiter und Verwalter der Station. Ferner betonen die Autoren mehrfach, dass die eigentliche Kausalanalyse, also Phase 2 aus obigem Modell, stets im Fokus stehen muss. Während Root-Cause-Analysen in der Anwendung oft bereits innerhalb der Datenerhebungsphase im Sande verlaufen, sichert eine vollständige Fokussierung auf Phase 2 den Erfolg der Analyse. In diesem Fall wurden Daten folglich stets (in Form eines Pull-Prozesses) dann ermittelt, wenn diese für die nächste „Why-Ebene" wichtig waren.

- **Phase**
- ☒ Risikoidentifikation
- ☒ Risikoanalyse
- ☐ Risikobewertung
- ☐ Risikosteuerung

- **Input/Datenbedarf**
- ☒ Quantitative/historische/empirische Daten
- ☒ Expertenschätzung

Beschreibung: Bei der RCA werden sowohl umfangreiche quantitative Daten, insbesondere bei technischen Prozessen, benötigt, als auch Experteneinschätzungen aus allen betroffenen Bereichen.

- **Output**
- ☐ eher qualitativ
- ☒ qualitativ und quantitativ
- ☐ eher quantitativ
- ☐ rein quantitativ

Beschreibung des Outputs: Der finale Output der RCA besteht aus einem Maßnahmenkatalog, deren Durchführbarkeit im Folgenden von einer Managementebene überprüft wird. Als Nebenprodukt liefert die RCA aber auch eine ausführliche Kausalkette, die zahlreiche andere negative Phänomene darstellt. Folglich ermittelt die RCA neben den qualitativen Handlungsempfehlungen auch quantitative Kenntnisse über den Gesamtprozess.

- **Zeitlicher Aufwand für den Methodeneinsatz**
- ☐ niedrig
- ☐ mittel
- ☒ hoch

3.5 · Analytische Methoden

Tab. 3.14 Stärken und Grenzen der Fehler-Ursachen-Analyse

Stärken	Grenzen
– Systematische Entwicklung eines „Risiko-Ursachenpfades". – Grundlage für andere Methoden (siehe Bow-tie-Analyse und Failure Mode and Effects Analysis). – Durch „Why-Why-Why-Analyse" gut und einfach kommunizierbar. – Exzellenter Ausgangspunkt für die Analyse und das Auffinden adäquater Frühwarnindikatoren (Key Risk Indikatoren, KRI). – In der Praxis sehr weit verbreitet; viele Good-/Best-Practice-Beispiele aus unterschiedlichen Branchen.	– Hoher zeitlicher Aufwand. – Zugriff auf Experten vieler Bereiche notwendig. – In der Praxis wird die 5W-Analyse oft zu frühzeitig abgebrochen, obwohl die eigentliche Ursache noch nicht identifiziert worden ist. – Oft existiert nicht nur eine Ursache für ein auftretendes Problem, sondern mehrere Ursachen. Komplexe Ursachensysteme können mit der Fehler-Ursachen-Analyse nicht abgebildet werden.

Begründung: Üblicherweise ist die Datenbeschaffungsphase die aufwendigste Phase des Verfahrens. Allein die Sicherung, Aufbereitung und Präsentation aller benötigten Daten kann jedoch extrem aufwendig sein, vor allem bei komplexen, technischen Vorgängen.

- **Personeller Aufwand (Qualifikation etc.) für den Methodeneinsatz**
☐ niedrig
☒ mittel
☐ hoch

Begründung: Bei der RCA kommen in der Regel mehrere Bereiche eines Unternehmens zum Einsatz. In den meisten Fällen reicht jedoch die Expertise der Mitarbeiter mittlerer Qualifikation vollkommen zur Bewertung der Kausalzusammenhänge aus.

- **Reifegrad des zugrundeliegenden Risikomanagements**
☐ Initial
☒ Basic
☐ Evolved
☐ Advanced
☐ Leading

- **Gesamtbewertung/Eignung für das Risikomanagement**
☒ sehr gut
☐ gut
☐ weniger geeignet

Begründung: Aufgrund der strengen Kausalzusammenhangsketten ist das Verfahren sehr gut zur Untersuchung von Risiken in Unternehmen geeignet. Insbesondere lassen sich durch ausführliche und breit angelegte Untersuchung die kritischen Teile selbst ermitteln. Außerdem bietet die Fehler-Ursachen-Analyse durch die „Why-Why-Why-Analyse" eine Basis für den Aufbau eines Frühwarensystems sowie die Definition von Frühwarnindikatoren (Key Risk Indikatoren, KRI) (vgl. auch ◘ Tab. 3.14).

3.5.6 Business Impact Analysis (BIA)

- **Einsatzzweck**

Die Business Impact Analysis (BIA) wird üblicherweise als Teil eines „Business Continuity Managements" (BCM; auch Betriebskontinuitätsmanagement, BKM) implementiert, um die kritischen Geschäftsprozesse einer Unternehmung zu identifizieren (vgl. Romeike und Hager 2013, S. 397–405). Insbesondere dient die BIA dazu, durch eine Analyse aller Prozessabhängigkeiten zu identifizieren, welche Abläufe im Gesamtprozess besonders funktions- und erfolgskritisch sind und welche Ressourcen folglich für den Betrieb dieser kritischen Prozesse im Normal- und Notbetrieb eingeplant werden müssen. Schließlich soll die BIA auch die „Maximum Tolerable Period of Disruption" (MTPD), also die maximal tolerable Ausfallzeit, und die „Recovery Time Objective" (RTO), also die angestrebte Wiederanlaufzeit, für sämtliche Teilprozesse ermitteln.

- **Beschreibung**

Die BIA wird üblicherweise in drei Phasen oder sechs Schritte unterteilt:
- In der ersten Phase („Scope und Konzeption") wird in einem ersten Schritt der Umfang der geplanten Analyse festgelegt. Hierbei wird insbesondere definiert, welche Geschäftsbereiche in welchem Detaillierungsgrad analysiert werden sollen. In einem zweiten Schritt wird einerseits das genaue Bewertungsschema, und damit das Konzept, definiert und andererseits eine Methodik zur Datenerhebung und -speicherung festgelegt. Zuletzt werden über die gesamte Phase hinweg Fragebögen erstellt und an die einzelnen Geschäftsbereiche verteilt, um die eigentliche Analyse auch von den einzelnen Geschäftsbereichen durchführen zu lassen.
- In der zweiten Phase, der Erhebungsphase, wird in einem ersten Schritt die Analyse der einzelnen Prozesse selbst durchgeführt. Hierzu wird ein Projektplan definiert, ein Interview-Kalender erstellt, und die retournierten Fragebögen werden ausgewertet, um potenzielle Risiken und Schwachstellen in den einzelnen Prozessen aufzudecken. Im zweiten Schritt dieser Hauptphase werden die Ergebnisse der eigentlichen Analyse nach einer Qualitätssicherung dokumentiert und präsentiert.

3.5 · Analytische Methoden

- In der dritten Phase („Analyse und Entscheidung") werden die kritischen Geschäftsprozesse anhand der gewonnen Ergebnisse zunächst in einem ersten Schritt identifiziert. In einem zweiten Schritt werden darauf basierend Anforderung an die kritischen Geschäftsprozesse und an die Ressourcen des Unternehmens abgeleitet. Schlussendlich wird auf Basis dieser Erkenntnisse ein Maßnahmenkatalog entwickelt (vgl. bcm-news 2010).

Radeschütz (2011) betrachtet in ihrer Dissertationsschrift „Business Impact Analysis" ein Beispiel, welches sowohl den Input als auch den Output einer Business Analyse detailliert aufzeigt. Das Beispiel beschreibt die Geschäftsprozesse eines Leihwagenunternehmens (vgl. ◘ Abb. 3.10) und resultiert, nach einer umfangreichen BIA, in einer Empfehlung für einen optimierten Ablaufplan (vgl. ◘ Abb. 3.11).

Im ursprünglichen Unternehmensaufbau lassen sich die Prozessabläufe wie folgt zusammenfassen: Nach Eingang einer Kundenanfrage wird ein entsprechender Leihwagen, durch Abfrage des Bestandes einzelner Verleiher vor Ort, gesucht. Wird ein passendes Fahrzeug für den gewünschten Zeitraum gefunden, so werden Service (Wäsche, Wartung etc.) und Handover-Prozesse entsprechend eingeplant. Ist kein passendes Fahrzeug verfügbar, versucht ein verfügbarer Mitarbeiter aus einer beliebigen Abteilung den Kunden zu überzeugen ein anderes Fahrzeug oder einen anderen Mietzeitraum zu wählen. Scheitern diese Verhandlungen wird die Kundenanfrage abgelehnt. Stimmt der Kunde zu, werden Service und Handover entsprechend geplant. Im Laufe der BIA zeigen Experten der Geschäftsbereiche auf, dass besonders zwei Prozesse kritisch für den Geschäftsbereich sind. So berichten die Kundenbetreuer, dass wohlhabende Privatkunden häufig umfassende Wünsche haben und durch die standardisierte Abfertigung daher oft bereits früh im Prozess verloren werden. Insbesondere scheitern die bisher zufällig ausgewählten Mitarbeiter aus verschiedensten Bereichen und ohne entsprechende Qualifikation häufig an der Nachverhandlung mit vermögenden Kunden. Ferner berichtet die Abteilung der Instandsetzung der Fahrzeuge, dass Sportwagen stark überdurchschnittlich oft von Pannen oder Unfällen betroffen sind.

Aufgrund der ermittelten Schwachstellen schlägt der Studienleiter verschiedene Maßnahmen vor, die gemeinsam mit den entsprechenden Experten entwickelt wurden. Einerseits empfiehlt er, dass vermögende Kunden, die man etwa an einer Platin-Kreditkarte identifizieren kann, von Beginn an persönlich betreut werden. Hierzu werden entsprechende Kunden zu dem neuen Geschäftsprozess „Special Service" vermittelt, der gemeinsam mit dem Kunden versucht eine kundenzufriedenstellende Konfiguration des Leihangebotes zu ermitteln und bei Erfolg eine entsprechende Buchung durchführt. Dieser Special Service wird hierbei von Beginn an von Mitarbeitern mit ausgeprägten Kommunikations-Qualifikationen durchgeführt.

Kapitel 3 · Methoden und Werkzeuge im Risikomanagement

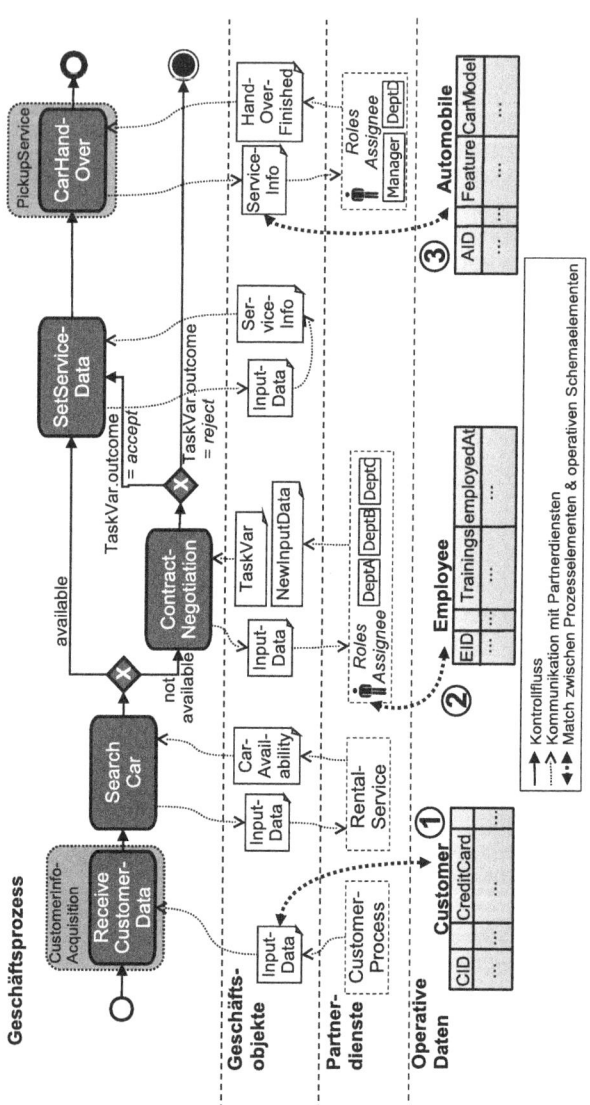

Abb. 3.10 Geschäftsprozesse bei einem Leihwagenunternehmen. (Quelle: Radeschütz 2011, S. 23)

3.5 · Analytische Methoden

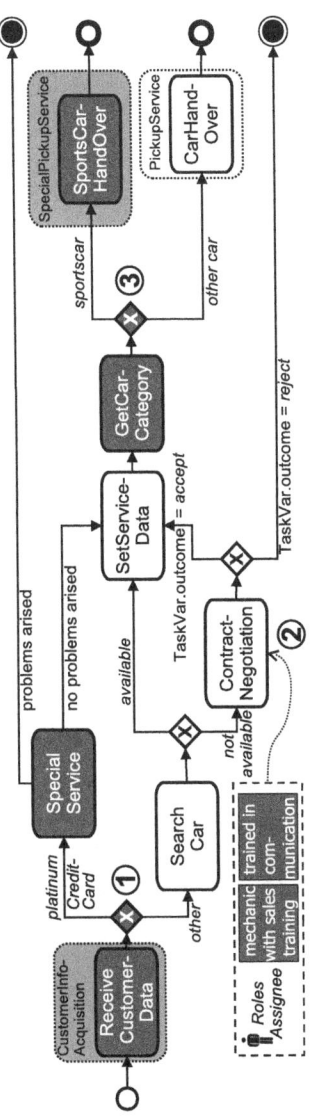

Abb. 3.11 Optimierte Geschäftsprozesse desselben Leihwagenunternehmens.
(Quelle: Radeschütz 2011, S. 24)

Ferner wird der Bereich „Handover" aufgespalten. Das Handover von Sportwägen soll künftig von gut qualifizierten Experten durchgeführt werden, die Kunden entsprechend auf die besonderen Bedürfnisse von Sportwagen hinweisen. Die Ergebnisse der BIA und den vorgeschlagenen neuen Ablaufplan zeigt ◘ Abb. 3.11.

- **Phase**
☒ Risikoidentifikation
☐ Risikoanalyse
☐ Risikobewertung
☐ Risikosteuerung

- **Input/Datenbedarf**
☒ Quantitative/historische/empirische Daten
☒ Expertenschätzung

Beschreibung: Prinzipiell basiert die Business Impact Analyse vor allem auf Experteneinschätzungen. Diese bedienen sich dabei häufig auch quantitativer Daten, um eine präzisere und validere Einschätzung abzugeben. Der genaue Daten- und Experteneinsatz wird innerhalb der Analyse, in Phase eins, detailliert geplant und kann daher stark variieren.

- **Output**
☐ eher qualitativ
☒ qualitativ und quantitativ
☐ eher quantitativ
☐ rein quantitativ

Beschreibung des Outputs: Der Output der BIA lässt sich in zwei wesentliche Teile aufteilen: Einerseits werden für einzelne Teilprozesse oft quantitative Werte als Output des Verfahrens erhoben (vgl. MTPD, RTO im Teil „Einsatzzweck"). Andererseits ist Hauptziel der BIA die Identifizierung der kritischen Prozesse innerhalb eines Geschäftsmodells. Die reine Kritikalität ist hierbei als qualitativer (und damit subjektiver) Output zu verstehen.

- **Zeitlicher Aufwand für den Methodeneinsatz**
☐ niedrig
☒ mittel
☐ hoch

Begründung: Eine BIA erfordert einen sehr geringen zeitlichen Aufwand für jeden Teilprozess einer Unternehmung. Lediglich die Koordinierung und die Dokumentation der Ergebnisse erfordern einen hohen Aufwand.

3.5 · Analytische Methoden

- **Personeller Aufwand (Qualifikation etc.) für den Methodeneinsatz**
- ☐ niedrig
- ☒ mittel
- ☒ hoch

Begründung: Der Großteil einer BIA wird von einer koordinieren Stelle innerhalb eines Unternehmens/Systems durchgeführt. Diese Stelle kann hierbei sowohl eine externe Koordinierungseinheit sein, als auch eine Fachkraft innerhalb des Unternehmens mit mittlerer Qualifikation, da kein tiefgreifendes System- oder Prozessverständnis von dem Koordinator verlangt wird. Da Teil der BIA immer eine Experteneinschätzung ist, wird selbstverständlich auch hochqualifiziertes Personal benötigt, um einzelne Prozesse detailliert zu durchdringen und zu analysieren.

- **Reifegrad des zugrundeliegenden Risikomanagements**
- ☐ Initial
- ☐ Basic
- ☒ Evolved
- ☒ Advanced
- ☐ Leading

Erläuterung: Die BIA gehört zu den Standardmethoden des Business Continuity Managements, welches heute in vielen Unternehmen fester Bestandteil des Risikomanagements bzw. Krisenmanagements ist. Andererseits taugen die oft vagen und subjektiven Erkenntnisse einer BIA oft nicht dazu, den Bereich Risikomanagement vollständig abzudecken.

Tab. 3.15 Stärken und Grenzen der Business Impact Analysis

Stärken	Grenzen
- Umfangreiches Verfahren, welches zahlreiche hilfreiche Outputs liefert. - Impliziert direkte Handlungsempfehlungen. - Zur BIA sowie zum Business Continuity Management (BCM) existieren zahlreiche nationale und internationale Standards, vgl. BSI-Standard 100-4 Notfallmanagement, ISO 22301 (Societal Security – Business continuity management systems – Requirements), ISO 22313 (Societal Security – Business continuity management systems – Guidance), ISO/IEC 27002.	- Experten aus allen relevanten Ebenen müssen involviert werden. - Die Qualität der Ergebnisse ist abhängig von der Kompetenz, Vorstellungskraft, Kreativität, Teamfähigkeit, Kommunikationsfähigkeit und dem Enthusiasmus der Teilnehmer. - Eine BIA ist immer ein langfristiges Projekt und bedarf einer eigenen „Steuerungseinheit".

- **Gesamtbewertung/Eignung für das Risikomanagement**
  ☐ sehr gut
  ☒ gut
  ☐ weniger geeignet

Begründung: Die Business Impact Analysis ist immer dann ein sinnvolles Werkzeug, wenn Teilprozesse klar abgegrenzt werden können (etwa im Bereich des IT-Krisen- und Notfallmanagements) (vertiefend vgl. Romeike und Hager 2013, S. 396 ff.) (vgl. auch ◘ Tab. 3.15).

3.5.7 Social Network Analysis

- **Einsatzzweck**

Die Social Network Analysis ist eine mathematische Methode, die einzelne Akteure und Interaktionen zwischen diesen innerhalb eines Netzwerks untersucht. Die Methode versucht, das Verhalten der Mitglieder eines Netzwerkes zu verstehen und vorherzusagen und auf Basis dieser Vorhersagen und Erkenntnisse die eigentliche Entscheidungsfindung der einzelnen Akteure zu verstehen (vgl. Renfro und Deckro 2001, S. 4).

Die Social Network Analysis wird üblicherweise in den Sozialwissenschaften angewandt, um Dynamiken innerhalb einer Personengruppe besser zu verstehen und so systemkritische Akteure und damit Risiken zu identifizieren. Insbesondere wird die Social Network Analysis auch in der Kriminalistik verwendet, um die verwundbarsten und kritischsten Akteure einer „Zelle" zu identifizieren und so durch die Verhaftung einzelner Akteure die gesamte Zelle maximal zu schwächen (Koschade 2006, S. 559–575).

Diese Anwendung lässt sich auch auf Risiken in beispielsweise Supply Chains bzw. Wertschöpfungsnetze im Unternehmen übertragen, um die kritischen und störungsanfälligen Akteure oder Knotenpunkte zu identifizieren.

- **Beschreibung**

Die Social Network Analysis im engeren Sinne wird stets auf eine bereits bestehende Menge von Akteuren angewendet und kann als eine mathematische Methode zur „Verbindung der Knoten" (vgl. Krebs 2002, S. 43–52) verstanden werden.

Die Akteure selbst werden hierbei zunächst als Knoten eines Netzwerks modelliert. Die Kanten dieses Netzwerks werden nun anschließend, als Hauptaufgabe der Social Network Analyse, erstellt. Jede Kante zwischen zwei Akteuren A und B symbolisiert hierbei eine Beziehung zwischen A und B in einer beliebigen Form, beispielsweise Warenaustausch oder Kommunikation.

3.5 · Analytische Methoden

Hierzu werden die Intensitäten der Verbindungen gemessen bzw. beobachtet, zum Beispiel in Form der Höhe des Warenflusses oder in Form der Häufigkeit von Interaktionen. Anhand dieser Beobachtung wird das „soziale" Netzwerk durch Hinzufügen von Kanten unterschiedlicher Stärke modelliert.

In einem zweiten Schritt kann das entstandene Netzwerk auf Schwachpunkte untersucht werden. Hierbei werden verschiedene grafentheoretische Konzepte verwendet, um die Knoten des Grafs zu bewerten. Insbesondere werden hierzu der Knotengrad, die „Betweenness"-Zentralität (die Betweenness-Zentralität eines Knotens v ist die Anzahl der kürzesten Wege im Grafen, die durch den Knoten v laufen. Hierbei werden alle kürzesten Wege zwischen zwei beliebigen Knoten im Grafen berücksichtigt) und die Nähe der einzelnen Knoten gemessen, um deren Kritikalität für das Gesamtnetzwerk zu quantifizieren.

Anhand der Ergebnisse einer solchen Analyse lassen sich für die Verwundbarkeit oder Robustheit kritische Knoten, und somit auch der Akteure, identifizieren. Entfällt ein solcher kritischer Knoten, sind die Auswirkungen auf das gesamte Netzwerk besonders schwerwiegend, da etwa verschiedene Teilbereiche überhaupt nicht mehr oder nur noch über bedeutend längere Wege miteinander vernetzt sind.

Choi und Hong (2002) modellierten in ihrer Arbeit die kompletten Supply Chains verschiedener Produkte aus der Automotive-Branche als „Soziales Netzwerk", wobei Verbindungen zwischen Knoten in diesem Fall Warenflüsse darstellen. Beispielhaft sei das Zuliefernetzwerk für das Modell „Accord" des Autoherstellers Honda dargestellt (vgl. ◘ Abb. 3.12).

Bemerkenswert ist vor allem, dass Honda (in ◘ Abb. 3.12 oberhalb der Mitte hervorgehoben) selbst auf den ersten Blick nicht sonderlich kritisch oder zentral für die Lieferkette zu sein scheint (bei anderen Automotive-Cases war diese Dezentralität des eigentlichen Herstellers noch ausgeprägter). Vielmehr scheint der Zulieferer CVT (in ◘ Abb. 3.12 in der Mitte dargestellt) der kritischste Akteur in diesem Materialflussnetzwerk zu sein. Eine qualitative Analyse verschiedener Zentralitätskonzepte bestätigt diesen Eindruck und ermittelte etwa für CVT eine Betweenness-Zentralität von 13, während Emhart (in ◘ Abb. 3.11 links von der Mitte hervorgehoben), ein weiterer Zulieferer mit der insgesamt zweithöchsten Betweenness-Zentralität, lediglich einen Scorewert von 2 erreicht. Folglich ist vor allem der Zulieferer CVT enorm wichtig für die Funktionalität des Produktionsnetzwerks. Umgekehrt ist Honda offenbar extrem abhängig von der Zuverlässigkeit der Zulieferers CVT und wäre bei Ausfall dessen, etwa durch Streik, nicht in der Lage weiter das Modell „Accord" zu produzieren.

Diese Analyse, basierend auf den unidirektionalen Materialflüssen innerhalb des Netzwerks, ermittelt also eindeutig den Knoten CVT als kritischsten Punkt innerhalb des „Social Networks". Dies impliziert ein erhebliches Risiko beim Zulieferer CVT,

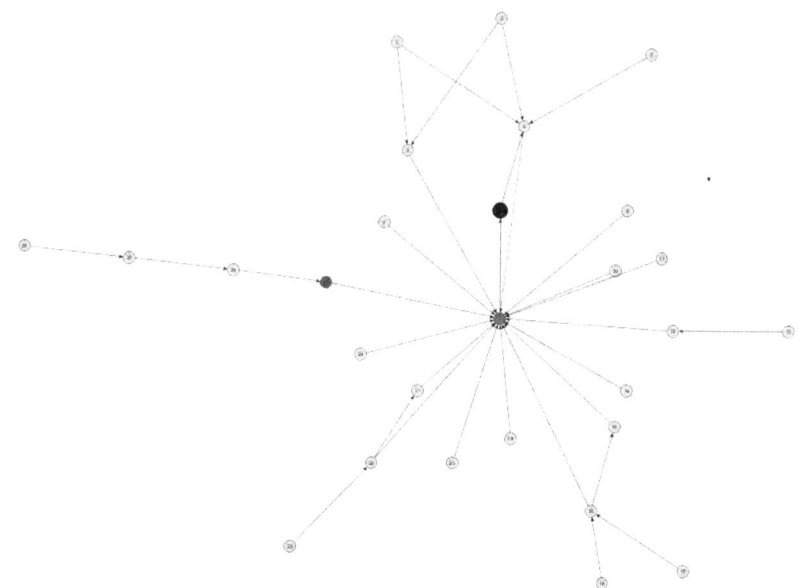

☐ Abb. 3.12 Social Network der Produktion des Honda Accord. (Quelle: eigene Darstellung basierend auf Kim et al. 2011)

deren Insolvenz oder Unproduktivität aus anderen Gründen, nur schwerlich abgefangen werden könnte.

- **Phase**
- ☒ Risikoidentifikation
- ☒ Risikoanalyse
- ☒ Risikobewertung
- ☐ Risikosteuerung

- **Input/Datenbedarf**
- ☒ Quantitative/historische/empirische Daten
- ☐ Expertenschätzung

Beschreibung: Zur Darstellung und Modellierung des Netzwerkes werden historische Daten, vor allem über vorige Interaktionen zwischen einzelnen Knoten, benötigt.

3.5 · Analytische Methoden

- **Output**
- ☐ eher qualitativ
- ☒ qualitativ und quantitativ
- ☐ eher quantitativ
- ☐ rein quantitativ

Beschreibung des Outputs: Der Output ist zunächst eine Menge von Knotenbewertungen, welche die Kritikalität eines einzelnen Knotens quantitativ beschreiben. Aus diesen Bewertungen lassen sich wiederum qualitative „Rankings" ableiten.

- **Zeitlicher Aufwand für den Methodeneinsatz**
- ☐ niedrig
- ☐ mittel
- ☒ hoch

Begründung: Üblicherweise ist die Konstruktion des „sozialen Netzwerkes" sehr arbeits- und zeitintensiv, weil Daten langfristig und detailliert beobachtet werden müssen.

- **Personeller Aufwand (Qualifikation etc.) für den Methodeneinsatz**
- ☐ niedrig
- ☒ mittel
- ☐ hoch

Begründung: Für die Konstruktion des Netzwerkes werden gut qualifizierte Experten benötigt, die Warenflüsse oder Transaktionshäufigkeiten beobachten und strukturieren können.

- **Reifegrad des zugrundeliegenden Risikomanagements**
- ☐ Initial
- ☐ Basic
- ☐ Evolved
- ☒ Advanced
- ☒ Leading

Erläuterung: Die Social Network Analysis wird bisher hauptsächlich in den Sozialwissenschaften und mit Bezug auf menschliche Akteure betrieben. In diesem Bereich hat sie sich langfristig etabliert und wird regelmäßig zur Beobachtung von komplexen menschlichen Gruppen benutzt. Die Anwendung im Risikomanagement ist hingegen relativ neu und entsprechend wenig verbreitet.

Tab. 3.16 Stärken und Grenzen der Social-Network-Analyse

Stärken	Grenzen
– Zahlreiche Verfahren aus der Grafentheorie lassen sich auf das fertige Netzwerk anwenden. – Komplexe Netzwerke lassen sich (vor allem grafisch) abbilden. – Netzwerk-Struktur liefert eine sehr intuitive Darstellung der Abhängigkeiten.	– Nur wenige erprobte Anwendungsbeispiele im Kontext Risikomanagement. – Modellaufbau sehr komplex und aufwendig. – Empirische Daten für die Modellierung erforderlich.

- **Gesamtbewertung/Eignung für das Risikomanagement**

☒ sehr gut
☐ gut
☐ weniger geeignet

Begründung: Aufgrund der natürlichen Analogie zwischen einem sozialen Netzwerk und beispielsweise einem Wertschöpfungs- bzw. Supply-Chain-Netzwerk bietet sich die Methode zur Anwendung im Risikomanagement beispielsweise für Supply Chains an (vgl. auch Tab. 3.16).

3.5.8 Ursache-Wirkungs-Diagramm (Cause-and-Effect Analysis, Ishikawa-Diagramm)

- **Einsatzzweck**

In einem Ursache-Wirkungs-Diagramm werden die Ursachen (Causes) und Wirkungen (Effects), das heißt die Kausalitätsbeziehungen abgebildet. Die konkrete Darstellung kann in unterschiedlicher Form erfolgen (beispielsweise in Form eines Bow-tie-Diagramms oder eines Ishikawa-Diagramms).

Ein Ishikawa- oder Fischgräten-Diagramm (weil es für den Betrachter wie die Gräten eines Fisches aussieht) ist eine grafische Darstellung von Wirkungsursachen, die ein einzelnes Ereignis beeinflussen. Mithilfe einer Ishikawa-Analyse werden die Abhängigkeiten von Ereignissen transparent gemacht und grafisch dargestellt.

- **Beschreibung**

Die Ishikawa-Analyse, sowie das Ishikawa-Diagramm als dessen Ergebnis, wurden von dem japanischen Statistiker Kaoru Ishikawa 1986 entwickelt (vgl. Ishikawa 1986).

3.5 · Analytische Methoden

Die Ishikawa-Analyse sucht in einer klar strukturierten Form die Ursachen für ein zuvor klar definiertes Endereignis. Dieses Endereignis bildet entsprechend den „Kopf" eines stilisierten Fischskeletts. Die einzelnen Gräten bilden hierbei die sechs potenziellen Ursachenkategorien: Mensch, Maschine, Material, Umwelt, Methode und Prozess (häufig basiert die Verästelung auch auf der 7-M-Methode). In einer zweiten Ursachenfindungsebene werden in der Folge die einzelnen Gräten durch eine „Why-Why-Analyse" (vgl. auch Beschreibung der Root-Cause-Analysis) weiter verzweigt. Hierbei wird etwa zunächst hinterfragt, welche menschlichen Faktoren das betrachtete Endereignis beeinflussen. Identifiziert man hierbei etwa die Ursache „Mitarbeiter ist kurzzeitig abwesend", so wird eine entsprechend kleinere „Untergräte" an die Gräte „Menschen" angefügt. Diese Untergräte wird in der weiteren Analyse dann analog weiterverzweigt.

Konkrete Anwendungsbeispiele finden sich bei Bose (2012) und bei Canale et al. (2005). Den Richtlinien des Aviation Safety Network folgend untersuchen die Autoren insgesamt neun verschiedene mögliche Unglücksereignisse an einem Flughafen und identifizieren die Ursachen jeweils mittels eines Ishikawa-Diagramms. Beispielhaft sei hier das Endereignis „Take-off Overrun", also das Verlassen der Landebahn bei einem Start, genannt. In diesem speziellen Fall wurden die möglichen Ursachen für dieses Ereignis als menschliches Versagen, ein Problem mit dem Flugzeug, Umweltbedingungen und Defekte an der Landebahn identifiziert. Entsprechend wurden hier nur die vier relevanten „Hauptgräten" definiert, welche im Folgenden durch eine „Why-Why-Analyse" weiter verzweigt wurden (vgl. ◘ Abb. 3.13).

Das Ergebnis (vgl. ◘ Abb. 3.13) zeigt nun sehr übersichtlich und transparent mögliche Risiken auf. Durch diese Art der Darstellung lassen sich künftig bei Flugzeugstarts die ermittelten Risiken leicht überprüfen und eventuell beheben.

Andererseits zeigt das Ergebnis auch die Schwächen der Ishikawa-Analyse und des Ishikawa-Diagramms auf. So sind alle Ursachen, also die Risiken selbst, gleichwertig repräsentiert. Eine Abstufung oder Hervorhebung von besonders folgenreichen oder besonders wahrscheinlichen Ereignissen ist nicht möglich. Ferner führt die sehr strukturierte Vorgehensweise zwar dazu, „übliche Risiken" zu ermitteln, schränkt jedoch das Aufdecken ungewöhnlicher Risiken gleichermaßen ein (vgl. Straker 2010; Watson 2004).

- **Phase**
- ☒ Risikoidentifikation
- ☒ Risikoanalyse
- ☐ Risikobewertung
- ☐ Risikosteuerung

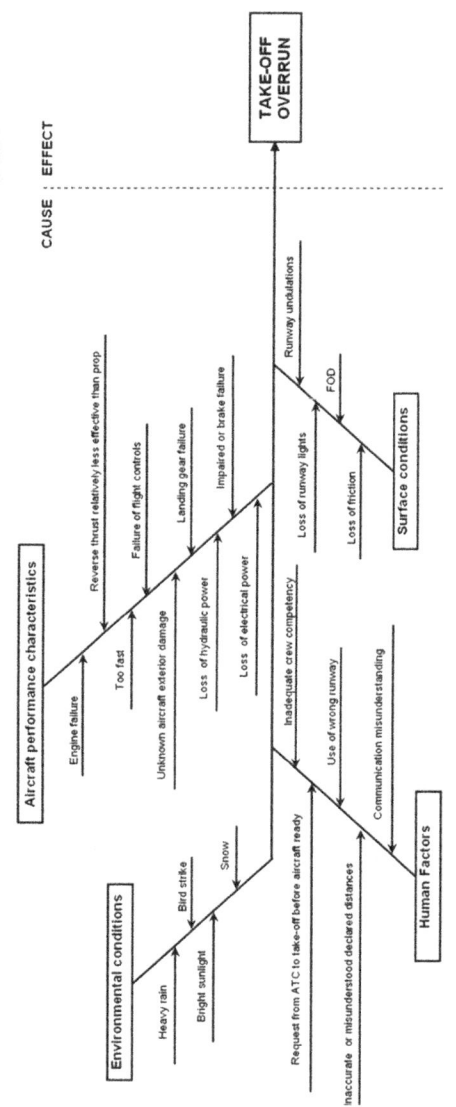

◘ Abb. 3.13 Ishikawa-Diagramm zum Endereignis „Take-off overrun". (Quelle: Canale et al. 2005)

3.5 · Analytische Methoden

- **Input/Datenbedarf**
  ☐ Quantitative/historische/empirische Daten
  ☒ Expertenschätzung

- **Output**
  ☒ eher qualitativ
  ☐ qualitativ und quantitativ
  ☐ eher quantitativ
  ☐ rein quantitativ

Beschreibung des Outputs: Das Ergebnis ist eine grafische Repräsentation von Ursachen-Wirkungs-Relationen für vordefinierte Endereignisse.

- **Zeitlicher Aufwand für den Methodeneinsatz**
  ☐ niedrig
  ☒ mittel
  ☐ hoch

Begründung: Vor allem die „Why-Why-Analyse" muss regelmäßig wiederholt werden und ist oft sehr zeitintensiv.

- **Personeller Aufwand (Qualifikation etc.) für den Methodeneinsatz**
  ☐ niedrig
  ☒ mittel
  ☒ hoch

Begründung: Da eine Ishikawa-Analyse lediglich auf Experteneinschätzungen basiert, wird fachspezifisches Systemwissen verlangt, um sie durchzuführen. Vor allem die „Why-Why-Analyse" verlangt aufgrund ihres iterativen Charakters sehr gute und tiefgehende Kenntnisse des Systems in allen Teilen.

- **Reifegrad des zugrundeliegenden Risikomanagements**
  ☐ Initial
  ☒ Basic
  ☐ Evolved
  ☐ Advanced
  ☐ Leading

Tab. 3.17 Stärken und Grenzen der Ursache-Wirkungs-Analyse

Stärken	Grenzen
– Strukturierte Vorgehensweise. – Geringer Aufwand bei der Durchführung und leicht anwendbar. – „Plakative" grafische Darstellung Exzellenter Ausgangspunkt für die Analyse und das Auffinden adäquater Frühwarnindikatoren (Key Risk Indikatoren, KRI). – In der Praxis sehr weit verbreitet; insbesondere im Qualitätsmanagement.	– Zeitlich und personell aufwändiges Verfahren. – Keine Gewichtung oder Priorisierung/Bewertung der Risiken. – Nicht-lineare und komplexe Ursache-Wirkungsketten können nicht abgebildet werden. Oft existiert nicht nur eine Ursache/Wirkung für ein auftretendes Problem, sondern mehrere Ursachen/Wirkungen. Komplexe Zusammenhänge können mit einem Ursache-Wirkungs-Diagramm nicht abgebildet werden. – Zeitliche Abhängigkeiten werden nicht erfasst.

- **Gesamtbewertung/Eignung für das Risikomanagement**
- ☒ sehr gut
- ☒ gut
- ☐ weniger geeignet

Mithilfe eines Ursache-Wirkungs-Diagramms können in einer sehr einfachen Form die wesentlichen Kausalitätsbeziehungen abgebildet werden. Ein solches Diagramm kann eine gute Basis für eine tiefergehende Analyse der komplexeren Abhängigkeiten bilden (vgl. auch ◘ Tab. 3.17).

3.5.9 Ereignisbaumanalyse (Event Tree analysis)

- **3.14 Einsatzzweck**

Die Ereignisbaumanalyse (engl.: Event Tree Analysis, ETA) ist ein induktives Verfahren zur Ermittlung eines möglichen Verhaltens und dessen Folgen innerhalb eines Systems (vgl. Liu 2012, S. 70). Hierbei wird von einem Ereignis ausgegangen, welches möglicherweise ein Risiko beeinflussen kann. Schließlich werden mögliche Folgen analysiert. Die betrachteten Ereignisse können hierbei sowohl interne Ereignisse sein (wie der Ausfall einer Komponente), aber auch externe Ereignisse, wie eine Naturkatastrophe.

Üblicherweise erfolgten Analyse und Verzweigung nach einer binären Logik. Das Grundereignis löst hierbei jeweils einen Zustand 1 (intakt) oder 0 (defekt) eines Pro-

3.5 · Analytische Methoden

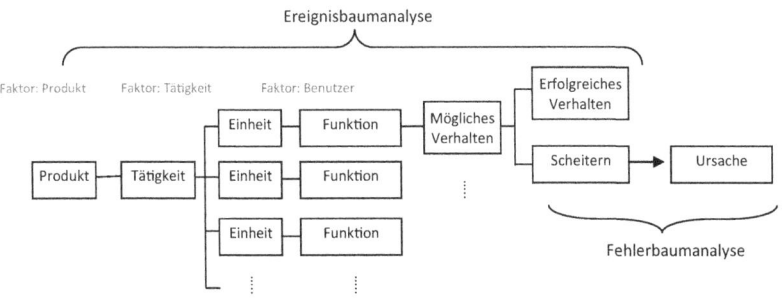

☐ **Abb. 3.14** Zusammenhang Ereignisbaumanalyse und Fehlerbaumanalyse. (Quelle: Liu 2012, S. 71)

zesses aus. Abhängig von dem Status dieses Prozesses wird die Folge für weitere Prozesse ermittelt. Durch dieses induktive Vorgehen ermittelt die ETA schlussendlich einen binären Vektor, der den Zustand jeder einzelnen Komponente des Gesamtsystems beschreibt.

Trotz struktureller und grafischer Ähnlichkeiten unterscheidet sich die ETA grundlegend von der Fehlerbaumanalyse (FTA), welche ein deduktives Vorgehen verfolgt. Während bei der FTA ausgehend von einem Fehler eine Ursache deduktiv gesucht wird, sucht die ETA ausgehend von einem möglichen Versagen einer Komponente nach möglichen Auswirkungen (vgl. ☐ Abb. 3.14 sowie ☐ Tab. 3.18).

- **Beschreibung**

Der erste Schritt einer jeden Ereignisbaumanalyse ist die klare Definition eines oder mehrerer sogenannter Initiatoren. Diese Initiatoren sind hierbei (insbesondere im Rahmen des Risikomanagements) Unglücke, deren Folgen untersucht werden sollen und die die Wurzel des finalen Ereignisbaums darstellen (vgl. Andrews und Dunnett 2000). Ausgehend von diesem Initiator werden induktiv Folgen ermittelt und in einer Baumstruktur visualisiert. Ist etwa der Initiator das Ereignis „Springflut", so könnten die Folgeereignisse beispielsweise entweder „Frühwarnsystem wurde ausgelöst" oder „Frühwarnsystem wurde nicht ausgelöst" sein. Entsprechend entstehen, in diesem Fall zwei, Teilpfade, die anschließend weiter verzweigt werden. Hierbei wird häufig, jedoch nicht immer, binär verzweigt. So lässt etwa die Folge „Wasserstand" offensichtlich mehr als zwei mögliche Ausprägungen zu. Die Blätter des Ereignisbaumes bilden am Ende per Konstruktion mögliche Endzustände. Der Pfad zu diesen erlaubt es ferner, die Wahrscheinlichkeit des Eintretens eines solchen Endzustandes zu berechnen, indem die Wahrscheinlichkeiten der einzelnen Teilpfade multipliziert werden.

Tab. 3.18 Vergleich Ereignisbaumanalyse und Fehlerbaumanalyse. (Quelle: eigene Tabelle in Anlehnung an Liu 2012, S. 71)

	Ereignisbaumanalyse	Fehlerbaumanalyse
Art der Darstellung	Baumartiges Diagramm	
Ausgangspunkt	Systemanalyse	Vergangenheitsorientierte Fallanalyse Prognose eines Fehlers in einer ausgewählten Situation
Art der Analyse	Induktives Verfahren	Deduktives Verfahren
Ergebnisse	Mögliches Verhalten Folgen, die durch das Verhalten induziert werden	Fehler Ursache
Grafische Darstellung	Ereignisbaum wird von rechts nach links gezeichnet Ein Ereignis besteht aus Abzweigungen, dem erfolgreichen Verhalten und dessen Scheitern	Ein Fehlerereignis steht oben im Diagramm Die Ursachen werden als Verästelungen dargestellt
Identifikation	Potenzieller Fehler innerhalb eines Systems	Ein Fehlerereignis und mögliche Ursachen

Ferdous et al. (2011) untersuchten in Form einer Case Study explizit das Grundereignis „schwerwiegender Austritt von LPG-Gas an einer Pipeline" und seine Folgen durch eine Ereignisbaumanalyse (vgl. ◘ Abb. 3.15). Ziel der Autoren war es, neben der grafischen Darstellung vor allem eine quantitative Studie durchzuführen, die abschätzen sollte, wie genau die ermittelten Wahrscheinlichkeiten der Endszenarien sind. Folgend der Grafik in ◘ Abb. 3.15 und den dort aufgezeigten Wahrscheinlichkeiten kommen sie etwa zu dem Schluss, dass mit einer Wahrscheinlichkeit von $0{,}9 \cdot 0{,}9 = 0{,}81$ (= 81 %) ein Feuerball entsteht, wenn eine größere Menge Gas an einer Pipeline austritt.

Gerade die stochastische Auswertung der Folgen des Gasaustritts innerhalb der Energieinfrastruktur bietet aber auch Grund zur Kritik an der Ereignisbaumanalyse. So scheint vor allem die Annahme der stochastischen Unabhängigkeit einzelner Folgeereignisse in der Realität selten gegeben zu sein. Andererseits sind genaue Eintrittswahrscheinlichkeit in der Praxis nahezu nie vorhanden, insbesondere bei eher seltenen Risiken (vgl. Ferdous et al. 2011, S. 106), die aber mit einem potenziell hohen Schadensausmaß verbunden sind.

3.5 · Analytische Methoden

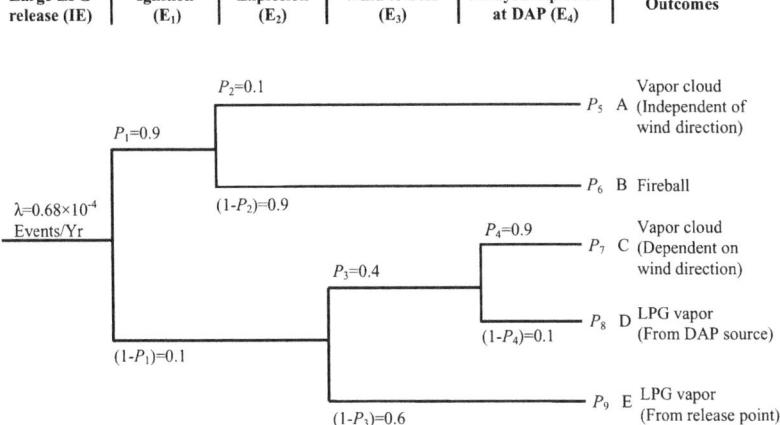

◘ Abb. 3.15 Beispiel einer Ereignisbaumanalyse. (Quelle: Ferdous et al. 2011, S. 89)

- **Phase**
- ☒ Risikoidentifikation
- ☒ Risikoanalyse
- ☒ Risikobewertung
- ☐ Risikosteuerung

- **Input/Datenbedarf**
- ☒ Quantitative/historische/empirische Daten
- ☒ Expertenschätzung

Beschreibung: Einerseits fließt Expertenwissen in den Aufbau des Baumes selbst direkt ein. Andererseits fließen, in Form von Wahrscheinlichkeiten, auch quantitative Daten in die Analyse ein.

- **Output**
- ☐ eher qualitativ
- ☒ qualitativ und quantitativ
- ☐ eher quantitativ
- ☐ rein quantitativ

Beschreibung des Outputs: Der reine Aufbau des Baumes zeigt qualitativ die Wirkungszusammenhänge nach dem Eintreffen eines Ereignisses auf. Die aufmultiplizierten Wahrscheinlichkeiten liefern ferner eine quantitative Aussage über die Eintrittswahrscheinlichkeit jedes Endzustandes.

- **Zeitlicher Aufwand für den Methodeneinsatz**
- ☐ niedrig
- ☒ mittel
- ☐ hoch

Begründung: Die Erstellung eines einzelnen Ereignisbaumes ist in der Regel zeiteffizient möglich. Nutzt man die Ereignisbaumanalyse jedoch für eine umfassende Gesamtanalyse der Auswirkungen verschiedener Risiken auf das Gesamtsystem und seine Teile, so werden zahlreiche Ereignisbäume erstellt.

- **Personeller Aufwand (Qualifikation etc.) für den Methodeneinsatz**
- ☐ niedrig
- ☒ mittel
- ☐ hoch

Begründung: Vor allem für die Auswertung der Eintrittswahrscheinlichkeiten sind statistische Kenntnisse notwendig. Ferner wird tiefgreifende Strukturexpertise benötigt, um einen Ereignisbaum möglichst vollumfänglich zu erstellen.

- **Reifegrad des zugrundeliegenden Risikomanagements**
- ☐ Initial
- ☒ Basic
- ☒ Evolved
- ☐ Advanced
- ☐ Leading

Tab. 3.19 Stärken und Grenzen der Ereignisbaumanalyse

Stärken	Grenzen
– Einzelne Ereignisbäume bieten übersichtliche und grafisch transparente Struktur. – Liefert qualitative und quantitative Erkenntnisse.	– Vollumfängliche Analyse erfordert eine Vielzahl einzelner Bäume, was der Übersicht abträglich ist. – Sammelt überwiegend bereits bekanntes Strukturwissen. – Komplexe Abhängigkeiten oder Wirkungsketten sowie Iterationen können nicht abgebildet werden; die Verästelungen basieren in der Regel auf einer binären Logik (Wahrscheinlichkeit p und Gegenwahrscheinlichkeit $1 - p$). Risiken, die einer anderen Verteilung folgen, können nicht abgebildet werden.

- **Gesamtbewertung/Eignung für das Risikomanagement**
☐ sehr gut
☒ gut
☐ weniger geeignet

Begründung: Einfache Wirkungszusammenhänge können in einem ersten Schritt transparent abgebildet werden. Komplexe Ursache-Wirkungs-Ketten oder Abhängigkeiten (etwa Feedback-Loops oder selbstverstärkende Effekte) erfordern dann allerdings alternative Methoden, die komplexe Abhängigkeitsstrukturen besser abbilden können (siehe beispielsweise System Dynamics oder stochastische Szenarioanalyse) (vgl. auch ◘ Tab. 3.19).

3.5.10 Hazard Analysis and Operability Study (HAZOP)

- **Einsatzzweck**

Die Hazard Analysis and Operability Study (HAZOP) wird zur Analyse genutzt, wie ein Prozess von dem geplanten Ablauf abweicht (vgl. Romeike und Hager 2013, S. 272). Von der methodischen Seite ist die HAZOP-Methode mit der Design-FMEA vergleichbar. Die HAZOP-Methode war ursprünglich für Chemieanlagen konzipiert, wird heute aber auch für Anlagen in anderen Industrien eingesetzt, hauptsächlich bei der Planung von Neuanlagen, aber auch bei der Planung von Umbauten und bei der Bewertung von bestehenden Anlagen. In Deutschland ist die HAZOP-Methode auch als PAAG-Verfahren bekannt. PAAG basiert auf den Bausteinen Prognose, Auffinden der Ursache, Abschätzen der Auswirkungen, Gegenmaßnahmen definieren.

Insbesondere untersucht eine HAZOP-Analyse sowohl mögliche Fehlfunktionen von einzelnen Komponenten eines größeren Systems als auch die Auswirkungen auf das Gesamtsystem. Unter Einbeziehung eines interdisziplinären Expertenteams wird die HAZOP-Analyse meist bereits in der Designphase eines Systems angewandt um verschiedenste potenzielle Schwächen im Aufbau frühzeitig, also schon vor Inbetriebnahme, zu erkennen und durch entsprechende Einwürfe der Experten zu beheben (vgl. Dunjó et al. 2010).

- **Beschreibung**

Die HAZOP-Analyse wurde ursprünglich von dem ehemaligen britischen Chemiekonzern Imperial Chemical Industries (ICI wurde im Jahr 2008 an AkzoNobel sowie Henkel verkauft) entwickelt, um als Risikomanagement-Methode während der Planung und dem Bau eines neuen Werkes genutzt zu werden. So beschreibt etwa Lawley (1974), einer der damaligen Operations Manager von ICI, erstmals die HAZOP-Analyse als prozessorientiertes Verfahren, welches Abweichungen vom Normalbetrieb anhand von verschiedenen Messungen erfassen will und die Folgen für das Gesamtsystem bewertet (vgl. Lawley 1974). Die gesamte Methode basiert auf der Annahme, dass ein Risiko ausschließlich dann entsteht, wenn eine Abweichung von der geplanten Norm beobachtet wird (Risiko als Ziel bzw. Planabweichung) (vgl. hierzu Romeike und Hager 2013, S. 99).

In der Folge wurde die HAZOP-Analyse stets weiterentwickelt und resultierte in einer dreiphasigen Methode (vgl. Rossing 2010):

- In einer ersten Phase werden der Grund und das Ziel der Analyse genau definiert. Der Leiter der bevorstehenden Studie sammelt hierbei detaillierte Informationen über das zu untersuchende System und schlägt eine Dekomposition in Systemteile und Teilprozesse vor. Ferner legt der Studienleiter die genaue Zusammensetzung des Teams fest und erstellt einen Projektmanagementplan.
- In einer zweiten Phase treffen sich die Mitglieder der Studie. Der Leiter führt zunächst tiefgehend in das System und dessen Modell ein. Alle Studienmitglieder besprechen gemeinsam jede Komponente und jeden Teilprozess des Systems und beschreiben die einzelnen Prozesse und deren wichtigsten Kennzahlen im Detail. Besonders wird hierbei die Abweichung eines Systemparameters untersucht und die Auswirkungen auf das Gesamtsystem in diesem Fall.
- In der finalen Phase schlagen Mitglieder der Studie ausgiebig Änderungen an den Komponenten ihres Kompetenzbereiches vor. Der Studienleiter sammelt diese und ruft ggf. zu einem weiteren Meeting auf.

Ein konkretes Anwendungsbeispiel der HAZOP-Analyse im Kontext Infrastruktur liefert Rail Safety and Standards Board (RSSF) des Vereinigtes Königreiches mit der Studie „Understanding human factors and developing risk reduction solutions for pedestrian crossings at railway stations" (vgl. RSSB 2009). Die Studie beschäftigte sich intensiv mit einem klassischen Thema des Schienenverkehrs, nämlich Passagieren, die Gleise betreten. Ziel der Studie war es einerseits, die Risiken und vor allem die menschlichen Faktoren, die zu Unglücken hierdurch führen, zu untersuchen und andererseits die Entwicklung von Lösungen, die dieses Risiko vermindern. Hierzu hat zunächst eine Forschungsgruppe, die die Funktion des „Studienleiters" übernahm, aktuelle Sicherheitsvorschriften studiert und zahlreiche Feldbesuche durchgeführt. Aufbauend auf den dadurch gewonnenen Erkenntnissen über das Gesamtsystem „Bahnhof" wurde ein detailgetreues Modell entwickelt und mit einem großen Team von Experten diskutiert. Durch die Heterogenität des Expertenteams wurde eine große Anzahl verschiedener Faktoren für potenzielle Risiken, inklusive Architektur, Design, Farbgebung und Zugausstattung, bedacht und detailliert analysiert. Aufbauend auf dem Feedback der Experten erstellte eine Kommission zahlreiche Vorschläge zur Reduktion von Risiken in diesem Teilbereich, von denen am Ende 24 Vorschläge der Expertenrunde erneut vorgelegt wurden. Aufbauend auf diesen finalen Erkenntnissen diskutierten die zuständigen Bahnhofsbetreiber, welche der Maßnahmen schlussendlich umgesetzt werden.

3.5 · Analytische Methoden

- **Phase**
☐ Risikoidentifikation
☒ Risikoanalyse
☐ Risikobewertung
☒ Risikosteuerung

- **Input/Datenbedarf**
☒ Quantitative/historische/empirische Daten
☒ Expertenschätzung

Beschreibung: Zur Beschreibung des Gesamtsystems und der Dekomposition durch den Studienleiter werden zahlreiche detaillierte Daten über das System und sämtliche Komponenten benötigt. Dies beinhaltet insbesondere historische und quantitative Daten über das System und seine Prozesse. Schlussendlich schätzen zahlreiche Experten aus allen betroffenen Bereichen die genauen Risiken und deren Auswirkung ab.

- **Output**
☒ eher qualitativ
☐ qualitativ und quantitativ
☐ eher quantitativ
☐ rein quantitativ

Beschreibung des Outputs: Der Output besteht bei der HAZOP-Analyse nicht aus einem Risiko, einer Einschätzung dessen oder einer Bewertung eines Risikos. Vielmehr ist der Output ein neues System, welches eine „risikobewusstere" Variante des ursprünglichen Systems beschreibt. Durch einen unter Umständen iterativ angewandten Prozess entsteht so, zumindest formal, final ein „risikoloses" (oder zumindest stark risikoreduziertes) System.

- **Zeitlicher Aufwand für den Methodeneinsatz**
☐ niedrig
☐ mittel
☒ hoch

Begründung: Allein die erste Phase bedarf eines erheblichen zeitlichen Aufwands, weil das Gesamtsystem komplex und detailgetreu modelliert werden muss. Üblicherweise werden hierzu über Monate aufwendige 3D-Modelle erzeugt, mittels derer eine sehr präzise Analyse möglich ist. Durch die iterative Vorgehensweise ist ferner auch der Aufwand der anderen Akteure, also der Experten, a priori nicht abschätzbar.

- **Personeller Aufwand (Qualifikation etc.) für den Methodeneinsatz**
- ☐ niedrig
- ☐ mittel
- ☒ hoch

Begründung: Der personelle Aufwand ist extrem hoch, weil in der Regel Experten für jeden Teil des Systems hinzugezogen werden. In der Praxis werden regelmäßig auch externe Experten eingeladen, an der Analyse mitzuwirken.

- **Reifegrad des zugrundeliegenden Risikomanagements**
- ☐ Initial
- ☐ Basic
- ☐ Evolved
- ☐ Advanced
- ☒ Leading

Erläuterung: Die HAZOP-Methode gilt in vielen Branchen und insbesondere bei der Analyse technischer Systeme als State-of-the-Art-Methode, weil durch Einbeziehung eines großen Know-how-Pools eine Vielzahl unterschiedlichster Risikoursachen betrachtet wird.

- **Gesamtbewertung/Eignung für das Risikomanagement**
- ☒ sehr gut
- ☐ gut
- ☐ weniger geeignet

Tab. 3.20 Stärken und Grenzen der HAZOP Analyse

Stärken	Grenzen
– Gründliche und in der Praxis bewährte Analysemethode. – Ermittelt nicht nur einzelne Schwachstellen, sondern den „kritischen Pfad" und schlägt anschließend ein risikoreduziertes bzw. „risikofreies" System vor. – Ergänzung durch andere Methoden sinnvoll und möglich, beispielsweise FMEA.	– Extrem aufwendig hinsichtlich zeitlicher und monetärer Ressourcen. – Nahezu ausschließlich qualitative Ergebnisse.

Begründung: Die HAZOP-Analyse wird bereits intensiv in unterschiedlichen Branchen (etwa im Anlagenbau oder im Bereich Infrastrukturgroßprojekte) genutzt (vgl. auch ◘ Tab. 3.20).

3.6 Kreativitätsmethoden

3.6.1 Brainstorming

- **Einsatzzweck**

Brainstorming („using the brain to storm a problem") ist eine Kreativitätsmethode, die zu einer Vielzahl von (in der Regel neuen) Aspekten führen soll (vgl. Romeike und Hager 2013, S. 109). Unter die Ergebnisse eines Brainstormings fallen neue Ideen oder Konzepte. Im Bereich des Risikomanagements fallen unter diese Aspekte unerwünschte Ereignisse, Ursachen, aber auch Wirkungen und damit alle Elemente von Risiken.

Inzwischen wird Brainstorming oftmals als Oberbegriff für eine Klasse von unterschiedlichen Kreativitätsmethoden angesehen. In der Praxis ergänzt ein strukturiertes Brainstorming andere Methoden.

- **Beschreibung**

Brainstorming als Methode ist relativ einfach durchzuführen. Methodenkenntnisse sind praktisch nicht notwendig. Wichtig ist jedoch eine professionelle Moderation. Brainstorming lässt sich wie folgt umsetzen (vgl. dazu auch Chapman und Ward 1997, S. 120; Romeike und Hager 2013, S. 109–110):

- **Vorbereitung:** Im Rahmen der Vorbereitung wird die Teilnehmergruppe zusammengestellt; sie sollte idealerweise aus fünf bis sieben Personen bestehen (Chapman und Ward dagegen sprechen von einer Gruppengröße von sechs bis zwölf Teilnehmern; vgl. Chapman und Ward 1997, S. 120). Bei kleineren Gruppen ist oft das assoziative Potenzial für einen ausreichenden Ideenfluss zu gering. Ist die Gruppe größer, ist mit kommunikativen Störungen zu rechnen (vgl. Romeike und Hager 2013, S. 109). Noch wichtiger als die Gruppengröße ist die Heterogenität der Gruppe hinsichtlich ihrer Interdisziplinarität. Weiterhin wird die zugrundeliegende Fragestellung erläutert. Sinnvoll ist es, auch die Regeln zu erklären. Ebenfalls ist es sinnvoll, einen Protokollanten zu ernennen.
- **Risikoidentifikation und -analyse:** Die Teilnehmer nennen mögliche Risiken, mögliche Ursachen und/oder mögliche Wirkungen. Hier werden in der Praxis ergänzend andere Methoden eingesetzt, beispielsweise der morphologische Kasten oder die KJ-Methode (siehe dort). Die Begriffe werden dokumentiert. Somit lassen sich eigene Ideen mit bereits genannten Aspekten kombinieren.

Ziel dieser Phase ist es, innerhalb einer definierten Zeit (maximal 30 Minuten) möglichst viele Aspekte zu identifizieren.
- **Ergebnisanalyse:** Die dokumentieren Ergebnisse werden gruppiert und sortiert, anschließend bewertet. Eventuell werden Aspekte aussortiert.

Wichtig ist jedoch, vor allem Fehler in der Vorgehensweise zu vermeiden, indem bestimmte Regeln eingehalten werden:
- Das Ziel ist es, möglichst viele Aspekte zu sammeln.
- Eine Beurteilung oder Bewertung der Aspekte ist nicht erlaubt (diese erfolgt später in der Ergebnisanalyse).
- Auch vermeintlich unsinnige (weil inhaltlich anscheinend entfernte) Aspekte sind erlaubt. Ermöglicht werden soll eine freie Äußerung aller Ideen und kreativen Inhalte.

Johnston weist darauf hin, dass (obwohl Kreativität auf Individuen bezogen werden muss) bei Risikoanalysen beispielsweise im Infrastrukturbereich eine Gruppenarbeit unausweichlich ist, diese dann jedoch wieder die individuelle Kreativität fördern sollte (vgl. Johnston 2012, S. 30). Weiterhin listet er eine Vielzahl von Hinweisen auf, die insbesondere im Bereich der Infrastruktur-Risikoanalyse zu einem effektiven Brainstorming beitragen sollen (vgl. Johnston 2012, S. 30–31).

Explizite und detaillierte Anwendungsbeispiele sind in der (wissenschaftlichen) Literatur kaum zu finden. Dies liegt vor allem daran, dass Brainstorming häufig in Kombination mit anderen Methoden (zum Beispiel der Bow-tie Analysis oder der morphologischen Analyse) durchgeführt wird.
Explizit genannt wird Brainstorming als Methode zur Risikoidentifikation bei Berle et al.: Dort wird eine Verwundbarkeitsanalyse für ein Seeverkehrssystem für Flüssiggas durchgeführt. Im Rahmen dieser Analyse erfolgt die Risikoidentifikation auf Basis von historischen Daten und dem Einsatz des Brainstormings mit den Risikoeigentümern bzw. „Praktikern" (vgl. Berle et al. 2011, S. 702). Ebenso wird Brainstorming explizit bei Romeike und Hager als Verfahren für die Risikoidentifikation genannt (vgl. Romeike und Hager 2013, S. 109).

- **Phase**
- ☒ Risikoidentifikation
- ☒ Risikoanalyse
- ☒ Risikobewertung
- ☒ Risikosteuerung

- **Input/Datenbedarf**
- ☐ Quantitative/historische/empirische Daten
- ☒ Expertenschätzung

3.6 · Kreativitätsmethoden

Beschreibung: Für das Brainstorming sind in der einfachsten Form keine Daten notwendig. Das Ergebnis ergibt sich aus dem Wissen und der Kreativität der Teilnehmer. Daten können allerdings als Fundament und Ausgangspunkt in die Diskussion eingebracht werden.

- **Output**
- ☐ eher qualitativ
- ☒ qualitativ und quantitativ
- ☐ eher quantitativ
- ☐ rein quantitativ

Beschreibung des Outputs: Die Ergebnisse eines Brainstormings sind, je nach Fokus der Fragestellung, unerwünschte Ereignisse und/oder deren Ursachen und/oder deren Wirkungen. Ein Brainstorming kann auch für die Risikosteuerung eingesetzt werden, indem mögliche risikopolitische Maßnahmen erarbeitet werden. Die Ergebnisse des Brainstormings können in anderen Methoden weiterverarbeitet werden, beispielsweise mittels der Bow-tie Analysis, die als Rahmen für das Brainstorming fungieren kann (vgl. Lewis und Smith 2010, S. 8 und 17).

- **Zeitlicher Aufwand für den Methodeneinsatz**
- ☐ niedrig
- ☒ mittel
- ☐ hoch

Begründung: Das eigentliche Brainstorming benötigt nur den Zeitaufwand für die Vorbereitung und die Durchführung. Diese beiden Phasen können in weniger als einer Stunde durchgeführt werden. Die Ergebnisanalyse, die auch getrennt von den ersten beiden Phasen erfolgen kann, dauert möglicherweise länger, auch aufgrund von Diskussionen zur Bewertung.

- **Personeller Aufwand (Qualifikation etc.) für den Methodeneinsatz**
- ☐ niedrig
- ☒ mittel
- ☐ hoch

Begründung: Für die Durchführung des Brainstormings ist nahezu kein Methodenwissen notwendig (wohl jedoch Fachwissen). Die Qualität der Ergebnisse hängt stark von der Zusammensetzung des Brainstorming-Teams ab (Interdisziplinarität, heterogenes Spektrum von Laien und Experten). Es kann grundsätzlich ohne Methodenschulung durchgeführt werden.

Tab. 3.21 Stärken und Grenzen des Brainstormings

Stärken	Grenzen
– Einfach umzusetzendes Verfahren (einfache Regeln, kein Expertenwissen notwendig, keine Infrastruktur). – Durch eine in der Regel interdisziplinäre Zusammenarbeit wird die Sicht der Teilnehmer erweitern („Blick über den eigenen Tellerrand"). – Bezieht quantitative und qualitative Einschätzungen in die Analyse ein. – Kann und sollte in der Praxis mit anderen Methoden kombiniert werden (beispielsweise KJ-Methode, Bow-tie-Analyse).	– Gefahr, dass Regeln nicht eingehalten werden und damit die kreative Leistung eingeschränkt wird, z. B. durch „Zerreden" einer Idee. – Durch die Auswahl der Teilnehmer erfolgt eine Einflussnahme auf das Ergebnis. – Ergebnisse eines Brainstormings sind stark abhängig von der „Qualität" des Moderators. – Kein Standard bei der Dokumentation der Ergebnisse. – Qualität der Brainstorming-Ergebnisse ist abhängig von der Kompetenz, Vorstellungskraft, Kreativität, Teamfähigkeit, Kommunikationsfähigkeit und dem Enthusiasmus der Teilnehmer. – Ergebnisse sind nicht wertfrei. – Die Teilnehmer beeinflussen sich gegenseitig („Groupthink").

- **Reifegrad des zugrundeliegenden Risikomanagements**
- ☒ Initial
- ☒ Basic
- ☒ Evolved
- ☒ Advanced
- ☒ Leading

Erläuterung: Brainstorming definiert nicht den Reifegrad des Risikomanagements. Es kann sowohl auf einer niedrigen, aber auch auf einer hoch-professionellen Stufe des Risikomanagements eingesetzt werden.

- **Gesamtbewertung/Eignung für das Risikomanagement**
- ☒ sehr gut
- ☐ gut
- ☐ weniger geeignet

Begründung: Insbesondere in Kombination mit anderen Methoden ist das Brainstorming eine unverzichtbare Methode im Prozess des Risikomanagements (vgl. auch Tab. 3.21).

3.6.2 Brainwriting

- **Einsatzzweck**

Brainwriting ist eine dem Brainstorming sehr ähnliche Kreativitätsmethode. Der Unterschied zwischen Brainstorming und Brainwriting liegt in der Art und Weise, wie beispielsweise risikorelevante Aspekte genannt und festgehalten werden: Während beim Brainstorming diese Aspekte verbal genannt und in der Regel durch einen Moderator festgehalten werden, formulieren beim Brainwriting die Teilnehmer ihre Ideen schriftlich. Eine Diskussion findet erst zum Ende statt (vgl. Spang und Gerhard 2016, S. 434).

In einer abgewandelten Form („Kummerkasten-Ansatz") erfolgt die Sammlung der Informationen, beispielsweise der identifizierten Risiken, in einer anonymisierten Form.

- **Beschreibung**

Die Vorgehensweise beim Brainwriting entspricht derjenigen des Brainstormings. Abweichend zum Brainstorming ist kein Protokollant zu ernennen. Die wesentliche Änderung ist, dass die risikorelevanten Aspekte unmittelbar von den Teilnehmern aufgeschrieben werden. Hierfür bietet sich eine definierte Struktur an, etwa die Erfassung der Risiken in einer Risikomatrix oder in einer Top-10-Risiko-Tabelle. In der Praxis des Risikomanagements bietet sich eine Anonymisierung der Ergebnisse an, damit Risikoinformationen ohne jegliche Hemmschwelle, blockierende Einflüsse aus der Gruppe oder der Angst vor persönlichen Konsequenzen kommuniziert und diskutiert werden (siehe „Kummerkasten-Ansatz").

Explizite und detaillierte Anwendungsbeispiele sind in der wissenschaftlichen Literatur (wie beim Brainstorming) kaum zu finden. Die Begründung entspricht derjenigen des Brainstormings.

In der Praxis ist es hilfreich, dass die Teilnehmer eine einheitliche Strukturierungshilfe zur Verfügung haben (vgl. exemplarisch ◘ Abb. 3.16), damit die Ergebnisse konsolidiert werden können.

- **Phase**
- ☒ Risikoidentifikation
- ☒ Risikoanalyse
- ☒ Risikobewertung
- ☒ Risikosteuerung

- **Input/Datenbedarf**
- ☐ Quantitative/historische/empirische Daten
- ☒ Expertenschätzung

Beschreibung: Für das Brainwriting sind in der einfachsten Form keine Daten notwendig. Das Ergebnis ergibt sich aus dem Wissen und der Kreativität der Teilnehmer.

Bitte nennen Sie nachfolgend die vier aus Ihrer Sicht relevantesten und wichtigsten Downside-Risiken (negative Planabweichung) und bewerten Sie die Risiken zumindest qualitativ in der Risikolandkarte mit einem o.

Priorität 1:

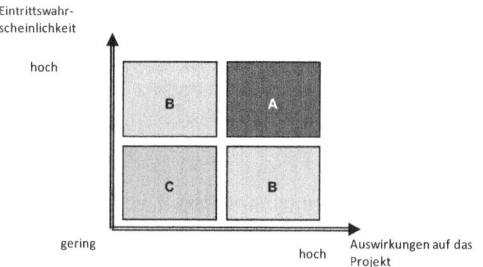

Kurze Beschreibung der potenziellen (negativen) Planabweichung:
_____
_____

Priorität 2:

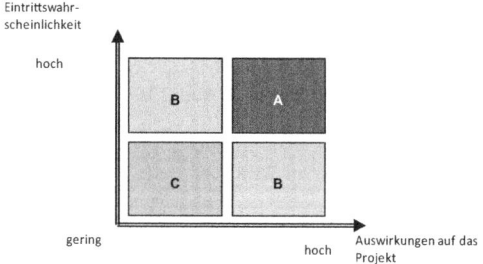

Kurze Beschreibung der potenziellen (negativen) Planabweichung:
_____
_____

Abb. 3.16 Strukturierungshilfe bei der Identifikation von Risiken mithilfe des Brainwritings. (Quelle: eigene Darstellung)

3.6 · Kreativitätsmethoden

Daten können allerdings als Fundament und Ausgangspunkt in die Diskussion eingebracht werden.

- **Output**
☐ eher qualitativ
☒ qualitativ und quantitativ
☐ eher quantitativ
☐ rein quantitativ

Beschreibung des Outputs: Die Ergebnisse eines Brainwritings sind, je nach Fokus der Fragestellung, unerwünschte Ereignisse und/oder deren Ursachen und/oder deren Wirkungen. Ein Brainwriting kann auch für die Risikosteuerung eingesetzt werden, indem mögliche risikopolitische Maßnahmen erarbeitet werden. Die Ergebnisse des Brainwritings können in anderen Methoden weiterverarbeitet werden, beispielsweise mittels der Bow-tie-Analyse, die als Rahmen für das Brainwriting fungieren kann (vgl. Lewis und Smith 2010, S. 8 und 17).

- **Zeitlicher Aufwand für den Methodeneinsatz**
☒ niedrig
☐ mittel
☐ hoch

Begründung: Das eigentliche Brainwriting benötigt nur den Zeitaufwand für die Vorbereitung und die Durchführung. Diese beiden Phasen können in weniger als einer Stunde durchgeführt werden. Die Ergebnisanalyse, die auch getrennt von den ersten beiden Phasen erfolgen kann, dauert möglicherweise länger, auch aufgrund von Diskussionen zur Bewertung.

- **Personeller Aufwand (Qualifikation etc.) für den Methodeneinsatz**
☒ niedrig
☐ mittel
☐ hoch

Begründung: Für die Durchführung des Brainwritings ist nahezu kein Methodenwissen notwendig. Es kann ohne Schulung durchgeführt werden.

- **Reifegrad des zugrundeliegenden Risikomanagements**
☒ Initial
☒ Basic
☒ Evolved
☒ Advanced
☒ Leading

Tab. 3.22 Stärken und Grenzen des Brainwritings

Stärken	Grenzen
– Einfach umzusetzendes Verfahren (einfache Regeln, kein Expertenwissen notwendig). – Auch kurzfristig einsetzbar. – Durch eine „Anonymisierung" der Inhalte werden auch „kritische" Themen dokumentiert und diskutiert („Kummerkasten-Ansatz"). – Inhalte werden nicht zerredet; kein Risiko von „Groupthink", d. h. Anpassung der individuellen Meinung an die erwartete Gruppenmeinung.	– Keine explizite Interaktion, z. B. verbaler Austausch, während der Kreativphase. Dies kann die Kreativität stören. – Qualität der Ergebnisse ist abhängig von der Kompetenz, Vorstellungskraft, Kreativität und dem Enthusiasmus der Teilnehmer. – Ergebnisse sind nicht wertfrei.

Erläuterung: Die Durchführung eines Brainwritings definiert (analog zu Brainstorming) nicht den Reifegrad des Risikomanagements. Es kann sowohl auf einer niedrigen, aber auch auf einer hochprofessionellen Stufe des Risikomanagements eingesetzt werden, weil in der Regel andere Methoden durch Brainstorming/Brainwriting ergänzt werden.

- **Gesamtbewertung/Eignung für das Risikomanagement**

☒ sehr gut
☐ gut
☐ weniger geeignet

Die wesentlichen Stärken und Grenzen des Brainwritings sind in ◘ Tab. 3.22 zusammengefasst.

3.6.3 Delphi-Methode

- **Einsatzzweck**

Mit der Delphi-Methode, die als mehrstufiges Befragungsverfahren konzipiert ist, sollen Expertenmeinungen erfasst und durch die Bereitstellung von anonymisierten (Zwischen-)Ergebnissen fortgeführt und verfeinert werden. Damit sollen sich beispielsweise Risiken, deren Ursachen, aber auch Wirkungen und mögliche Maßnahmen zur Risikosteuerung identifizieren und entwickeln lassen.

3.6 · Kreativitätsmethoden

- **Beschreibung**

Die Delphi-Methode ist als mehrstufiges Verfahren konzipiert. In einer ersten Runde erhalten die Teilnehmer der Delphi-Studie, die ein Expertenwissen aufweisen sollten, einen Fragen- oder Thesenkatalog, den sie schriftlich beantworten. Für eine zweite (und auch spätere Fragenrunden) werden die Antworten der vorherigen Runde (in der Regel zumindest teilweise) anonymisiert einzeln aufgeführt, teilweise auch zusammengefasst und durch statistische Maße verdeutlicht.

Durch die schriftliche Beantwortung und die Anonymisierung der Antworten sollen Störeinflüsse, die beispielsweise bei einer Gruppendiskussion entstehen können (das Gruppendenken im Sinne des „**Groupthink**" tritt gehäuft in großen Organisationen auf, vor allem wenn die Entscheidung abgeschottet von äußeren Einflüssen getroffen wird; im Ergebnis passen die beteiligten Personen ihre eigene Meinung an die erwartete Gruppenmeinung an), eliminiert werden (vgl. Gleißner und Romeike 2012; Romeike 2013; Whyte 2002).

Liu et al. beschreiben die Konzeption, die Durchführung und die Resultate einer Delphi-Befragung zu Risiken im Bereich der Informationstechnologie in China. Dabei gehen die Autoren auch auf Schwächen dieses Ansatzes ein. Hierzu zählt auf der einen Seite, dass das Expertengremium, das im Rahmen der Delphi-Methode befragt wird, statistisch nicht repräsentativ ist. Auf der anderen Seite zählt dazu, dass sich mögliche Zwischenergebnisse durchaus durch eine sehr kleine (im Sinne von: zu kleine) Gruppe von Experten ergeben können (vgl. Liu et al. 2010).

- **Phase**
- ☒ Risikoidentifikation
- ☒ Risikoanalyse
- ☐ Risikobewertung
- ☐ Risikosteuerung

- **Input/Datenbedarf**
- ☐ Quantitative/historische/empirische Daten
- ☒ Expertenschätzung

- **Output**
- ☐ eher qualitativ
- ☒ qualitativ und quantitativ
- ☐ eher quantitativ
- ☐ rein quantitativ

- **Zeitlicher Aufwand für den Methodeneinsatz**
- ☐ niedrig
- ☐ mittel
- ☒ hoch

Begründung: Aufgrund der mehrstufigen Erhebungsdesigns ist der Zeitaufwand für die Delphi-Methode hoch. Auch wenn Markmann et al. von einem geringen Zeitaufwand sprechen, so ist der von ihnen skizzierte zeitliche Rahmen von drei Monaten als eher umfangreich zu bewerten (vgl. hierzu Markmann et al. 2013, S. 1827).

- **Personeller Aufwand (Qualifikation etc.) für den Methodeneinsatz**
- ☐ niedrig
- ☐ mittel
- ☒ hoch

Begründung: Die Teilnehmer der Delphi-Methode werden gemeinhin als Experten bezeichnet. Dementsprechend sollte zumindest ein vertieftes Domänenwissen vorhanden sein, um die Fragen beantworten zu können. Methodische Kenntnisse bezüglich der Delphi-Methode sind für die Teilnehmer nicht notwendig. Die ausführende Stelle der Befragung benötigt dagegen entsprechendes Methoden-Know-how.

- **Reifegrad des zugrundeliegenden Risikomanagements**
- ☐ Initial
- ☐ Basic
- ☐ Evolved
- ☒ Advanced
- ☒ Leading

Erläuterung: Aufgrund des Aufwands (siehe oben) und insbesondere des erforderlichen Experten-Know-hows ist ein hoher Reifegrad im Risikomanagement als Basis und für die Akzeptanz in einer Organisation erforderlich.

- **Gesamtbewertung/Eignung für das Risikomanagement**
- ☐ sehr gut
- ☒ gut
- ☐ weniger geeignet

Die wesentlichen Stärken und Grenzen der Delphi-Methode sind in ◘ Tab. 3.23 zusammengefasst.

Tab. 3.23 Stärken und Grenzen der Delphi-Methode

Stärken	Grenzen
– Unterstützt in einer strukturierten Art und Weise die Auseinandersetzung mit Zukunft und Unsicherheit. – Bezieht quantitative und qualitative Einschätzungen in die Analyse ein. – Durch eine in der Regel interdisziplinäre Zusammenarbeit wird die Sicht der Teilnehmer erweitern. – Fördert das Denken in Alternativen. – Kombinierbar mit anderen Methoden (beispielsweise Brainstorming, Brainwriting, Umfragen, Cross-Impact-Matrix-Methode).	– Der Methodik liegt die Annahme zugrunde, dass Experten über Erkenntnisse und Wissen verfügen, die über das Normalmaß hinausgehen und dass sich hieraus Zukunftswissen generieren lässt. – „Experte" ist eine subjektive Beschreibung und willkürlich. Durch die Auswahl der Teilnehmer erfolgt eine Einflussnahme auf das Ergebnis. Experten konzentrieren sich im Wesentlichen auf ihren Fachbereich. – Qualität der Delphi-Ergebnisse ist abhängig von der Kompetenz, Vorstellungskraft, Kreativität, Teamfähigkeit, Kommunikationsfähigkeit und dem Enthusiasmus der Teilnehmer. – Ergebnisse sind nicht wertfrei. – Experten neigen im Allgemeinen dazu, die Geschwindigkeit von Entwicklungen (etwa Innovationen) zu überschätzen. – Die Teilnehmer beeinflussen sich gegenseitig (Groupthink). – Aus einer Delphi-Analyse kommen keine sicheren Erkenntnisse, sie sind daher stets auch angreifbar. – Anwendung der Methode ist zeit- und arbeitsintensiv, damit in der Regel auch mit hohen Kosten verbunden.

3.6.4 KJ-Methode

- **Einsatzzweck**

Die von dem japanischen Anthropologen Jiro Kawakita (* 1920; † 2009) entwickelte KJ-Methode ist eine Kreativitätsmethode, bei der (bei einer Anwendung im Risikomanagement) im Rahmen von zwei Phasen Risiken, Ursachen, Wirkungen und/oder mögliche risikopolitische Maßnahmen identifiziert werden. Die Methode wird an einer Pinnwand oder einer Tafel durchgeführt, an der zunächst Stichworte gesammelt und dann in einer zweiten Phase nach Themen strukturiert werden. Die erste Phase erfolgt individuell, die zweite Phase als Teamarbeit. Das Ergebnis der Methode ist eine „Risiko-Landschaft", bei der die Beziehungen zwischen den Stichworten und den Kategorien oder Themen explizit dargestellt werden.

▪ Beschreibung
Die KJ-Methode wird in mehreren Schritten durchgeführt (vgl. Scupin 1997, S. 235–23):
1. Im ersten Schritt werden sämtliche Stichworte, die den Teilnehmern zu einem Oberthema (zum Beispiel einem bestimmten Risiko oder einem potenziellen Worst-Case-Szenario) auf Karten oder selbstklebende Haftzettel geschrieben. Dieser Schritt wird von jedem Teilnehmer individuell durchgeführt.
2. Die Karten werden anschließend gemischt und (im Team) sortiert und gruppiert. Sogenannte „einsame Wölfe", die (noch) zu keiner Gruppe passen, werden zunächst aussortiert und bilden eine eigene Gruppe. Zusätzlich werden für die Kartengruppen Bezeichnungen gefunden und aufgeschrieben, die zu einer Charakterisierung der Gruppen führen.
3. Im dritten Schritt werden die Kartengruppen neu angeordnet. Dabei wird eine Landschaft mit den Gruppen gebildet (vgl. ◘ Abb. 3.17). Vor allem lassen sich zwischen den Gruppen bzw. den einzelnen Karten Pfeile eintragen (oder ankleben), die Ursache-/Wirkungs-Zusammenhänge verdeutlichen.
4. Ein expliziter Schritt innerhalb der KJ-Methode ist die Erläuterung der Ergebnisse (also der Kartenlandschaft). Dabei müssen die vorhandenen Daten berücksichtigt werden, während gleichzeitig die Landschaft beschrieben (aber nicht interpretiert) werden sollte.

Schieg beschreibt die Anwendung der KJ-Methode im Rahmen der Post-Mortem-Analyse in Konstruktionsprojekten (vgl. Schieg 2007). Dabei betont Schieg, dass die KJ-Methode vor allem zu einem tieferen Verständnis der Ursache-/Wirkungs-Zusammenhänge führe (vgl. Scupin 1997, S. 235–236). Auch im Risikomanagement ist die Analyse und höhere Transparenz der Ursache-/Wirkungs-Zusammenhänge von einer besonderen Relevanz.

Kado et al. betonen, dass die KJ-Methode gut mit einem Brainstorming zu verbinden sei: Dabei kann die KJ-Methode genutzt werden, um die im Rahmen des Brainstorming identifizierten Begriffe zu ordnen, zu gruppieren und in Kausalketten zu bringen (vgl. Kado et al. 2003, S. 20).

▪ Phase
☒ Risikoidentifikation
☒ Risikoanalyse
☐ Risikobewertung
☐ Risikosteuerung

▪ Input/Datenbedarf
☐ Quantitative/historische/empirische Daten
☒ Expertenschätzung

3.6 · Kreativitätsmethoden

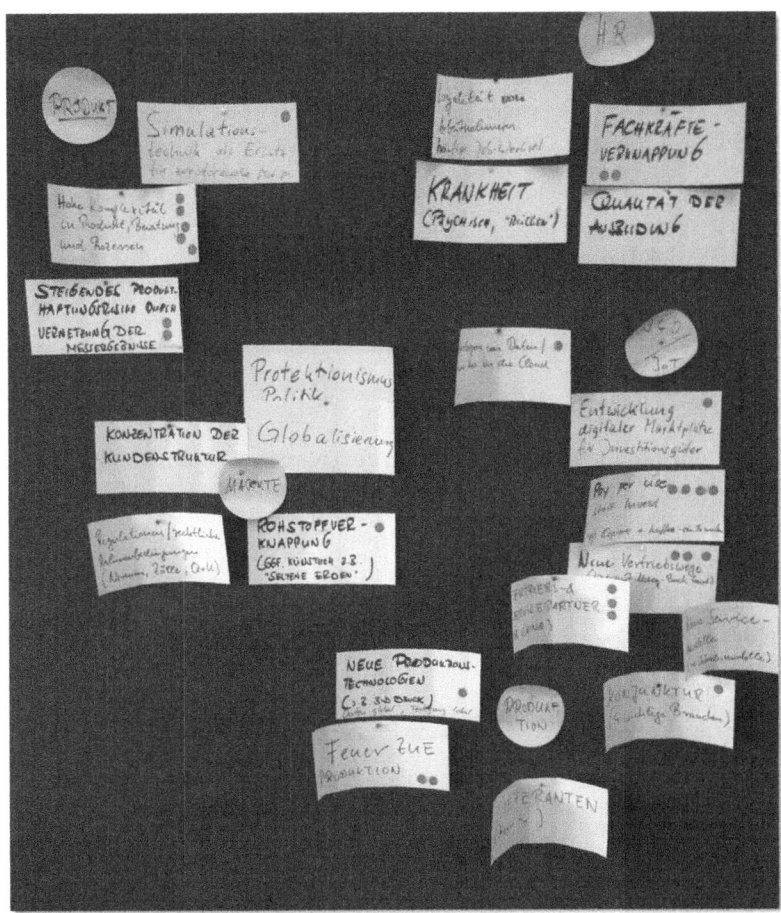

◘ **Abb. 3.17** Einsatz der KJ-Methode im Rahmen einer Risikoanalyse. (Quelle: Seminarunterlagen RiskNET GmbH)

Beschreibung: Für die Anwendung der KJ-Methode sind grundsätzlich keine Daten notwendig. Das Ergebnis ergibt sich aus dem Wissen und der Kreativität der Teilnehmer. Daten können allerdings als Fundament und Ausgangspunkt in die Diskussion eingebracht werden.

- **Output**
- ☒ eher qualitativ
- ☐ qualitativ und quantitativ
- ☐ eher quantitativ
- ☐ rein quantitativ

Beschreibung des Outputs: Neben einer Auflistung von Risiken, Ursachen oder Wirkungen führt die KJ-Methode auch zu Kausalketten. Damit lassen sich durch Anwendung der KJ-Methode Ursache-/Wirkungs-Zusammenhänge identifizieren und darstellen.

- **Zeitlicher Aufwand für den Methodeneinsatz**
- ☒ niedrig
- ☐ mittel
- ☐ hoch

- **Personeller Aufwand (Qualifikation etc.) für den Methodeneinsatz**
- ☒ niedrig
- ☐ mittel
- ☐ hoch

Begründung: Für die Anwendung der KJ-Methode ist nahezu kein Methodenwissen notwendig.

Tab. 3.24 Stärken und Grenzen der KJ-Methode

Stärken	Grenzen
– Flexibel einsetzbar für Ideensammlung, Strukturierung und Visualisierung. – Einfach umzusetzendes Verfahren. – Strukturierung von Ergebnissen. – Primär Visualisierungsmethodik, daher erfolgt in der Praxis regelmäßig eine Kombination mit anderen Methoden (beispielsweise Brainstorming). – Zusammenhänge (etwa Ursache-Wirkungs-ketten) können einfach und pragmatisch visualisiert werden. – Gewisse Standardisierung der Dokumentation (Karten, Pinnwand etc.), damit eine Vergleichbarkeit der Ergebnisse möglich ist.	– Metaplan-Tafeln und Verbrauchsmaterialien werden benötigt. – Durch die Auswahl der Teilnehmer erfolgt eine Einflussnahme auf das Ergebnis. – Qualität der Ergebnisse ist abhängig von der Kompetenz, Vorstellungskraft, Kreativität, Teamfähigkeit, Kommunikationsfähigkeit und dem Enthusiasmus der Teilnehmer. – Die Teilnehmer beeinflussen sich gegenseitig (Groupthink).

3.6 · Kreativitätsmethoden

- **Reifegrad des zugrundeliegenden Risikomanagements**
- ☒ Initial
- ☒ Basic
- ☐ Evolved
- ☐ Advanced
- ☐ Leading

- **Gesamtbewertung/Eignung für das Risikomanagement**
- ☒ sehr gut
- ☐ gut
- ☐ weniger geeignet

Die wesentlichen Stärken und Grenzen der KJ-Methode sind in ◘ Tab. 3.24 zusammengefasst.

3.6.5 Kopfstandtechnik

- **Einsatzzweck**

Die Kopfstandtechnik (auch als Flip-Flop- oder Umkehrtechnik, im Englischen als „reverse thinking" bezeichnet) dient dazu, Risiken zu identifizieren, indem die eigentliche Kernfrage umgekehrt wird. Die Methode geht auf den englischen Arzt und Kognitionswissenschaftler Edward de Bono (* 1933) zurück (der übrigens auch die Sechs-Hüte-Methode entwickelt hat, ein Werkzeug für Gruppendiskussionen und individuelles Denken basierend auf sechs unterschiedlich farbigen Hüten). Mit der Umkehr der ursprünglichen Aufgabenstellung soll die Fragestellung ungewöhnlich sein, wodurch die Teilnehmer provoziert und angeregt werden sollen. Damit wird das Ziel verfolgt (im Gegensatz zu einer „konventionellen" Vorgehensweise) unerwartete bzw. kreative Ergebnisse zu erzielen.

- **Beschreibung**

Die Kopfstand-Technik läuft üblicherweise in mehreren Phasen ab:
1. Ausgehend von der Aufgabe oder Fragestellung wird diese Aufgabe umgekehrt und damit auf den Kopf gestellt. Beispiel aus der Praxis für die Kopfstand-Methode: „Was müssen wir als Unternehmen tun, damit wir scheitern und insolvent werden?" oder: „Was müssen wir tun, damit unsere definierte Risikotragfähigkeit durch den Eintritt von Risiken komplett aufgebraucht wird?"
2. Anschließend versuchen die Teilnehmer, für diese umgekehrte Aufgabenstellung Lösungen zu entwickeln.
3. Die entwickelten Lösungen sind dann wiederum auf den Kopf zu stellen, um zu Lösungsansätzen für die eigentliche Fragestellung zu gelangen.

Sawaguchi (2015) entwickelte einen Ansatz, der auf der Kopfstand-Technik basiert: Dieser als CRMART („Creative Risk Management Approach based on Reverse Thinking") bezeichnete Ansatz fokussiert nicht bei der (Ex-post-)Analyse von Risiken oder Ausfällen, sondern für die kreative Entwicklung möglicher Risiken. Der Kern des Ansatzes liegt in der Umkehrung der wesentlichen Frage, die bei klassischen Ansätzen der Risikoidentifikation „How Risk(s) Occurred?" lauten könnte, bei CRMART dagegen umgekehrt wird. Sie lautet dann: „How We Create Risk(s)?" Dieser Ansatz wird auf ein Beispiel im Bereich von Organisations- und Informationsrisiken angewandt.

Bei einer Anwendung im Risikomanagement wäre es sinnvoll, sich vor allem auch mit potenziellen Worst-Case-Szenarien zu beschäftigen. Die Fragestellung wäre: „Was müssen wir als Unternehmen tun, damit das Worst-Case-Szenario eintritt?"

- **Phase**
- ☒ Risikoidentifikation
- ☐ Risikoanalyse
- ☐ Risikobewertung
- ☒ Risikosteuerung

- **Input/Datenbedarf**
- ☐ Quantitative/historische/empirische Daten
- ☒ Expertenschätzung

Beschreibung: Sawaguchi weist darauf hin, dass mit der Kopfstandtechnik die Menge der benötigten historischen Daten gering ist (vgl. Sawaguchi 2015, S. 581). Empirische bzw. historische Daten können vor allem als Ausgangspunkt für eine Expertenschätzung dienen.

- **Output**
- ☒ eher qualitativ
- ☐ qualitativ und quantitativ
- ☐ eher quantitativ
- ☐ rein quantitativ

- **Zeitlicher Aufwand für den Methodeneinsatz**
- ☒ niedrig
- ☐ mittel
- ☐ hoch

- **Personeller Aufwand (Qualifikation etc.) für den Methodeneinsatz**
- ☒ niedrig
- ☐ mittel
- ☐ hoch

3.6 · Kreativitätsmethoden

Tab. 3.25 Stärken und Grenzen der Kopfstand-Technik

Stärken	Grenzen
– Unkonventionelle Methode; sie soll unerwartete Ergebnisse möglich machen. – Das Risiko einer Betriebsblindheit (insbesondere bei der Identifikation potenzieller Risiken) wird reduziert. – Fördert das Denken in Alternativen. – Insbesondere für die Analyse von Worst-Case-Szenarien sinnvoll, da ein „Blick über den eigenen Tellerrand" gefördert wird. – Hohe Akzeptanz in der Praxis durch hohen „spielerischen Faktor".	– Abstraktionsfähigkeit und „Umdenken" der Teilnehmer notwendig. – Für einzelne, vor allem komplexe Fragestellungen wird ein „Kopfstand" schwierig zu erarbeiten sein. – Ergebnisse sind stark abhängig von der „Qualität" des Moderators. – Qualität der Ergebnisse ist abhängig von der Kompetenz, Vorstellungskraft, Kreativität und Kommunikationsfähigkeit und dem Enthusiasmus der Teilnehmer. – Ergebnisse sind nicht wertfrei. – Die Teilnehmer beeinflussen sich gegenseitig (Groupthink).

Begründung: Für die Durchführung der Kopfstandtechnik ist kein Methodenwissen notwendig. Sie kann ohne spezielle Schulung durchgeführt werden. Es kann jedoch schwierig sein, konkrete „umgekehrte" Lösungen (oder Anti-Lösungen) zu finden, wenn die umgekehrte Fragestellung abstrakt oder zu komplex ist.

- **Reifegrad des zugrundeliegenden Risikomanagements**
- ☐ Initial
- ☐ Basic
- ☒ Evolved
- ☒ Advanced
- ☐ Leading

- **Gesamtbewertung/Eignung für das Risikomanagement**
- ☒ sehr gut
- ☒ gut
- ☐ weniger geeignet

Begründung: Die Eignung der Kopfstandtechnik hängt auch von der Aufgabenstellung ab. Sie kann (je nach Aufgabenstellung) zu Lösungen (etwa zu identifizierten Risiken oder zu möglichen risikopolitischen Maßnahmen) führen, die auf konventionelle Art und Weise nicht erarbeitet worden wären (vgl. auch Tab. 3.25).

3.6.6 Methoden 6-3-5

- **Einsatzzweck**

Die Methode 6-3-5 zählt zu den Brainwriting-Techniken und ist ein Ansatz, in möglichst kurzer Zeit eine recht große Anzahl an Ideen (oder im Risikomanagement: Risiken, Ursachen und/oder Wirkungen) zu erarbeiten, die in einem nächsten Schritt analysiert und bewertet werden (vgl. Romeike und Hager 2013, S. 110). Im Rahmen der Anwendung führen die Teilnehmer die Ideen von anderen Teilnehmern fort. So erzeugen sie innerhalb einer kurzen Zeit 108 unterschiedliche Ansatzpunkte (6 Teilnehmer × 3 Ideen × 6 Reihen) für risikorelevante Aspekte.

- **Beschreibung**

Die Methode 6-3-5 hat ihren Namen von der Anzahl der Teilnehmer (6), der Anzahl der „Ideen" (jeweils 3) und der Anzahl, wie oft jedes „Arbeitsblatt" weitergegeben wird (5-mal).

1. Schritt: Jeder Teilnehmer erhält ein vorbereitetes Arbeitsblatt mit drei Spalten und sechs Zeilen.
2. Schritt: Der Moderator definiert die Zeitspanne für das Ausfüllen sowie die anschließende Weitergabe der Arbeitsblätter (beispielsweise drei bis fünf Minuten).
3. Schritt: Jeder der sechs Teilnehmer verfasst drei Ideen (bzw. Risiken) und trägt diese in die Felder der ersten Zeile des Arbeitsblattes ein.
4. Schritt: Nach Ablauf der definierten Zeitspanne werden die Arbeitsblätter im Uhrzeigersinn an den nächsten Teilnehmer weitergegeben.
5. Schritt: Jeder Teilnehmer sollte die bereits genannten Ideen aufgreifen, ergänzen oder weiterentwickeln. Die neuen (drei) Ideen trägt er in die nächste freie Zeile ein.
6. Schritt: Die Arbeitsblätter werden so lange im Uhrzeigersinn weitergegeben, bis auch die letzte Zeile des Arbeitsblattes ausgefüllt ist.

Nach Abschluss sind insgesamt 6 × 3 × 6 = 108 Ideen bzw. risikorelevante Aspekte erarbeitet worden, die im nächsten Schritt gefiltert und bewertet werden.

Die Methode 6-3-5 baut damit nicht auf einen unmittelbaren und gleichzeitigen Austausch von Gedanken aller Teilnehmer, sondern auf die sukzessive Erweiterung von Gedankengängen.

Zur Identifikation von Risiken, etwa im Bereich **Cyberrisiken** oder **Supply-Chain-Risiken** kann die Methode 6-3-5 ohne großen Aufwand eingesetzt werden. In ◘ Tab. 3.26 ist exemplarisch ein Formblatt der Methode 6-3-5 skizziert. Das Vorgehen im Risikomanagement sollte wir nachfolgend skizziert durchgeführt werden:

1. Bestimmen Sie innerhalb der Gruppe einen Zeitnehmer.
2. Jeder Teilnehmer erhält ein Formular mit einer Tabelle (drei Spalten, sechs Zeilen). Jeder Teilnehmer trägt in jeder Spalte der ersten Zeile je ein Risiko ein (insgesamt also drei Risiken).

3.6 · Kreativitätsmethoden

◘ Tab. 3.26 Arbeitsblatt der Methode 6-3-5 (6 Teilnehmer × 18 Ideen = 108 Ideen)

Supply-Chain-Risiken (Methode 6-3-5)		
Risiko	Risiko	Risiko
1. Versorgungsrisiken	2. Prozess- u. Steuerungsrisiken	3. Umfeldrisiken
4. Insolvenz Lieferant	5. Sabotage	6. Terroranschlag
7 …	8 …	9 …
10 …	11 …	12 …
13 …	14 …	15 …
16 …	17 …	18 …

3. Nach zwei Minuten werden die Blätter gleichzeitig und im Uhrzeigersinn weitergereicht.
4. Der nächste Teilnehmer soll nun versuchen, die bereits genannten Risiken aufzugreifen, zu ergänzen, weiterzuentwickeln oder eventuell ein neues Risiko zu formulieren.
5. Es gelten die Regeln des Brainwritings, das heißt, jedes Risiko ist gleichwertig und es gibt keine Diskussionen zu den einzelnen Vorschlägen.
6. Am Ende erfolgt durch alle Teilnehmer eine Konsolidierung und Klassifikation der identifizierten Risiken (Streichung von Dubletten, Konsolidierung etc.)

- **Phase**
  - ☒ Risikoidentifikation
  - ☒ Risikoanalyse
  - ☐ Risikobewertung
  - ☐ Risikosteuerung

- **Input/Datenbedarf**
  - ☐ Quantitative/historische/empirische Daten
  - ☒ Expertenschätzung

Beschreibung: Für die Methode 6-3-5 sind keine Daten notwendig. Das Ergebnis ergibt sich aus dem Wissen und der Kreativität der Teilnehmer.

- **Output**
  - ☒ eher qualitativ
  - ☐ qualitativ und quantitativ

☐ eher quantitativ
☐ rein quantitativ

Beschreibung des Outputs: Die Ergebnisse der Methode 6-3-5 sind, je nach Fokus der Fragestellung, unerwünschte Ereignisse und/oder deren Ursachen und/oder deren Wirkungen. Die Ergebnisse können in anderen Methoden weiterverarbeitet werden, beispielsweise mittels der Bow-tie Analysis.

- **Zeitlicher Aufwand für den Methodeneinsatz**

☒ niedrig
☐ mittel
☐ hoch

Begründung: Die Methode 6-3-5 kann (ohne Vorbereitung und Ergebnisanalyse) innerhalb einer halben Stunde durchgeführt werden. Die Ergebnisanalyse dauert länger, auch aufgrund von Diskussionen zur Bewertung.

- **Personeller Aufwand (Qualifikation etc.) für den Methodeneinsatz**

☒ niedrig
☐ mittel
☐ hoch

Begründung: Für die Durchführung der Methode 6-3-5 ist nahezu kein Methodenwissen notwendig. Sie kann ohne Schulung durchgeführt werden.

Tab. 3.27 Stärken und Grenzen der Methode 6-3-5

Stärken	Grenzen
– Einfach umzusetzendes Verfahren. – Auch kurzfristig einsetzbar. – Sukzessive Weiterführung von Ideen. – Generierung vieler Ideen in relativ kurzer Zeit. – Durch eine „Anonymisierung" der Inhalte werden auch „kritische" Themen dokumentiert und diskutiert („Kummerkasten-Ansatz") – Inhalte werden nicht zerredet; kein Risiko von „Groupthink", d. h. Anpassung der individuellen Meinung an die erwartete Gruppenmeinung.	– Keine explizite Interaktion, z. B. verbaler Austausch, während der Kreativphase. Dies kann die Kreativität stören. – Redundanzen möglich, im ungünstigsten Fall insgesamt nur drei Ideen. – Qualität der Ergebnisse ist abhängig von der Kompetenz, Vorstellungskraft, Kreativität und dem Enthusiasmus der Teilnehmer. – Ergebnisse sind nicht wertfrei.

- **Reifegrad des zugrundeliegenden Risikomanagements**
- ☐ Initial
- ☒ Basic
- ☒ Evolved
- ☒ Advanced
- ☒ Leading

- **Gesamtbewertung/Eignung für das Risikomanagement**
- ☒ sehr gut
- ☐ gut
- ☐ weniger geeignet

Die wesentlichen Stärken und Grenzen der Methode 6-3-5 sind in ◘ Tab. 3.27 zusammengefasst

3.6.7 Morphologische Analyse

- **Einsatzzweck**

Ein morphologisches Verfahren (oder eine morphologische Analyse) ist eine Methode, um für eine bestimmte Problemstellung sämtliche möglichen Zusammenhänge der beeinflussenden Parameter zu identifizieren und zu analysieren (vgl. Ritchey 2011a, S. 84; Romeike und Hager 2013, S. 109). Die Methode kann im Risikomanagement dazu genutzt werden, die Kombination von Ursachen, aber auch die Auswirkungen für ein spezifisches Risiko, zu identifizieren und zu analysieren. Sie gilt als nicht-quantitative Methode, bei der diskrete, voneinander unabhängige Variablen genutzt werden. Sie verwendet zur strukturierten Darstellung den morphologischen Kasten, häufig auch als Zwicky-Box bezeichnet, benannt nach dem Schweizer Astrophysiker Fritz Zwicky (* 1898; † 1974).

- **Beschreibung**

Die morphologische Analyse (in der englischsprachigen Literatur auch als „General Morphological Analysis", GMA, bezeichnet) wird in mehreren (in der Regel vier) Schritten durchgeführt (vgl. Ritchey 2011b, S. 12–14):
1. Beschreiben Sie die Fragestellung bzw. das Problem.
2. Sammeln Sie Parameter, die für die Beantwortung relevant sind. Zunächst werden die wichtigsten Dimensionen eines Problems (hier: eines Risikos) identifiziert und definiert. Für jede dieser Dimensionen werden anschließend die möglichen Ausprägungen oder Zustände identifiziert und festgelegt, die eine Dimension annehmen kann; sie werden als Variablen oder Parameter bezeichnet.

3. Sammeln Sie Ausprägungen pro Parameter. Die Anzahl der Ausprägungen kann je Parameter unterschiedlich sein. Damit ist das morphologische Feld aufgestellt, für das im nächsten Schritt Konfigurationen untersucht werden, die eine bestimmte Kombination von Ausprägungen oder Zuständen je Dimension repräsentieren. Da die Anzahl der Konfigurationen selbst bei einer geringen Anzahl an Variablen erhebliche Ausmaße annehmen kann, ist es sinnvoll, das Feld zu reduzieren. Hierzu dient das Cross Consistency Assessment (CCA), bei dem durch einen paarweisen Vergleich eruiert wird, ob ein Variablenpaar existieren kann oder nicht. Die Größe des morphologischen Felds kann mit der CGA üblicherweise um 90 bis 95 % reduziert werden.
4. Kombinieren Sie die unterschiedlichen Ausprägungen der Parameter miteinander!

Die verbleibenden Konfigurationen können dann als interaktives Referenzmodell für die detaillierte Analyse genutzt werden. Insbesondere durch Einsatz geeigneter Software kann jede Variable (oder Kombinationen von Variablen) als Input oder als Output genutzt werden, um sich die mit dieser Variable verbundenen weiteren Variablen anzeigen zu lassen.

Sinnvollerweise wird die morphologische Analyse durch Gruppen (einzeln oder getrennt) durchgeführt.

Ritchey verdeutlicht die Anwendung der morphologischen Analyse im Rahmen der Gefahrenanalyse für Nukleartransporte (vgl. Ritchey 2009). Dabei stand folgende Frage im Fokus der Untersuchung: „What are the most important factors involving the transport of nuclear material and nuclear waste, as concerns conditions and regulations for protective measures, and how do these factors relate to each other?" (vgl. Ritchey 2009, S. 4). Jeder im ersten Schritt identifizierte Parameter mit einer bestimmten Ausprägung kann als primärer Auslöser fungieren; die Analyse zeigt dann, welche der anderen Parameter mit welchen Ausprägungen als besonders relevant (oder als wahrscheinlich) gelten.

Die Methode wurde von Ritchey im Rahmen des Risikomanagements auch auf andere Fragestellungen angewandt, beispielsweise auf die Evaluierung von unterschiedlichen Großrisiken (Naturkatastrophe, Pandemie, Terrorismus) (vgl. Ritchey 2006). Auch die Analyse von Risiken für Nuklearanlagen wurde mittels der morphologischen Analyse untersucht (vgl. Ritchey 2003).

In ◘ Tab. 3.28 ist exemplarisch ein morphologischer Kasten (Zwicky-Box) dargestellt. Der morphologische Kasten ist ein Ordnungsschema und beflügelt die eigene Kreativität, in dem die enthaltenen Elemente beliebig kombiniert werden.

3.6 · Kreativitätsmethoden

Tab. 3.28 Morphologischer Kasten am Beispiel eines Nukleartransports

Parameter	Ausprägung 1	Ausprägung 2	Ausprägung 3	Ausprägung 4	Ausprägung 5	Ausprägung 6	Ausprägung 7	Ausprägung 8	...
Art der Transportmittel	Bahn	Lkw	Flugzeug	Schiff	...				
Transportbehälter	Uranhexafluorid-Tank	CASTOR Transportbehälter	Transnucléaire Behälter (Frankreich)	Excellox Behälter (UK)					
...									

- **Phase**
  - ☒ Risikoidentifikation
  - ☒ Risikoanalyse
  - ☐ Risikobewertung
  - ☐ Risikosteuerung

- **Input/Datenbedarf**
  - ☐ Quantitative/historische/empirische Daten
  - ☒ Expertenschätzung

Beschreibung: Der konkrete Input kann auch im Rahmen eines Gruppenprozesses erarbeitet werden.

- **Output**
  - ☒ eher qualitativ
  - ☐ qualitativ und quantitativ
  - ☐ eher quantitativ
  - ☐ rein quantitativ

Beschreibung des Outputs: Das Ergebnis des morphologischen Verfahrens sind sämtliche möglichen Kombinationen von Parametern, die ein Risiko beeinflussen.

- **Zeitlicher Aufwand für den Methodeneinsatz**
  - ☐ niedrig
  - ☐ mittel
  - ☒ hoch

Begründung: Ritchey beschreibt die Rahmenbedingungen zur Anwendung der Methode (vgl. Ritchey 2011b, S. 14). Insgesamt geht Ritchey von einem zeitlichen Aufwand von zwei bis zehn Workshop-Tagen aus.

- **Personeller Aufwand (Qualifikation etc.) für den Methodeneinsatz**
  - ☐ niedrig
  - ☐ mittel
  - ☒ hoch

Begründung: Ritchey beschreibt die Rahmenbedingungen zur Anwendung der Methode (vgl. Ritchey 2011b, S. 14). Dabei geht er von einem Gruppenprozess aus, wobei eine Gruppe aus nicht mehr als sechs bis sieben Experten bestehen sollte. Die Gruppenarbeit sollte dazu moderiert werden. Ritchey schlägt zwei Moderatoren vor.

3.6 · Kreativitätsmethoden

◘ Tab. 3.29 Stärken und Grenzen morphologischer Verfahren

Stärken	Grenzen
– Strukturierte Vorgehensweise. – Alle möglichen Kombinationen für Risiken, Ursachen und/oder Wirkungen werden (theoretisch) erfasst. – Methodik fördert den „Blick über den Tellerrand".	– Abgrenzung der Merkmale und ihrer Ausprägungen in der Praxis nicht trivial (Abgrenzungsschwierigkeiten). – Zeitlich und personell aufwendiges Verfahren. – Qualität der Ergebnisse hängt stark von der Moderation und der Erfahrung des Moderators ab. – Aufwendige Bewertung bzw. Filterung der Ergebnisse notwendig. – Qualität der Ergebnisse ist abhängig von der Kompetenz, Vorstellungskraft, Kreativität und dem Enthusiasmus der Teilnehmer. – Methodik kann keine radikalen Ergebnisse produzieren („Black Swans"), weil die definierten Dimensionen die Kreativität einschränken.

- **Reifegrad des zugrundeliegenden Risikomanagements**
- ☐ Initial
- ☒ Basic
- ☒ Evolved
- ☐ Advanced
- ☐ Leading

- **Gesamtbewertung/Eignung für das Risikomanagement**
- ☒ sehr gut
- ☐ gut
- ☐ weniger geeignet

Die wesentlichen Stärken und Grenzen morphologischer Verfahren sind in ◘ Tab. 3.29 zusammengefasst.

3.6.8 Mind-Mapping

- **Einsatzzweck**

Das Mind-Mapping (auch Gedankenlandkarte oder Gedächtnislandkarte) dient dazu, ausgehend von einem zentralen Risiko, möglichst sämtliche Ursachen und/oder Wirkungen und/oder Maßnahmen zu identifizieren, die mit dem Risiko in Verbindung stehen. Durch die besondere Form der Anordnung entsteht ein bildhafter Überblick bzw. eine Gedankenkarte – die Mind Map. Durch die grafische Darstellungsform werden beide Gehirnhälften angesprochen (nach dem in der Zwischenzeit überholten Hemisphärenmodell der Neurowissenschaften laufen in der linken Gehirnhälfte vor allem rationale, sprachliche, analytische, zeitlich lineare und logische Prozesse ab, während die rechte Gehirnhälfte ganzheitlich, bildhaft, musisch, kreativ, intuitiv, zeitlos, räumlich, emotional und körperorientiert ausgerichtet ist). Damit soll die geistige Leistung verbessert werden.

- **Beschreibung**

Beim Mind-Mapping wird mit einem weißen Blatt (oder generell: einer leeren) Fläche begonnen. In die Mitte dieser Fläche wird der zentrale Begriff geschrieben. Beim Risikomanagement wird dies in der Regel ein Objekt sein (zum Beispiel eine kritische Infrastruktur oder die Verfügbarkeit im Bereich der Informationstechnologie) oder ein bereits identifiziertes Risiko. Anschließend werden zu diesem zentralen Begriff möglichst viele Schlusselworter gesucht:

- Wenn als Ausgangssituation eine kritische Infrastruktur aufgeführt ist, könnten sämtliche Risiken aufgeführt werden, die für diese Infrastruktur relevant sind. Die einzelnen Mind-Map-Äste bilden alternativ die Risikoarten oder auch die Ursachen oder Wirkungen der Risiken ab. Alternativ können auch Maßnahmen zur Risikosteuerung abgebildet werden.
- Wenn als Ausgangssituation dagegen ein bereits bekanntes Risiko aufgeschrieben wurde, könnten als Schlüsselbegriffe beispielsweise sämtliche Ursachen, Wirkungen und/oder Maßnahmen aufgeführt werden, die mit diesem Risiko in Verbindung stehen.

Die identifizierten Begriffe lassen sich anschließend sortieren und gruppieren. Sie werden anhand verschiedener Zweige und bei Bedarf unter Zuhilfenahme weiterer Symbole grafisch um den zentralen Begriff angeordnet. Die Anordnung kann dann zu einer vielschichtigen Hierarchie von Zweigen führen. Einzelne Begriffe lassen sich auch verbinden, um Beziehungen zwischen Begriffen zu verdeutlichen. Hierbei lassen sich auch komplexe Abhängigkeiten abbilden, etwa in Form von sogenannten konzeptuellen Karten (Conceptual Maps), semantischen Netzen oder Ontologien. Möchte man die Darstellung nicht auf eine Baumstruktur beschränken, lassen sich logische und sonstige Zusammenhänge auch mithilfe einer kognitiven Karte (auch Mental Map) oder Fuzzy Cognitive Maps (FCMs) strukturieren und visualisieren.

3.6.8.1 Konkretes Anwendungsbeispiel

Sääskilahti und Särelä beschreiben den Einsatz sowie Stärken und Schwächen von Mind Maps im Rahmen der Risikoidentifikation (in dem Fall allerdings in Host-Identitätsprotokollen) (vgl. Sääskilahti und Särelä 2010). Sie heben auf der einen Seite die Stärke eines Mind

3.6 · Kreativitätsmethoden

Maps für die Identifikation, konkret aber auch für die Durchführung von Interviews und die entsprechende unmittelbare Dokumentation der Ergebnisse hervor. Sie weisen insbesondere auf die Vorteile im Vergleich zu Checklisten hin.

Hristova et al. (vgl. Hristova et al. 2014) nutzen dagegen eine Mind Map eher zur (sich an die Risikoidentifikation anschließenden) Visualisierung und Kommunikation der identifizierten Risiken (vgl. auch ◘ Abb. 3.18).

- **Phase**
- ☒ Risikoidentifikation
- ☒ Risikoanalyse
- ☐ Risikobewertung
- ☐ Risikosteuerung

- **Input/Datenbedarf**
- ☐ Quantitative/historische/empirische Daten
- ☒ Expertenschätzung

Beschreibung: Für die Anwendung des Mind-Mapping sind keine Daten notwendig. Das Ergebnis ergibt sich aus dem Wissen und der Kreativität der Teilnehmer.

- **Output**
- ☒ eher qualitativ
- ☐ qualitativ und quantitativ
- ☐ eher quantitativ
- ☐ rein quantitativ

Beschreibung des Outputs: Das Ergebnis des Mind-Mappings ist eine sogenannte Mind Map. Die Teilnehmer eines Mind-Mapping-Workshops arbeiten damit unmittelbar an einem Ergebnisdokument. Gleichzeitig werden aber Mind Maps auch kritisch für Dokumentationszwecke gesehen, die für Außenstehende, das heißt für bei der Risikoidentifikation und Risikoanalyse nicht involvierte Personen, eher komplex wirken und nur schwer nachvollzogen werden können (vgl. Sääskilahti und Särelä 2010, S. 216). Andererseits kann eine Mind Map auch gut als Kommunikationsbasis der wesentlichen Ergebnisse verwendet werden (vgl. Hristova et al. 2014, S. 268).

- **Zeitlicher Aufwand für den Methodeneinsatz**
- ☒ niedrig
- ☐ mittel
- ☐ hoch

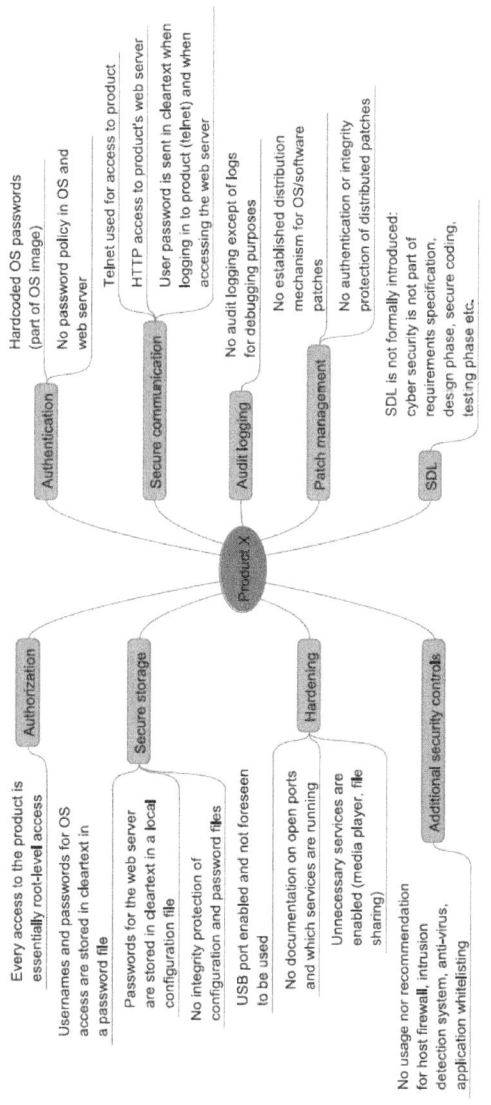

Abb. 3.18 Beispiel für eine Mind Map zur Identifikation von Sicherheitslücken. (Quelle: Hristova et al. 2014, S. 269)

Begründung: Der zeitliche Aufwand für die Erstellung einer Mind Map kann variiert werden. Damit kann auch bei eingeschränkter zeitlicher Verfügbarkeit gut mit dem Mind-Mapping gearbeitet werden.

- **Personeller Aufwand (Qualifikation etc.) für den Methodeneinsatz**
- ☒ niedrig
- ☐ mittel
- ☐ hoch

Begründung: Für die Durchführung des Mind-Mappings ist nahezu kein Methodenwissen notwendig. Ein Mind-Mapping kann ohne eine spezifische Schulung durchgeführt werden.

- **Reifegrad des zugrundeliegenden Risikomanagements**
- ☒ Initial
- ☒ Basic
- ☐ Evolved
- ☐ Advanced
- ☐ Leading

◘ Tab. 3.30 Stärken und Grenzen des Mind Mappings

Stärken	Grenzen
– Zur Ideensammlung und zur Dokumentation eines Brainstormings sind Mind-Maps sehr gut, weil Schlüsselwörter weitere Ideen assoziieren können. – Ideale Strukturierung von Themen, Inhalten oder einer semantischen Struktur des Wissens etc. in Form von Assoziogrammen bzw. Struktogrammen. – Einfach umzusetzendes Verfahren. – Verknüpfung von Wörtern und Begriffen mit Bildern möglich. – Visualisierung von Ergebnissen in einer einfachen Form. – Auch Beziehungen zwischen Einzelaspekten werden deutlich. – Mind-Maps prägen sich gut ein; Konzentration auf das Wesentliche. – Risiko, den „(Risiko-)Wald vor lauter Bäumen" nicht mehr zu sehen, wird reduziert (das Wichtigste steht näher im Zentrum, das weniger Wichtiges steht mehr am Rande).	– Zunehmende Komplexität bei großen Mindmaps. – Nicht jede Mind Map ist sofort selbsterklärend. – Die mono-hierarchische Struktur führt dazu, dass komplexe Ontologien stark vereinfacht dargestellt werden (etwa bei Abhängigkeiten zwischen Risiken). Alternative: Cognitive Maps.

- **Gesamtbewertung/Eignung für das Risikomanagement**
☐ sehr gut
☒ gut
☐ weniger geeignet

Begründung: Mind Maps eignen sich vor allem dazu, im Rahmen der Risikoidentifikation Interviews zu strukturieren und ihre Ergebnisse unmittelbar (das heißt „realtime") zu dokumentieren. Somit kann eine Mind Map als Ergebnisdokument weiterverwendet werden. Möglicherweise haben jedoch Personen, die nicht in die Risikoidentifikation involviert waren, Probleme, die Ergebnisse zu verstehen (vgl. auch ◘ Tab. 3.30).

3.6.9 World-Café

- **Einsatzzweck**

Ein World-Café ist eine Workshop-Methode, bei der eine Gruppe von Teilnehmern in sich mischenden Gruppen an Tischen bestimmte Fragestellungen diskutiert; beispielsweise die Frage nach Risiken für bestimmte operative/strategische Themen oder geopolitische Risiken. Durch die vorbereiteten Fragen, die jeweils kleinen Gruppen und die intendiert-positive Atmosphäre sollen die Fragestellungen aus unterschiedlichen Perspektiven diskutiert und beantwortet werden. Es kann damit die Risikoidentifikation und die Erarbeitung von risikosteuernden Maßnahmen, ggf. auch die Risikoanalyse unterstützen.

- **Beschreibung**

Ein World-Café, das für Teilnehmergrößen von zwölf bis 2000 Personen durchgeführt werden kann, lassen sich drei Phasen unterscheiden:
1. In der Vorbereitungsphase ist, neben dem physischen Aufbau des World-Cafés (Tische, „Tischdecken" zum Beschreiben, beispielsweise Flipchart-Papier, Stifte), vor allem die Vorbereitung der Fragestellungen wichtig. Sie sollten einfach formuliert sein, sodass sie für die Teilnehmer einladend wirken. Daneben sind die „Spielregeln" bzw. die Etikette zu spezifizieren. Für jeden Tisch ist ein Gastgeber zu benennen.
2. In der Durchführungsphase, die zwischen 45 und 180 min dauert, ordnen sich Teilnehmer einem Tisch zu, an dem eine oder zwei konkrete Fragestellungen diskutiert werden. Die Teilnehmerzahl an einem Tisch sollte vier bis maximal sechs betragen. Der Gastgeber erörtert die Fragestellung sowie die ggf. bereits vorher erarbeiteten Ergebnisse und unterstützt den Dialog, ohne jedoch zu moderieren. Die Teilnehmer nutzen die Tischdecke, um (Zwischen-)Ergebnisse zu dokumentieren (vgl. ◘ Abb. 3.19). Nach einer vorher festgelegten Zeitdauer wechseln die Teilnehmer an einen anderen Tisch.

3.6 · Kreativitätsmethoden

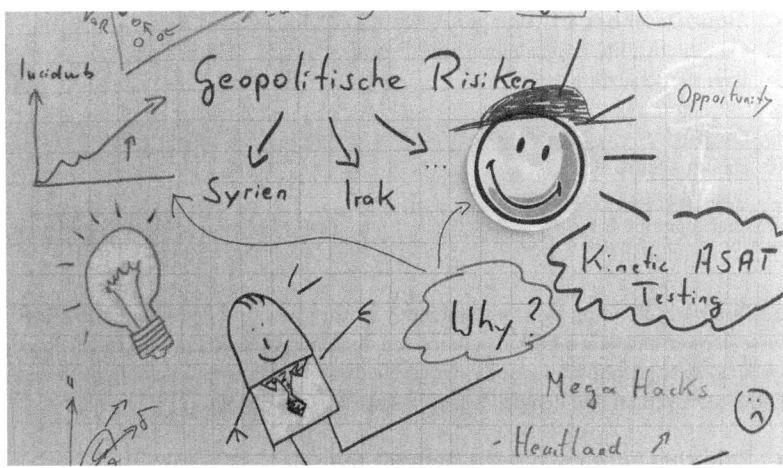

◘ Abb. 3.19 Einsatz der World-Café-Methode im Rahmen einer Risikoanalyse. (Quelle: Seminarunterlagen RiskNET GmbH)

3. Nachbereitungsphase: Nach der Diskussionsrunde werden die Ergebnisse (die Tischdecken) als Galerie ausgehängt. Auch eine Zusammenfassung der Ergebnisse sowie eine Priorisierung können sinnvoll sein.

Hoffmann (2012, S. 87–88) erläutert den Einsatz eines World-Cafés, um Indikatoren und risikopolitische Maßnahmen für vorab spezifizierte Risikoursachen zu diskutieren und zu erarbeiten. Für 15 teilnehmende Unternehmen wurden vier Tische gebildet. Jede der vier Diskussionsrunden dauerte 30 min, wobei die Teilnehmer nach einer Runde an einen anderen Tisch wechselten. Im Anschluss an das World-Café wurden die Ergebnisse durch die Vergabe von Punkten gewichtet.

Saint-Marc et al. (2016, S. 5) beschreiben den Einsatz des World-Cafés für die Risikoabschätzung im Eisenbahnwesen. Dabei wurden vorab Komponentenbäume für unterschiedliche Teilsysteme im Eisenbahnwesen an den verschiedenen Tischen verteilt, sodass an jedem Tisch über eine andere Domäne diskutiert wurde. Die Ergebnisse wurden unmittelbar in die Baumstrukturen eingetragen.

- **Phase**
- ☒ Risikoidentifikation
- ☐ Risikoanalyse
- ☐ Risikobewertung
- ☒ Risikosteuerung

- **Input/Datenbedarf**
  ☐ Quantitative/historische/empirische Daten
  ☒ Expertenschätzung

- **Output**
  ☒ eher qualitativ
  ☐ qualitativ und quantitativ
  ☐ eher quantitativ
  ☐ rein quantitativ

Beschreibung des Outputs: Der Output des World-Cafés sind dokumentierte Ergebnisse der verschiedenen Diskussionsrunden an den einzelnen Tischen. In der Regel ist der Output nicht (zwangsläufig) vorgegeben-strukturiert, sondern hängt von dem Diskussionsverlauf und den dabei gewonnenen Ergebnissen ab.

- **Zeitlicher Aufwand für den Methodeneinsatz**
  ☐ niedrig
  ☒ mittel
  ☐ hoch

Begründung: Der Aufwand für Vorbereitung, Durchführung und Nachbereitung ist (relativ) hoch. Zeitlich wird ein World-Café die Dauer eines Tages nicht überschreiten.

- **Personeller Aufwand (Qualifikation etc.) für den Methodeneinsatz**
  ☐ niedrig
  ☒ mittel
  ☐ hoch

Begründung: Die Methode eignet sich vor allem für mittlere bis große Gruppengrößen. Evers spricht dabei von mittleren Gruppengrößen bei 20 bis 30 Teilnehmern und von großen Gruppen bei mehr Teilnehmern (vgl. Evers 2012, S. 18). Dementsprechend ist der Aufwand für Vorbereitung, Durchführung und Nachbereitung (relativ) hoch. Andererseits erfordert die Durchführung eines World Cafés keine besonderen fachlichen Qualifikationen.

- **Reifegrad des zugrundeliegenden Risikomanagements**
  ☒ Initial
  ☒ Basic
  ☒ Evolved
  ☒ Advanced
  ☒ Leading

Tab. 3.31 Stärken und Grenzen des World Café

Stärken	Grenzen
– Durch eine in der Regel interdisziplinäre Zusammenarbeit (in einer eher ungezwungenen Atmosphäre) wird die Sicht der Teilnehmer erweitern („Blick über den eigenen Tellerrand"). – Bezieht quantitative und qualitative Einschätzungen in die Analyse ein. – Fördert das Denken in Alternativen. – Kann und sollte in der Praxis mit anderen Methoden kombiniert werden (beispielsweise Brainstorming).	– Durch die Auswahl der Teilnehmer erfolgt eine Einflussnahme auf das Ergebnis. – Ergebnisse sind stark abhängig von der „Qualität" des Moderators. – Kein Standard bei der Dokumentation der Ergebnisse. Damit ist die Vergleichbarkeit oder auch das Zusammenführen unterschiedlicher World-Café-Ergebnisse nicht trivial. – Qualität der World-Café-Ergebnisse ist abhängig von der Kompetenz, Vorstellungskraft, Kreativität, Teamfähigkeit, Kommunikationsfähigkeit und dem Enthusiasmus der Teilnehmer. – Ergebnisse sind nicht wertfrei. – Die Teilnehmer beeinflussen sich gegenseitig (Groupthink).

- **Gesamtbewertung/Eignung für das Risikomanagement**
- ☐ sehr gut
- ☒ gut
- ☐ weniger geeignet

Die wesentlichen Stärken und Grenzen des World Café sind in ◘ Tab. 3.31 zusammengefasst.

3.6.10 Business Wargaming

- **Einsatzzweck**

Betrachtet man Wargaming in einem sehr allgemeinen Verständnis, so ist es vermutlich eine der ältesten Simulationsmethoden überhaupt, denn Wargames haben eine mehrtausendjährige Geschichte. Als eines der ersten Wargames wird von Peter P. Perla, einem der führenden Wargame-Experten der Vereinigten Staaten, das Spiel Wie-Hai genannt (vgl. Oriesek und Schwarz 2009; Romeike und Spitzner 2013, S. 134). Dabei handelt es sich um ein etwa 5000 Jahre altes, durch den chinesischen General, Militärstrategen und Philosophen Sun Zi (auch Sūnzĭ, Sun Tsu, Sun Tzu, Sun Tse, Ssun-ds', * 544 v. Chr.; † um 496 v. Chr.) entwickeltes Spiel, in dem es darum ging, als erster den Spielgegner zu umzingeln.

Ein Business Wargame ist dadurch charakterisiert, dass mehrere Parteien gegeneinander antreten. Jede dieser Spielparteien hat einen eigenen Spielauftrag bzw. ein Spielziel, welches es zu erreichen gilt. Das wird jedoch dadurch erschwert, dass die Aktionen und Reaktionen der Spielgegner der eigenen Strategie und den daraus entwickelten Spielzügen entgegenstehen. Folglich sind diese mit in Betracht zu ziehen, um in solch einem Spiel erfolgreich zu sein.

Die Grenzen zu einem Rollenspiel (am Wargame sind mehrere Spielparteien beteiligt), zur Szenarioanalyse (es wird eine bestimmte Situation unter gegebenen Rahmenbedingungen untersucht) oder auch zu einem (Risikomanagement-)Planspiel (beispielsweise verstanden als Lernmethode, Zusammenhänge zu erkennen) sind fließend.

- **Beschreibung**

Ein Wargaming kann sowohl rein qualitativ als auch quantitativ sein. Im letzteren Fall kommt heutzutage meist ein Computermodell zum Einsatz, welches die quantitativen Ergebnisse berechnet. In historischen Wargames erfolgte die Ermittlung der quantitativen Ergebnisse noch von Hand, häufig unter Verwendung von umfangreichen Berechnungsschritten und -tabellen. Die Unterschiede sind in ◘ Tab. 3.32 skizziert. ◘ Abb. 3.20 zeigt den grundsätzlichen Ablauf eines Business Wargames.

Es soll der Markteintritt eines asiatischen Unternehmens auf dem europäischen Markt mithilfe eines Wargames vorbereitet werden (das Beispiel basiert auf Romeike und Spitzner 2013, S. 136). Konkret geht es für das asiatische Unternehmen darum, einen neuen Absatzmarkt zu erschließen, der bisher von einem europäischen Unternehmen dominiert wird. Dazu ist es notwendig, die relevanten Marktteilnehmer im Wargame zu berücksichtigen. Neben dem asiatischen Unternehmen, im Wargame mit „Wir" bezeichnet, sind vor allem der heimische Marktführer, der „Platzhirsch", sowie die Kunden im Zielmarkt zu berücksichtigen. Da das asiatische Unternehmen aktuell nicht plant, eine neue Produktionsstätte im Zielmarkt zu eröffnen, kann auf die Berücksichtigung von Lieferanten verzichtet werden. Allerdings hat der Zielmarkt als Besonderheit, stark reguliert zu sein, was zur Folge hat, dass ein Spielteam die Rolle des Regulierers, im Wargame als „Behörde" bezeichnet, übernimmt. Darüber hinaus ist es in der Praxis sinnvoll, ein weiteres Team zu berücksichtigen, welches die Rolle eines kreativen Wettbewerbers (Marktteilnehmer, der durch **„disruptive Innovation"** die Marktbalancen verändert), „Mr. X", übernimmt. Die Aufgabe dieses Teams besteht vor allem darin, mit unkonventionellen Ideen den Markt aufzumischen. Vervollständigt wird das ganze Setup noch durch einen Spielleiter, der die Einhaltung der Regeln überwacht und ggf. in den Spielablauf eingreift (vgl. ◘ Abb. 3.21).

3.6 · Kreativitätsmethoden

Tab. 3.32 Qualitatives versus quantitatives Wargame

Qualitatives Wargaming	Quantitatives Wargaming
• Auf die Erstellung eines quantitativen Modells wird verzichtet	• Kern des Wargames ist ein quantitatives Modell
• Die Spielzüge der einzelnen Stakeholder (Spielparteien) werden intensiv diskutiert	• Das Modell ist realitätsnah zu gestalten
• Gespielt werden i.d.R. 2-3 Runden im Rahmen eines Workshops	• Im Vorfeld des Wargames sind die Teilnehmer ebenfalls auf ihre Rolle vorzubereiten
• Im Vorfeld werden die Teilnehmer auf ihre Rolle vorbereitet	• I.d.R. bietet sich ein „Probelauf" des Modells an
• Das Wargame benötigt aktive Mitarbeit sowie Diskussionen bzw. offenes Feedback im Plenum	• Entscheidend für gute Ergebnisse ist die Akzeptanz des Modells durch die Teilnehmer

Vorbereitung	Durchführung	Auswertung

• Ziele festlegen, welche Fragen sollen beantwortet werden (Management einbinden!)
• Informationen (Wettbewerber, Kunden, Trends, Regulierung, usw.) beschaffen
• Ggf. Modell entwickeln (Fokus: Fragestellung!)
• Spielregeln entwickeln
• Testlauf in kleiner Runde
	• Teilnehmer auf ihre Rolle im Wargame vorbereiten
	• Rundenbasiertes Spiel durchführen:
	  – Relevante Teams treten gegeneinander an
	  – Überlegungen/Spielzüge protokollieren
	  – Spielregeln einhalten
		• Ausführliche Auswertung erstellen und Erkenntnisse zusammenfassen
		• Handlungsempfehlung in Hinblick auf das festgelegte Ziel erarbeiten

Abb. 3.20 Ablauf eines Business Wargames. (Quelle: Seminarunterlagen RiskNET GmbH)

Im Wargame werden nun mehrere Runden gespielt. In jeder Runde ist es die Aufgabe der Teams, in der jeweils aktuellen Marktsituation unternehmerische Entscheidungen zu treffen, beispielsweise zu Preisen, Qualität, Servicekonditionen oder ähnlichem. Potenzielle Einflussfaktoren sind in **Abb. 3.22** skizziert.

Welche Entscheidungen konkret zu treffen sind, hängt von der zu untersuchenden Fragestellung und dem darauf aufbauenden Design des Wargames ab. Haben alle Teams ihren Spielzug beendet, so werden die Spielzüge in einem Marktmodell konsolidiert

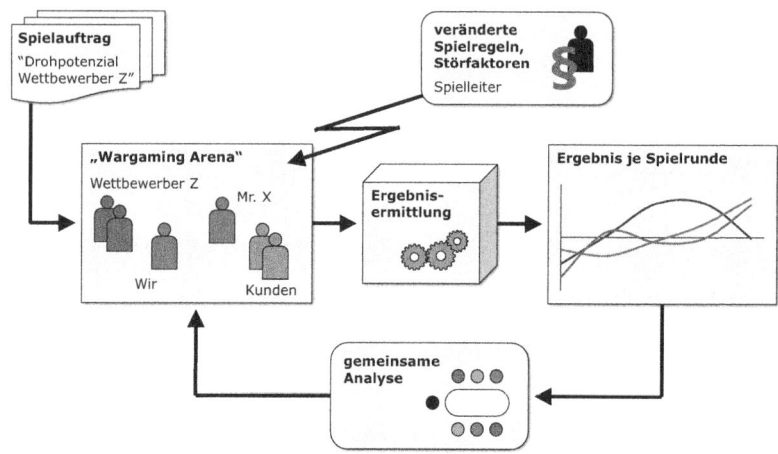

◘ Abb. 3.21 Teilnehmer und Aufbau eines Business Wargames. (Quelle: Romeike und Spitzner 2013, S. 138)

und die Rundenergebnisse berechnet. Anschließend geht es mit einer neuen Marktsituation in die nächste Spielrunde. In regelmäßigen Abständen, das kann nach jeder Runde, aber auch nach einer bestimmten Anzahl an Runden sein, werden die Spielzüge und dahinter liegenden Strategien der einzelnen Stakeholderteams offengelegt und gemeinsam diskutiert. Damit wird erreicht, dass alle Teilnehmer ein Verständnis zu den Marktmechanismen entwickeln, was schließlich ein Ziel des Wargames ist.

Das Besondere am Wargaming ist, dass hier die Simulation einen spielerischen Charakter hat (vgl. Romeike und Spitzner 2013, S. 138). Gleichzeitig erlaubt ein Wargame jedoch den Teilnehmern, ihre Emotionen und Neigungen mit einzubringen und die Entscheidungen zu erleben. Dies führt in aller Regel zu einer stärkeren Identifikation mit der einzunehmenden Rolle, was sich dann auch in der Qualität der Ergebnisse widerspiegelt. Das aktive Spielen und Erleben ist auch ein wesentliches Unterscheidungsmerkmal des Wargamings im Vergleich zu anderen Simulationsmethoden.

In ◘ Abb. 3.23 ist die Spielfläche eines Risikomanagement-Planspiels (Reise zum Mars im Jahr 2108) wiedergegeben. Die Basis des Planspiels bilden Ereignis- und Konsequenzkarten, die aufeinander aufbauen und (teilweise zeitverzögert) miteinander verbunden sind. Der Zweck der Simulation „MetaMarsExpress" ist es, strategisches Denken und das Verhalten für effektives Chancen- und Risikomanagement zu erleben und zu trainieren. Simulationen sind eine sehr effektive Art des Lernens, wie das Beispiel der Luftfahrt zeigt. So werden durch Simulationen in der Pilotenausbildung aber auch in der Flugzeugentwicklung sowohl die Chancen gesteigert als auch die Risiken deutlich reduziert. Die Teilnehmer lernen, mit

3.6 · Kreativitätsmethoden

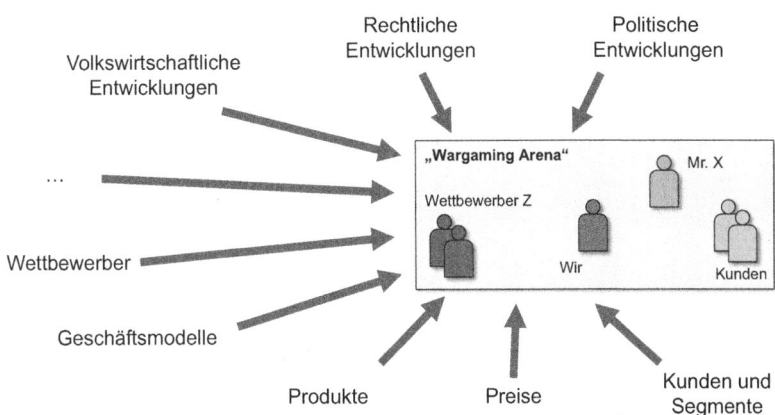

◘ Abb. 3.22 Potenzielle Einflussfaktoren in einem Wargame. (Quelle: Seminarunterlagen Risk-NET GmbH)

Risiken und Herausforderungen anders umzugehen, als es das „normale" Verhaltensmuster vorgibt. Sie lernen, durch Routine mit komplexen, nicht linearen Situationen umzugehen und Fehlerquellen zu vermeiden.
Bei der Simulation „MetaMarsExpress" wird das Ziel verfolgt, möglichst keine Kostenüberschreitungen verbuchen zu müssen sowie am geplanten Tag auf dem Mars anzukommen. Beide Ziele haben einen direkten Einfluss auf die EBIT-Marge von MetaMarsExpress. Ergänzend wird das Ziel verfolgt, einen möglichst hohen Risikokulturindex (RKI) zu erzielen.

- **Phase**
☒ Risikoidentifikation
☒ Risikoanalyse
☒ Risikobewertung
☒ Risikosteuerung

- **Input/Datenbedarf**
☒ Quantitative/historische/empirische Daten
☒ Expertenschätzung

- **Output**
☐ eher qualitativ
☒ qualitativ und quantitativ
☐ eher quantitativ
☐ rein quantitativ

◘ **Abb. 3.23** Risikomanagement-Planspiel MetaMarsExpress. (Quelle: Schulungsunterlagen RiskNET GmbH)

3.6 · Kreativitätsmethoden

Beschreibung des Outputs: Der Verlauf eines Business Wargames ist nicht vorhersagbar, weil er durch die Aktionen und Reaktionen der einzelnen Spieler beeinflusst wird. Dieser Wesenszug eines Wargames erlaubt es jedoch in einer nachgelagerten Analyse, die Wirkungsmechanismen in der untersuchten Situation zu verstehen, zumindest dann, wenn die Spielteilnehmer ihre Rollen realitätsnah interpretieren. Und so liegt der Fokus eines Wargames auch in der Analyse von Spielzügen und Spielstrategien, die im Rahmen eines Wargames gemeinsam diskutiert werden.

- **Zeitlicher Aufwand für den Methodeneinsatz**
- ☐ niedrig
- ☒ mittel
- ☒ hoch

Begründung: Der Aufwand für Vorbereitung, Durchführung und Nachbereitung kann (relativ) hoch werden. Die Durchführung eines Business Wargames kann auch mehrere Tage dauern.

- **Personeller Aufwand (Qualifikation etc.) für den Methodeneinsatz**
- ☒ niedrig
- ☒ mittel
- ☒ hoch

Begründung: Der Spielleiter benötigt eine hohe Methodenkompetenz im Bereich Business Wargaming sowie Moderation. Für die Business-Wargame-Teilnehmer hingegen ist keine spezifische Methodenkompetenz erforderlich.

- **Reifegrad des zugrundeliegenden Risikomanagements**
- ☐ Initial
- ☐ Basic
- ☒ Evolved
- ☒ Advanced
- ☒ Leading

- **Gesamtbewertung/Eignung für das Risikomanagement**
- ☒ sehr gut
- ☐ gut
- ☐ weniger geeignet

Begründung: Business Wargames und Planspiele eignen sich nahezu perfekt zur Entwicklung/Weiterentwicklung einer adäquaten Risikokultur (vgl. ◘ Abb. 2.13), weil Business Wargames die Vorteile eines erlebnisorientierten Lernens nutzen (vgl. auch ◘ Tab. 3.33).

Tab. 3.33 Stärken und Grenzen von Business Wargames

Stärken	Grenzen
– Schafft tieferes Verständnis zu den Aktionen und Reaktionen der Marktteilnehmer. – Expliziert psychologisches Verhalten. – Erlaubt die Analyse und Entwicklung von Strategien im Wettbewerbskontext. – Generiert häufig neue Ideen. – Rundenbasiertes Vorgehen reduziert nichtrationale Verhaltensweisen. – Entscheidende Werttreiber, Handlungsmuster, Markteintrittsbarrieren etc. lassen sich erkennen. – Kulturelle Aspekte und Unterschiede werden transparent gemacht und führen zu einem „Blick über den Tellerrand". – Spielerische Elemente senken die Hemmschwelle, scheinbar unwahrscheinliche Risiken zu kommunizieren und erweitern damit die Suche nach Risiken (höhere Kreativität, Blick über den Tellerrand, Denken in Szenarien, breiterer Blick auf eine Organisation, Risiken werden nicht mehr als Fehler betrachtet etc.). – In der Konsequenz kann insgesamt eine höhere Risikokultur entwickelt werden.	– Ergebnisse sind nur Trendaussagen, sie stellen keine quantitativ belastbaren Größen dar. – Zu berücksichtigende Komplexität bedingt in der Regel einen hohen Zeitbedarf für Design und Vorbereitung. – Ergebnisse sind im Allgemeinen nicht garantierbar, weil ein Wargame von der „Tagesform" der Teilnehmer (Kompetenz, Vorstellungskraft, Kreativität, Teamfähigkeit, Kommunikationsfähigkeit, Enthusiasmus etc.) abhängig ist.

3.6.11 Deterministische Szenarioanalyse

- **Einsatzzweck**

Die (deterministische) Szenarioanalyse ist im betriebswirtschaftlichen Kontext und im Risikomanagement eine weit verbreitete Methode, die insbesondere im Bereich Strategie/Unternehmensentwicklung als Instrument der Entscheidungsvorbereitung und -unterstützung etabliert ist. Statt Szenarioanalyse wird auch der Begriff Szenariomanagement verwendet (vgl. Fink und Siebe 2016). Sie wird vorrangig bei zukunftsorientierten Fragestellungen eingesetzt, kann aber auch bei der Auswahl einer Alternative bei einer unmittelbar anstehenden Entscheidung wirkungsvoll unterstützen

3.6 · Kreativitätsmethoden

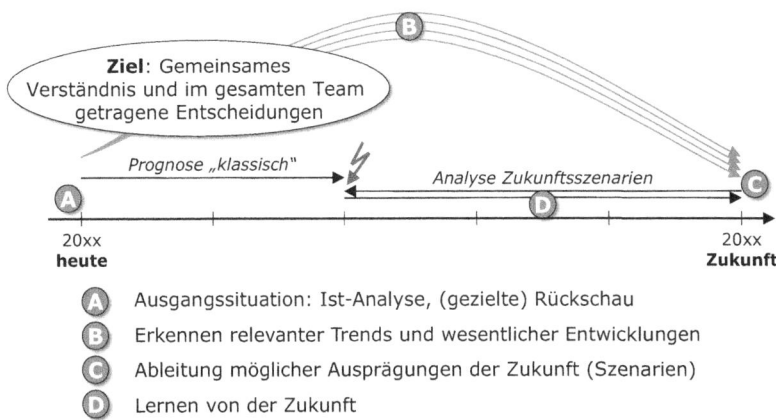

- Ⓐ Ausgangssituation: Ist-Analyse, (gezielte) Rückschau
- Ⓑ Erkennen relevanter Trends und wesentlicher Entwicklungen
- Ⓒ Ableitung möglicher Ausprägungen der Zukunft (Szenarien)
- Ⓓ Lernen von der Zukunft

◘ **Abb. 3.24** Formale Grundidee der (deterministischen) Szenarioanalyse. (Quelle: Seminarunterlagen RiskNET GmbH)

(vgl. ◘ Abb. 3.24). Szenarios werden häufig in Form eines Szenariotrichters dargestellt. Die Trichterform basiert darauf, dass die Unsicherheit zunimmt, je weiter potenzielle Szenarien in der Zukunft liegen. Die Grundidee ist, einen alternativen Zustand zu beschreiben und anhand dieser Beschreibung Konsequenzen auf eine zu untersuchende Fragestellung abzuleiten (vgl. Romeike und Spitzner 2013, S. 94). In aller Regel werden die so erhaltenen Kenntnisse verwendet, um darauf aufbauend zu konkreten Handlungsempfehlungen zu gelangen.

Die Szenarioanalyse wurde im Jahr 1967 von Herman Kahn und Anthony J. Wiener in die Wirtschaftswissenschaften eingeführt. Sie definieren Szenario als „a hypothetical sequence of events constructed for the purpose of focussing attention on causal processes and decision points." (vgl. Kahn und Wiener 1967, S. 6). Kahn und Wiener weiter „They answer two kinds of questions: (1) Precisely how might some hypothetical situation come about, step by step? and (2) What alternatives exist, for each actor, at each step, for preventing, diverting, or facilitating the process." (vgl. Kahn und Wiener 1967, S. 6). Kahn wollte (nach den Erfahrungen des Zweiten Weltkriegs) mithilfe von Szenarien eingetretene Denkpfade verlassen und unvorstellbare und undenkbare („think the unthinkable") Entwicklungen bei den Analysen berücksichtigen.

Für die Szenarioanalyse existieren je nach Methodenschule verschiedene Vorgehensmodelle (vgl. Götze 1993; von Reibnitz 1992), die jedoch alle den drei Hauptschritten Analysephase, Extrapolation und Szenariobildung sowie Auswertung und Transfer der Erkenntnisse folgen.

1. Fragestellung festlegen
2. Potenzielle Einflussfaktoren ermitteln
3. Einflussfaktoren analysieren und nach Relevanz priorisieren
4. Zu untersuchende Ausprägung der Einflussfaktoren festlegen
5. Szenarien durch Kombination der Ausprägungen der Einflussfaktoren bilden
6. Konsistenzanalyse und zu untersuchende Szenarien auswählen
7. Ausgewählte Szenarien detailliert (auch auf Umbrüche) untersuchen
8. Indikatoren und Handlungsoptionen bzw. -empfehlungen ableiten

◘ **Abb. 3.25** Berücksichtigung von Risiken im Planungsprozess. (Quelle: Romeike und Spitzner 2013, S. 95)

- **Beschreibung**

In ◘ Abb. 3.25 ist ein aus acht Schritten bestehendes Vorgehensmodell dargestellt.

Der **erste Schritt**, das Festlegen der zu untersuchenden Fragestellung, dient insbesondere zwei wichtigen Aspekten: Klarheit zu erlangen, was genau zu untersuchen ist, sowie dem gemeinsamen Verständnis darüber im Team (vgl. Romeike und Spitzner 2013, S. 95). Bei dem zweiten Aspekt geht es auch darum, eine gemeinsame Sprache zu finden, was in einem interdisziplinär oder sogar intersektoral zusammengesetzten Team nicht ganz einfach, aber sehr wichtig ist. Nur das gemeinsame Verständnis sichert, dass in der weiteren Analyse das Team in die gleiche Richtung arbeitet.

Einflussfaktoren beschreiben relevante Sachverhalte in Bezug auf die zu untersuchende Fragestellung (**zweiter Schritt**). Sie sind dadurch gekennzeichnet, dass sie veränderlich sind und diese Veränderung jeweils wichtig in Bezug auf die Fragestellung ist. Das Identifizieren von Einflussfaktoren beginnt häufig als interne Analyse unter dem Einsatz von Kreativitätstechniken. Gegebenenfalls können hier Strukturvorgaben – etwa nach den klassischen Perspektiven politisch, ökonomisch, sozial, technologisch, ökologisch (STEP-Analyse oder auch PEST-Analyse, englisches Akronym für Sociological, Technological, Economic and Political Change) – bei der Sammlung potenzieller Einflussfaktoren helfen (vgl. ◘ Abb. 3.26). Basierend auf diesen Ergebnissen helfen vertiefende Literaturrecherchen und Experteninterviews, die ermittelten Einflussfaktoren zu verifizieren und zu ergänzen. Im Ergebnis dieses Schrittes sollte zu den Einflussfaktoren ein gemeinsames Verständnis vorherrschen, Duplikate sollten

3.6 · Kreativitätsmethoden

ebenso wie Ober- und Unterbegriffe eliminiert sein. Um in der späteren Analyse Missdeutungen zu vermeiden, sind Einflussfaktoren wertfrei zu beschreiben.

Im **dritten Schritt** sind die Einflussfaktoren entsprechend ihrer Wichtigkeit in Bezug auf die Fragestellung zu priorisieren. Ziel ist es, sich in der weiteren Analyse auf die wichtigsten Einflussfaktoren zu konzentrieren. Als Faustregel sollten hiernach nicht mehr als 20 Einflussfaktoren übrig bleiben. Dadurch wird die Komplexität der weiteren Analyse reduziert. Ohne diese Priorisierung besteht die Gefahr, in die Komplexitätsfalle zu tappen und an der Analyse zu scheitern. Als Instrumente kommen hier die Einflussfaktorenanalyse, auch Vernetzungsmatrix oder Papiercomputer von Vester bzw. Vestersche Einflussmatrix genannt, oder auch eine Einfluss-Unsicherheitsanalyse zum Einsatz (vgl. ◘ Abb. 3.27). Zu beachten ist, dass bei diesem Schritt immer die Gefahr besteht, dass relevante Bereiche für die weitere Analyse eliminiert werden. Eine regelmäßige Kontrolle, ob hier versehentlich falsche Einflussfaktoren gestrichen worden, ist daher im weiteren Prozess unerlässlich.

Im **vierten Schritt** werden die als realistisch erscheinenden Ausprägungen je Einflussfaktor für die weitere Szenarioanalyse festgelegt. Quellen für diese Festlegung sind Studien, Experteninterviews, Extrapolationen, Gruppendiskussionen und Intuition.

Mögliche Szenarien werden anschließend in einem **fünften Schritt** durch Kombination verschiedener Ausprägungen der Einflussfaktoren gebildet. Für diese ist zu untersuchen, ob sie in sich möglichst konsistent sind, das heißt, ob die Ausprägungen der Einflussfaktoren sich nicht widersprechen. Dies kann mit einer paarweisen Analyse oder mithilfe einer Konsistenzmatrix erfolgen (**sechster Schritt**; vgl. hierzu ◘ Abb. 3.28). Aus den konsistenten Szenarien werden dann diejenigen ausgewählt, die im Folgenden detailliert zu untersuchen sind.

Die ausgewählten Szenarien werden in Hinblick auf die zu untersuchende Fragestellung analysiert und die sich aus ihnen ergebenden Konsequenzen abgeleitet. Oft ist es ratsam, Störereignisse wie beispielsweise externe Schocks oder Trendbrüche mit in diese Analyse aufzunehmen, um so ein Gefühl für die Sensitivität bzw. Stabilität der Szenarien zu erhalten (**siebter Schritt**). Änderungen im Ausmaß einer Katastrophe sollten bei dieser Sensitivitätsanalyse jedoch außen vor bleiben, weil mit ihnen häufig eine Veränderung des gesamten Gefüges verbunden ist, also die getroffenen Annahmen und berücksichtigten Wirkungszusammenhänge nicht mehr gelten. Basierend auf den Konsequenzen werden Handlungsoptionen gesammelt und diese ebenfalls auf ihren Einfluss hin untersucht. Ergebnis sind dann konkrete Handlungsempfehlungen für die untersuchte Fragestellung (**achter Schritt**). Insbesondere für negative Szenarien ist es zudem ratsam, Indikatoren zu identifizieren, die den Eintritt des Szenarios ankündigen. All diese Ergebnisse werden in einem sogenannten Szenario-Steckbrief zusammengefasst.

Szenarioanalysen sind dadurch gekennzeichnet, dass sie bildhafte Darstellungen einer alternativen Situation vermitteln. Diese Bilder werden in einem strukturierten Prozess erarbeitet, der zum Verständnis des Sachverhalts beiträgt. Dabei können qua-

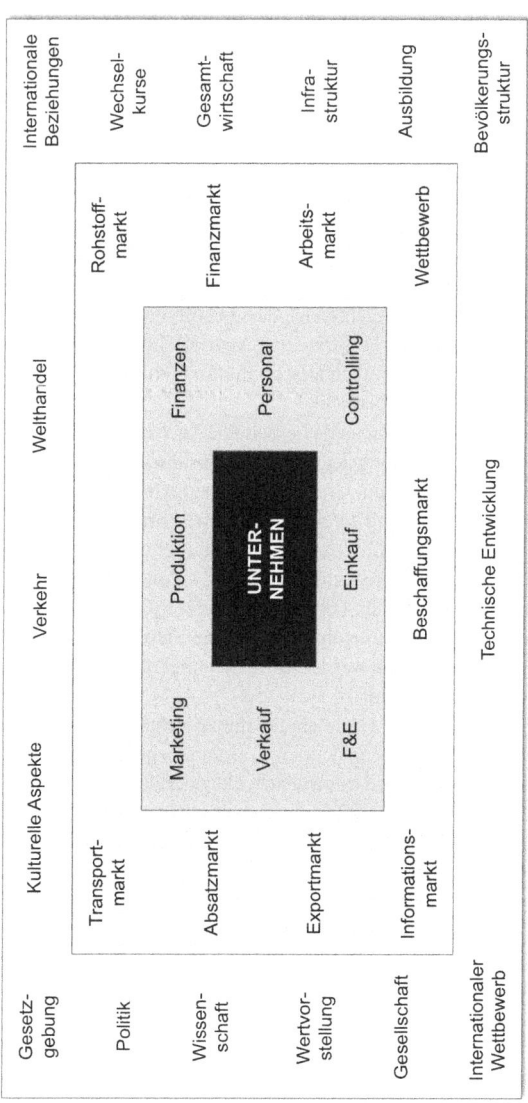

Abb. 3.26 Strukturierungshilfe für die Identifikation von Einflussfaktoren. (Quelle: eigene Darstellung in Anlehnung an von Reibnitz 1992)

3.6 · Kreativitätsmethoden

von \ auf	EF 1	EF 2	EF 3	EF 4	EF 5	AS
EF 1	--	2	1	2	3	8
EF 2	0	--	1	0	2	3
EF 3	3	3	--	1	1	8
EF 4	2	1	0	--	3	6
EF 5	1	0	2	1	--	4
PS	6	6	4	4	9	29

- Kritischer EF
- Sollte betrachtet werden

- Aktiver EF, stellt i.d.R. wirksamen Hebel dar
- Sollte betrachtet werden

- Reaktiver EF, ist i.d.R. guter Indikator
- Kann ggf. vernachlässigt werden

- Träger EF
- Kann i.d.R. vernachlässigt werden

Übertragen der Einflussfaktoren in eine Matrix, bei der die unterteilenden Geraden gegeben sind durch:
$\sum$ AS / Anz EF (= $\sum$ PS / Anz EF)

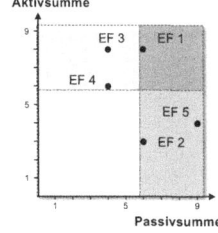

□ **Abb. 3.27** Einflussfaktorenanalyse in der Praxis. (Quelle: Seminarunterlagen RiskNET GmbH)

litatives Wissen und Annahmen mit quantitativen Fakten und Prognosen kombiniert werden, sodass sich allein daraus ein breites Anwendungsspektrum dieser Simulationsmethode ergibt. Szenarioanalysen finden sich in betriebswirtschaftlichen Fragen ebenso wie in volkswirtschaftlichen Untersuchungen, politischen Analysen, technischen Fragestellungen oder im militärischen Umfeld, nur um einige Einsatzgebiete zu nennen (vgl. Romeike und Spitzner 2013, S. 97 ff.; Weber et al. 2005, S. 36 ff. für ein konkretes Anwendungsbeispiel).

Konkrete Anwendungen dieser flexiblen Simulationsmethode im betriebswirtschaftlichen Kontext sind beispielsweise:

- Analyse alternativer bzw. zukünftiger Zustände. Hierbei geht es darum, mögliche Entwicklungen zu identifizieren, die dahinter stehenden Annahmen zu explizieren und besonders relevante Entwicklungen zu erkennen. Auswirkungen externer und interner Einflüsse werden analysiert. Darüber hinaus werden in diesem Prozess häufig auch Unsicherheiten, Wissenslücken und Dilemmata aufgedeckt, die im Rahmen der Entscheidungsfindung zu berücksichtigen sind.
- Zielbildung und Entscheidungsunterstützung. Existieren lediglich vage Zielvorstellungen, können diese mithilfe der Szenarioanalyse konkretisiert werden. Im Fokus der Analyse stehen Fragen wie: „Wohin soll es gehen?", „Was

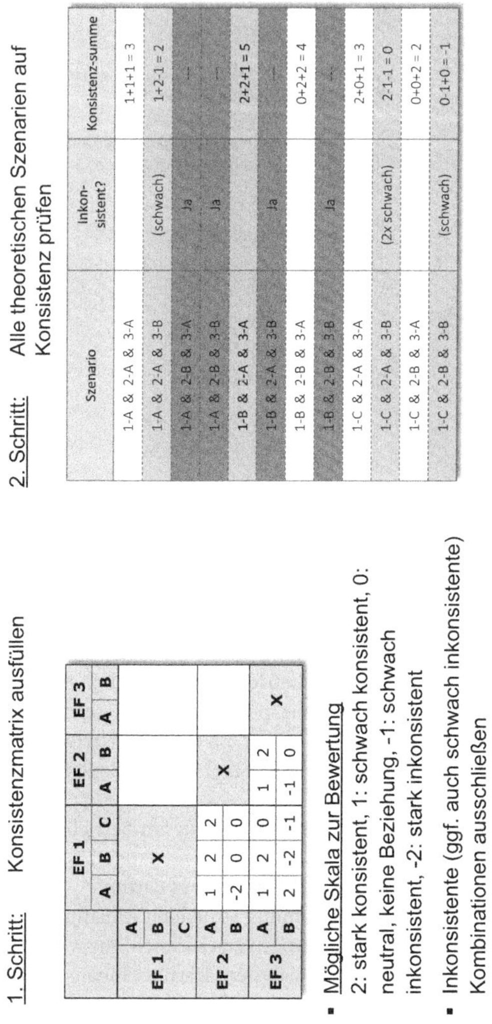

1. Schritt: Konsistenzmatrix ausfüllen

		EF 1			EF 2		EF 3	
		A	B	C	A	B	A	B
EF 1	A		X					
	B							
	C							
EF 2	A	1	2	2		X		
	B	-2	0	0				
EF 3	A	1	2	0	1	2		
	B	2	-2	-1	-1	0		X

- Mögliche Skala zur Bewertung
  2: stark konsistent, 1: schwach konsistent, 0: neutral, keine Beziehung, -1: schwach inkonsistent, -2: stark inkonsistent
- Inkonsistente (ggf. auch schwach inkonsistente) Kombinationen ausschließen

2. Schritt: Alle theoretischen Szenarien auf Konsistenz prüfen

Szenario	Inkonsistent?	Konsistenz-summe
1-A & 2-A & 3-A		1+1+1 = 3
1-A & 2-A & 3-B	(schwach)	1+2-1 = 2
1-A & 2-B & 3-A	Ja	---
1-A & 2-B & 3-B	Ja	---
1-B & 2-A & 3-A		2+2+1 = 5
1-B & 2-A & 3-B	Ja	---
1-B & 2-B & 3-A		0+2+2 = 4
1-B & 2-B & 3-B	Ja	---
1-C & 2-A & 3-A		2+0+1 = 3
1-C & 2-A & 3-B	(2x schwach)	2-1-1 = 0
1-C & 2-B & 3-A		0+0+2 = 2
1-C & 2-B & 3-B	(schwach)	0-1+0 = -1

Abb. 3.28 Konsistenzprüfung mittels Konsistenzmatrix. (Quelle: Seminarunterlagen RiskNET GmbH)

3.6 · Kreativitätsmethoden

soll konkret erreicht werden?", "Wie soll dieses Ziel geschafft werden?" Dazu sind in aller Regel alternative Handlungsoptionen zu entwickeln und zu bewerten, um Entscheidungsprozesse aktiv und wirkungsvoll zu unterstützen.
- Kommunikation von Sach- oder Problemlagen. Szenarien eignen sich auch hervorragend, einzelne Entscheider oder auch breite Bevölkerungsschichten über Themen und Problemlagen zu informieren (beispielsweise Auswirkungen der Digitalisierung auf die Gesellschaft oder Auswirkungen der Elektromobilität auf die Automobilindustrie etc.). Szenarien schaffen es durch ihre bildhafte und ggf. pointierte Darstellung eines möglichen Zustands, einen Sachverhalt greifbar und verständlich zu machen. Interne wie öffentliche Debatten lassen sich dadurch anreichern. Ausführungen und Erläuterungen können mithilfe von Szenarien konkret und bildlich anstelle von vage und abstrakt vermittelt werden.

Ein Beispiel für die konkrete Anwendung einer Szenarioanalyse hat Deutsche Bank Research mit der Studie „Deutschland im Jahr 2020" geliefert (vgl. Deutsche Bank Research 2007). Veröffentlicht wurde die ausführliche Studie im Jahr 2007 mit einem Zeithorizont von 13 Jahren (in das Jahr 2020). Daher ist heute ein „Backtesting" der Ergebnisse relativ einfach möglich.

- **Phase**
- ☒ Risikoidentifikation
- ☒ Risikoanalyse
- ☒ Risikobewertung
- ☒ Risikosteuerung

- **Input/Datenbedarf**
- ☒ Quantitative/historische/empirische Daten
- ☒ Expertenschätzung

- **Output**
- ☐ eher qualitativ
- ☒ qualitativ und quantitativ
- ☐ eher quantitativ
- ☐ rein quantitativ

Beschreibung des Outputs: Als Ergebnis der Szenarioanalyse werden konsistente Szenarien generiert, die in einem Szenario-Steckbrief im Detail beschrieben werden.

- **Zeitlicher Aufwand für den Methodeneinsatz**
- ☐ niedrig
- ☒ mittel
- ☒ hoch

Begründung: Je nach Fragestellung ist der Aufwand für die Durchführung einer Szenarioanalyse erheblich.

- **Personeller Aufwand (Qualifikation etc.) für den Methodeneinsatz**
- ☐ niedrig
- ☒ mittel
- ☒ hoch

- **Reifegrad des zugrundeliegenden Risikomanagements**
- ☐ Initial
- ☐ Basic
- ☒ Evolved
- ☒ Advanced
- ☒ Leading

Tab. 3.34 Stärken und Grenzen der Szenarioanalyse

Stärken	Grenzen
– Eine Szenarioanalyse erlaubt den Einbezug qualitativer Aspekte und quantitativer Daten in die Analyse, sie fördert das Denken in Alternativen. – Häufig werden durch die Betrachtung aus verschiedenen Perspektiven Zusammenhänge sichtbar, die auf den ersten Blick nicht offensichtlich sind, darüber hinaus erweitert die meist interdisziplinäre Zusammenarbeit die Sichtweise des Analyseteams. – Die Szenarioanalyse kann leicht mit weiteren Methoden der Erkenntnisgewinnung kombiniert werden, beispielsweise Prognosen, Umfragen oder Delphi-Verfahren. – Die Szenarioanalyse „zwingt" die Teilnehmer zu einem strukturierten Vorgehen bei der Analyse zukünftiger Szenarien. – Komplexität kann mithilfe der Einflussfaktorenanalyse sowie der Konsistenzmatrix reduziert werden.	– Erforderlich für den Einsatz der Szenarioanalyse ist die Fähigkeit komplex und vernetzt zu denken. – Die Qualität der Szenarien ist u. a. abhängig von Kompetenz, Vorstellungskraft, Kreativität, Teamfähigkeit, Kommunikationsfähigkeit oder Enthusiasmus der Teilnehmer der Szenarioanalyse; hierin liegen vielfältige Möglichkeiten für ein Scheitern. – Die Ergebnisse der Analyse sind (je nach Stärke der subjektiven Beeinflussung durch die Teilnehmer) nicht wertfrei und daher keine gesicherten Erkenntnisse, sie sind stets angreifbar. – Die Anwendung der Methode ist zeit- und arbeitsintensiv, damit in der Regel auch mit hohen Kosten verbunden.

3.6 · Kreativitätsmethoden

- **Gesamtbewertung/Eignung für das Risikomanagement**
- ☒ sehr gut
- ☐ gut
- ☐ weniger geeignet

Die wesentlichen Stärken und Grenzen der deterministischen Szenarioanalyse sind in
◘ Tab. 3.34 zusammengefasst.

3.6.12 Stochastische Szenarioanalyse (Monte-Carlo-Simulation)

- **Einsatzzweck**

Die stochastische Szenarioanalyse (auch als Monte-Carlo-Simulation bezeichnet) basiert auf der Idee, die Eingangsparameter einer Simulation als Zufallsgrößen zu betrachten. So können analytisch nicht oder nur aufwendig lösbare Probleme mithilfe der Wahrscheinlichkeitstheorie (die Teil der Stochastik ist, die Wahrscheinlichkeitstheorie und Statistik zusammenfasst) numerisch gelöst werden. Generell lassen sich zwei Problemgruppen unterscheiden, bei denen die stochastische Szenarioanalyse angewendet werden kann. Mit ihrer Hilfe können einerseits Problemstellungen deterministischer Natur, die eine eindeutige Lösung besitzen, bearbeitet werden. Auf der anderen Seite sind aber auch Fragen, die sich der Gruppe stochastischer Problemstellungen zuordnen lassen, für eine Monte-Carlo-Simulation ein geeignetes Anwendungsfeld (vgl. Romeike und Spitzner 2013, S. 104). Die Basis für die Simulation bildet eine sehr große Zahl gleichartiger Zufallsexperimente.

Aus einer betriebswirtschaftlichen Sicht können alle Fragen untersucht werden, die
- entweder aufgrund der Vielzahl ihrer Einflussgrößen nicht mehr exakt analysiert werden (können) und bei denen daher auf eine Stichprobe für die Analyse zurückgegriffen wird;
- oder bei denen die Eingangsparameter Zufallsgrößen sind (auch die Optimierung von Prozessen oder Entscheidungen bei nicht exakt bekannten Parametern gehören zu dieser Gruppe).

Die Anwendung der stochastischen Szenarioanalyse ist breit gefächert und reicht unter anderem von der Stabilitätsanalyse von Algorithmen und Systemen, der Aggregation von Einzelrisiken eines Unternehmens zu einem unternehmerischen Gesamtrisiko, der Vorhersage von Entwicklungen, die selbst durch zufällige Ereignisse beeinflusst werden (stochastische Prozesse), der Optimierung von Entscheidungen, die auf unsicheren Annahmen beruhen, bis zur Modellierung komplexer Prozesse (Wetter/Klima, Produktionsprozesse, Supply-Chain-Prozesse, Rekonstruktionsverfahren in der Nuklearmedizin) oder der Schätzung von Verteilungsparametern.

▪ Beschreibung

Die Entwicklung der Methode ist eng verbunden mit den Namen der beiden Mathematiker Stanislaw Ulam und John von Neumann. Sie sollen während ihrer Arbeit im Rahmen des Manhattan-Projekts am Los Alamos Scientific Laboratory diese Methode verwendet haben, um hochkomplexe physikalische Probleme numerisch mithilfe einer Simulation zu lösen (vgl. Hubbard 2007, S. 46). Der Anekdote nach wurde als Codename „Monte Carlo" verwendet. Die ersten wissenschaftlichen Publikationen zu diesem Verfahren erschienen Ende der 1940er-Jahre. Mit dem zur damaligen Zeit parallelen Aufkommen elektronischer Computer fand die Monte-Carlo-Simulation zunächst in der Wissenschaft, später auch in der Wirtschaft ihre Verbreitung. Heute ist die stochastische Simulation bzw. Monte-Carlo-Simulation eine etablierte Methode in vielen Themengebieten und zur Lösung vielfältiger Fragestellungen.

Die grundlegende Idee der stochastischen Simulation ist es, für zufällig gewählte Parameter über die entsprechenden Zusammenhänge (Ursache-Wirkungsgeflecht) die zugehörigen Ergebnis- oder Zielgrößen zu ermitteln (vgl. ◘ Abb. 3.29). Das zur Ermittlung der Zielgrößen verwendete Modell ist in der Regel deterministischer Natur, das heißt, mit dem Festlegen der Parameter sind die Zielgrößen eindeutig bestimmt. Allerdings sind die Zielgrößen durch den Zufallscharakter der Parameter im Prinzip wiederum zufällige Größen. Jedoch kann im Allgemeinen davon ausgegangen werden, dass eine hinreichend große Anzahl so ermittelter Zielgrößen einen guten Näherungswert für die tatsächlichen Werte dieser Zielgrößen darstellt (genau genommen sind nicht die tatsächlichen Werte, sondern die Erwartungswerte der Zielgrößen gemeint. Mathematisches Fundament dieses Vorgehens sind das Gesetz der großen Zahlen, der Fundamentalsatz der Statistik (= Satz von Gliwenko-Cantelli) sowie der zentrale Grenzwertsatz). Die Methode ist damit ein Stichprobenverfahren. Aufgrund der zufälligen Auswahl der Parameter hat sich für die Monte-Carlo-Simulation ebenfalls der Begriff der stochastischen Simulation bzw. stochastischen Szenarioanalyse etabliert.

Das Vorgehen bei einer Monte-Carlo-Simulation wurde von Metropolis und Ulam in einem Artikel beschrieben, der im Jahre 1949 im Journal of the American Statistical Association erschienen ist. Darin beschreiben beide Wissenschaftler das Vorgehen bei der Monte-Carlo-Methode durch zwei Schritte: „(1) production of ‚random' values with their frequency distribution equal to those which govern the change of each parameter, (2) calculation of the values of those parameters which are deterministic, i. e., obtained algebraically from the others." (vgl. Metropolis und Ulam 1949).

An diesem durch Metropolis und Ulam beschriebenen Vorgehen hat sich in den letzten 60 Jahren nicht viel geändert.

Aussagen darüber zu treffen, welcher Risikosituation ein Unternehmen in der Zukunft gegenübersteht und welche Auswirkungen dies auf den Unternehmenswert hat, erfordert eine zuverlässige Informationsbasis. Damit das Risikomanagement eines Unternehmens dazu beitragen kann, Krisenanfälligkeit und Bestandsbedrohung rechtzeitig zu erkennen, muss vor allem der Gesamtrisikoumfang bestimmt werden (vgl.

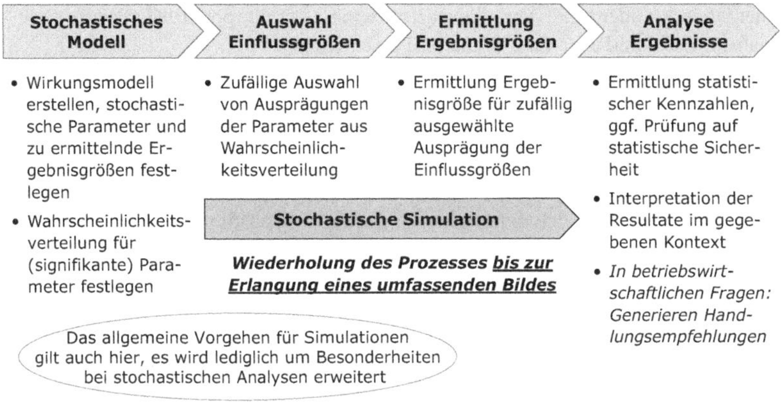

3.6 · Kreativitätsmethoden

Stochastisches Modell	Auswahl Einflussgrößen	Ermittlung Ergebnisgrößen	Analyse Ergebnisse
• Wirkungsmodell erstellen, stochastische Parameter und zu ermittelnde Ergebnisgrößen festlegen • Wahrscheinlichkeitsverteilung für (signifikante) Parameter festlegen	• Zufällige Auswahl von Ausprägungen der Parameter aus Wahrscheinlichkeitsverteilung	• Ermittlung Ergebnisgröße für zufällig ausgewählte Ausprägung der Einflussgrößen	• Ermittlung statistischer Kennzahlen, ggf. Prüfung auf statistische Sicherheit • Interpretation der Resultate im gegebenen Kontext • In betriebswirtschaftlichen Fragen: Generieren Handlungsempfehlungen

Stochastische Simulation

Wiederholung des Prozesses bis zur Erlangung eines umfassenden Bildes

Das allgemeine Vorgehen für Simulationen gilt auch hier, es wird lediglich um Besonderheiten bei stochastischen Analysen erweitert

◘ **Abb. 3.29** Grundsätzliches Vorgehen der Stochastischen Szenarioanalyse. (Quelle: Seminarunterlagen RiskNET GmbH)

Gleißner 2017; Romeike und Hager 2013; Romeike und Spitzner 2013, S. 305). Der aggregierte Risikoumfang sollte dann in einem nächsten Schritt mit der Risikotragfähigkeit des Unternehmens verglichen werden. Diese Vorgehensweise ist wichtig, weil Unternehmenskrisen und Insolvenzen regelmäßig nicht durch die (negativen) Wirkungen von Einzelrisiken ausgelöst werden, sondern durch die Kombinationseffekte von Risiken. Daher sollten Risiken und Risikokategorien nicht losgelöst voneinander erfasst und analysiert werden, weil Risiken durch positive und negative Rückkopplungen miteinander (teilweise komplex) verbunden sind und kumuliert auf die Risikotragfähigkeit eines Unternehmens wirken.

In diesem Kontext spielen vor allem Methoden der (stochastischen) Szenarioanalyse eine bedeutende Rolle. Durch ein Simulationsmodell wird es möglich, im definierten Realitätsausschnitt zu „experimentieren" und Auswirkungen verschiedener Parameteränderungen (Risiken) auf die definierten Zielgrößen (beispielsweise das Betriebsergebnis) zu analysieren. So können für ein Unternehmen beispielsweise bestimmte Stressszenarien im Detail analysiert werden und adäquate Steuerungsmaßnahmen initiiert werden.

Für die wesentlichen, das heißt die Erfolgspotenziale des Unternehmens bedrohenden Risiken ist eine präzise Quantifizierung erforderlich. Dabei sollte ein Risiko zunächst durch eine geeignete Verteilungsfunktion beschrieben werden. Die Beschreibung der Risiken mithilfe einer Verteilungsfunktion (beispielsweise Compoundverteilung, PERT-Verteilung, Dreiecksverteilung, Gleichverteilung, Normalverteilung, Weibullverteilung, Binomialverteilung, Poissonverteilung etc.) ist mit dem Vorteil verbunden, dass bei der Abschätzung der Parameter seriös mit der Unsicherheit der (in der Zukunft liegenden) Risiken umgegangen wird. Risiken werden über potenzielle Bandbreiten (bei einer Dreiecks- oder PERT-Verteilung beispielsweise mithilfe potenzieller Worst-Case-, Realistic-Case- und Best-Case-Szenarien) beschrieben.

Allgemein wird zwischen diskreten und stetigen Wahrscheinlichkeitsverteilungen unterschieden. Diskrete Verteilungen konzentrieren sich auf eine endliche oder abzählbare Menge. Demgegenüber erstrecken sich stetige (kontinuierliche) Verteilungen auf größere Bereiche, bei denen einzelne Punkte die Wahrscheinlichkeit 0 haben. Für ein Risiko, das beispielsweise mit einer Dreiecksverteilung beschrieben wurde, bedeutet dies, dass zwischen den definierten Worst-Case-, Realistic-Case- und Best-Case-Szenarien weitere Szenarien (automatisch) berücksichtigt werden.

Ein Risikoverantwortlicher aus dem Produktionsbereich schätzt das potenzielle Schadensausmaß nach einem Ausfall einer Maschinen wie folgt: „Worst-Case"-Szenario = 4,5 Mio. € (zwölf Stunden Betriebsunterbrechung); Realistic-Case-Szenario = 1,2 Mio. € (drei Stunden Betriebsunterbrechung); Best-Case-Szenario = 260.000 € (30 min Betriebsunterbrechung). Die Häufigkeit eines solchen Ereignisses bewertet er mit „zweimal im Jahr". Die Bewertung des potenziellen Schadensausmaßes könnte nun basierend auf einer PERT- oder Dreiecksverteilung erfolgen. Diese diskreten Verteilungsfunktionen berücksichtigen auch alle Szenarien zwischen „Worst Case", „Realistic Case" und „Best Case", also beispielsweise einen Schaden von 285.536 € oder 3.473.738 €. Die Häufigkeit könnte mit einer diskreten Poissonverteilung beschrieben werden. Die Unsicherheit würde in der Form berücksichtigt, dass neben dem Erwartungswert von „zweimal im Jahr" auch die Szenarien „einmal im Jahr", „Null mal im Jahr" oder auch beispielsweise „drei oder viermal im Jahr" und so weiter berücksichtigt würden. Die Verknüpfung dieser beiden Verteilungsfunktionen (also PERT- bzw. Dreiecksverteilung sowie Poissonverteilung) erfolgt dann mit einer Compoundfunktion.

Alle die Zufallsvariable betreffenden Wahrscheinlichkeiten lassen sich mithilfe einer univariaten oder multivariaten Verteilungsfunktion (Wahrscheinlichkeitsverteilung einer mehrdimensionalen Zufallsvariable) auswerten (eine Übersicht geeigneter Verteilungsfunktionen sind in Romeike und Spitzner 2013, S. 261 ff. sowie Walck 2007 zusammenfassend dargestellt).

Im Rahmen einer stochastischen Szenarioanalyse werden zunächst die Wirkungen der relevanten Einzelrisiken bestimmten Positionen, etwa der Plan-Gewinn-und-Verlust-Rechnung oder der Plan-Cashflow-Rechnung, zugeordnet. Beispielsweise wird sich eine ungeplante Erhöhung der Kupferpreise oder anderer Rohstoffpreise auf die Position „Materialaufwand" auswirken. Eine Voraussetzung für die Bestimmung des „Gesamtrisikoumfangs" mittels Risikoaggregation stellt die Zuordnung von Risiken zu Positionen der Unternehmensplanung dar. Dabei können Risiken beispielsweise als Schwankungsbreite um einen Planwert modelliert werden (beispielsweise +5 %/−2 % Absatzmengenschwankung) oder auch als ereignisorientierte Risiken (Häufigkeit sowie Schadensausmaß). Die in ◻ Abb. 3.30 beispielhaft aufgeführten Szenarien S_1 bis

3.6 · Kreativitätsmethoden

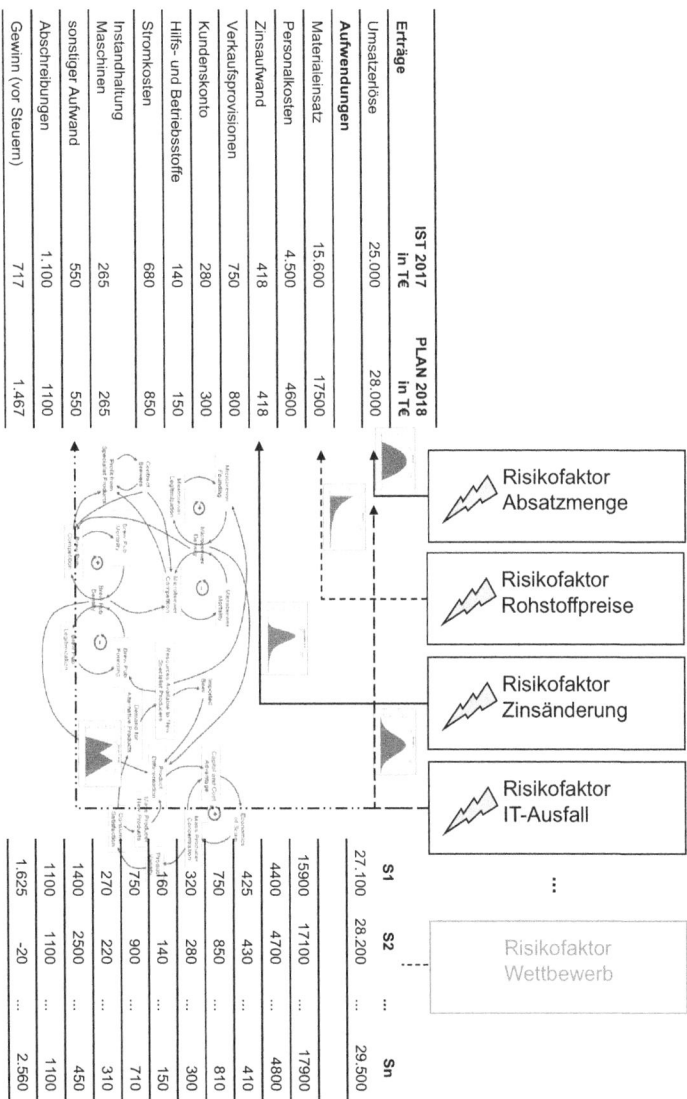

Erträge	IST 2017 in T€	PLAN 2018 in T€	S1	S2	...	Sn
Umsatzerlöse	25.000	28.000	27.100	28.200	...	29.500
Aufwendungen						
Materialeinsatz	15.600	17500	15900	17100	...	17900
Personalkosten	4.500	4600	4400	4700	...	4800
Zinsaufwand	418	418	425	430	...	410
Verkaufsprovisionen	750	800	750	850	...	810
Kundenskonto	280	300	320	280	...	300
Hilfs- und Betriebsstoffe	140	150	160	140	...	150
Stromkosten	680	850	750	900	...	710
Instandhaltung Maschinen	265	265	270	220	...	310
sonstiger Aufwand	550	550	1400	2500	...	450
Abschreibungen	1.100	1100	1100	1100	...	1100
Gewinn (vor Steuern)	717	1.467	1.625	-20	...	2.560

○ **Abb. 3.30** Berücksichtigung von Risiken im Planungsprozess. (Quelle: eigene Darstellung basierend auf Romeike und Spitzner 2013, S. 263)

S_n zeigen dabei die unterschiedlichen Zukunftspfade der Outputvariablen, basierend auf den modellierten Risiken (Inputfaktoren), auf.

Ein Blick auf die verschiedenen Szenarien der Simulationsläufe veranschaulicht, dass bei jedem Simulationslauf andere Kombinationen von Ausprägungen der Risiken resultieren. Damit erhält man in jedem Schritt einen simulierten Wert für die betrachtete Zielgröße (beispielsweise Gewinn oder Cashflow). Die Gesamtheit aller Simulationsläufe bzw. simulierten Gewinn- und Verlustrechnungen (oder Bilanzen oder Cashflow-Rechnungen) liefert eine „repräsentative Stichprobe" aller möglichen Risikoszenarien des Unternehmens. Aus den ermittelten Realisationen der Zielgröße ergeben sich aggregierte Wahrscheinlichkeitsverteilungen (Dichtefunktionen), die dann für weitere Analysen genutzt werden (vgl. ◘ Abb. 3.31 und 3.32).

Ein komplettes Umsetzungsbeispiel zur Risikoaggregation und zur Umsetzung einer Szenarioplanung (Bandbreitenplanung, Korridorplanung) finden Sie bei Romeike und Spitzner (2013, S. 265 ff.) sowie Romeike und Stallinger (2012).

- **Phase**
- ☒ Risikoidentifikation
- ☒ Risikoanalyse
- ☒ Risikobewertung
- ☒ Risikosteuerung

- **Input/Datenbedarf**
- ☒ Quantitative/historische/empirische Daten
- ☒ Expertenschätzung

- **Output**
- ☐ eher qualitativ
- ☐ qualitativ und quantitativ
- ☒ eher quantitativ
- ☐ rein quantitativ

Beschreibung des Outputs: Der Output einer stochastischen Simulation sind potenzielle Zukunftspfade, die aus der Kombination der Parameteränderungen der Inputgrößen, die mithilfe geeigneter Verteilungsfunktionen beschrieben wurden, resultieren. Bezogen auf das Risikomanagement liefert die Simulation eine „repräsentative Stichprobe" aller möglichen Risiko-Szenarien des Unternehmens.

- **Zeitlicher Aufwand für den Methodeneinsatz**
- ☐ niedrig
- ☒ mittel
- ☒ hoch

3.6 · Kreativitätsmethoden

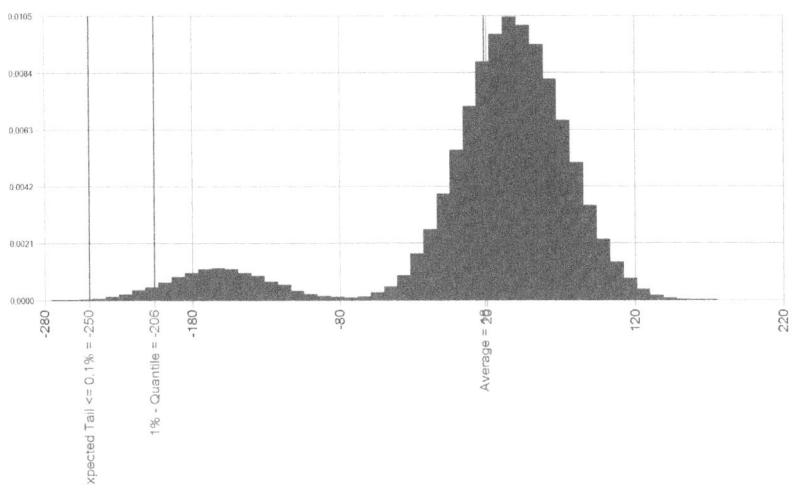

◘ **Abb. 3.31** Histogramm basierend auf 100.000 simulierten Szenarien. (Quelle: eigene Darstellung)

Begründung: Der Aufwand ist stark korreliert mit der Komplexität der Fragestellung. Einfache stochastische Modelle können mit entsprechenden Rapid-Prototyping-Werkzeugen sehr schnell erzeugt werden. Komplexe Fragestellungen hingegen erfordern einen hohen zeitlichen und fachlichen Aufwand.

- **Personeller Aufwand (Qualifikation etc.) für den Methodeneinsatz**
- ☐ niedrig
- ☒ mittel
- ☒ hoch

- **Reifegrad des zugrundeliegenden Risikomanagements**
- ☐ Initial
- ☐ Basic
- ☒ Evolved
- ☒ Advanced
- ☒ Leading

- **Gesamtbewertung/Eignung für das Risikomanagement**
- ☒ sehr gut
- ☐ gut
- ☐ weniger geeignet

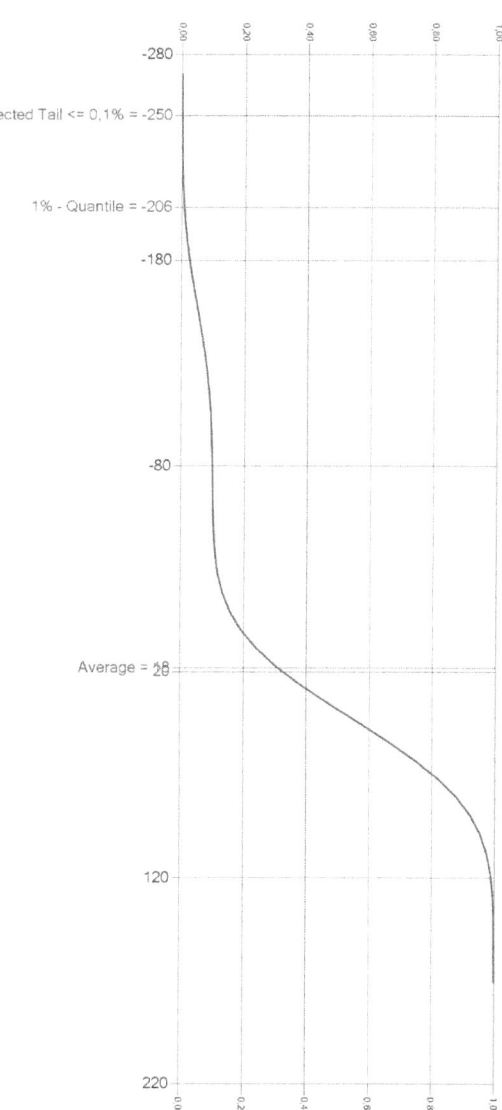

☐ **Abb. 3.32** Kumulierte Dichtfunktion (CDF, Cumulative Distribution Function) basierend auf 100.000 simulierten Szenarien. (Quelle: eigene Darstellung)

Tab. 3.35 Stärken und Grenzen der Stochastischen Simulation

Stärken	Grenzen
– Einfach anwendbare Berechnungsmethode zur Berücksichtigung von Unsicherheiten. – In der Regel deutlich höhere Transparenz und Erkenntnisse (etwa im Entscheidungsprozess) als in klassischen Verfahren. – Kann Volatilitätsclustering, Fat Tails, nichtlineare Exposures und Extremszenarios in der Risikoberechnung berücksichtigen – Bei vielen Fragestellungen (beispielsweise der Risikoaggregation) die einzige praktikable Methode. – Die Methode kann beliebige Verteilungen simulieren.	– Nicht selten sind Wahrscheinlichkeitsverteilungen und deren Parameter nur geschätzt (Expertenschätzungen), größere Fehler in diesen Schätzungen führen zu nicht validen oder sogar falschen Ergebnissen. – Die Qualität der Erkenntnisse ist abhängig von Güte der verwendeten Zufallszahlen (Pseudo-Zufallszahlen). – Die ggf. bereits hohe Komplexität eines der Monte-Carlo-Simulation zugrunde liegenden Modells impliziert auch eine hohe Rechenintensität.

Die wesentlichen Stärken und Grenzen der stochastischen Szenarioanalyse sind in
◘ Tab. 3.35 zusammengefasst.

3.6.13 Empirische Datenanalyse

▪ Einsatzzweck

Die empirische Datenanalyse untersucht historische Daten auf potenzielle Manipulationen oder unbeabsichtigte Fehler. Die empirische Datenanalyse zählt zu den „Data-Mining-Methoden", die der explorativen Datenanalyse zugeordnet werden können. Hierbei wird (beispielsweise im Kontext Risikomanagement) mithilfe numerischer und statistischer Verfahren das Ziel verfolgt, Muster bzw. Strukturen oder Besonderheiten in den Daten zu erkennen. Durch eine solche Analyse können beispielsweise gezielte oder unbeabsichtigte Manipulationen an Eingangsdaten empirisch nachgewiesen und Anwender so davor geschützt werden, solche fehlerbehafteten Daten weiter zu verwenden. Die empirische Datenanalyse trägt damit zu einer möglichst hohen Qualität der genutzten Daten bei.

Tab. 3.36 Empirische Verteilung von Ziffern nach folgender Wahrscheinlichkeit $\log 10(n + 1) - \log 10(n)$

Führende Ziffer	Wahrscheinlichkeit
1	30,1 %
2	17,6 %
3	12,5 %
4	9,7 %
5	7,9 %
6	6,7 %
7	5,8 %
8	5,1 %
9	4,6 %

- **Beschreibung**

Die quantitative und qualitative Datenanalyse wird heute vor allem in der angewandten Statistik angewendet. Die Methodik der Datenanalyse eignet sich beispielsweise
- zur Analyse von großen Stichproben,
- zur Objektivierung und Quantifizierung von statistischen Erhebungen,
- zum Testen von Hypothesen oder zur Überprüfung statistischer Zusammenhänge (beispielsweise Assoziationsanalyse oder Regressionsanalyse),
- zum Erkennen von Mustern und Strukturen in Daten (beispielsweise dichtebasierte Ausreißer-Erkennung oder Clusteranalyse) oder
- zum Vergleich von Daten bzw. empirischen Ergebnissen über die Zeit (beispielsweise Zeitreihenanalyse).

Als ein Anwendungsbeispiel untersucht die empirische Datenanalyse beispielsweise die Häufigkeit der Anfangsziffern von Datensätzen. Gemäß dem Benfordschen Gesetz (auch Newcomb-Benford's Law, NBL) sind die ersten Ziffern „natürlicher" Datensätze stets mit absteigender und immer gleicher Wahrscheinlichkeit verteilt. So treten beispielsweise Zahlen mit der Anfangsziffer 1 etwa 6,5-mal so häufig auf wie solche mit der Anfangsziffer 9. So tritt in etwa 30 % aller Fälle die 1 als führende Ziffer der einzelnen Daten auf. Absteigend verteilen sich die Leitziffern gemäß ◘ Abb. 3.33 bzw. ◘ Tab. 3.36. Ursprünglich entdeckt hat diese empirische Ziffernverteilung der Astronom und Mathematiker Simon Newcomb (* 1881; † 1909). Der Physiker Frank Ben-

3.6 · Kreativitätsmethoden

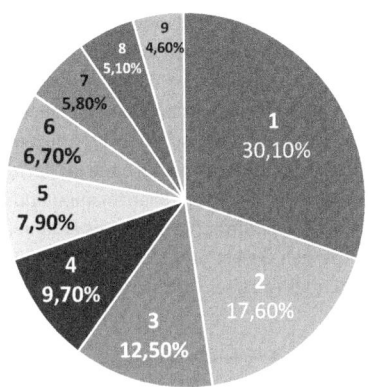

◘ **Abb. 3.33** Empirische Verteilung von Ziffern nach dem Benfordschen Gesetz. (Quelle: eigene Darstellung)

ford (* 1883; † 1948) entdeckte diese Gesetzmäßigkeit in den 1930er-Jahren wieder und veröffentlichte sie (vgl. Benford 1938).

Treten in einem untersuchten Datensatz deutlich abweichende Verteilungen der Leitziffern auf, so liegt der Verdacht nahe, dass der Datensatz manipuliert wurde oder fehlerbehaftet ist. Wird eine solche Verteilungsanomalie, meist computergestützt oder vollautomatisiert, ermittelt, werden die Daten einer genaueren manuellen Prüfung unterzogen um die vermeintliche „Datenverunreinigung" genauer zu beleuchten und ggf. zu korrigieren.

Bei der Anwendung des Benfordschen Gesetzes ist es wichtig, dass die Datensätze einer bestimmten Struktur folgen. Dies gilt vor allem dann, wenn die Mantissen der Logarithmen des Datensatzes in den Grenzen von 0 bis 1 gleichverteilt sind. In der Praxis gilt dies für viele Datensätze, vor allem wenn diese umfangreich sind und einigermaßen weit verteilt (dispergiert) sind. Umfangreiche und unabhängige Datensätze (vgl. ein Risiko- oder Versicherungsportfolio) folgen häufig einer Normalverteilung. Die Gesetzmäßigkeit des Benfordschen Gesetzes basiert auf den gleichverteilten Mantissen der Logarithmen der Zahlenwerte des Datensatzes. So gilt das Benfordsche Gesetz beispielsweise für Datensätze in Steuererklärungen, Buchhaltungssystemen etc. und wird dort auch in der Praxis (beispielsweise von Steuer- oder Wirtschaftsprüfern) angewendet.

Wie groß nun tatsächlich die Differenz zwischen der empirischen und der theoretisch zu erwartenden Verteilung sein muss, damit ein Verdacht auf Manipulation bestätigt und eventuell weiter verfolgt wird, kann in der Praxis mithilfe bekannter mathematisch-statistischer Anpassungstests (beispielsweise dem Chi-Quadrat-Test oder dem Kolmogorow-Smirnow-Test) analysiert werden.

Die Anwendung einer empirischen Datenanalyse ist beispielsweise zur Entdeckung/Analyse potenzieller Betrugsrisiken einsetzbar. So können etwa Daten aus dem Rechnungswesen auf Auffälligkeiten hin untersucht werden. Manipulationen können durch eine empirische Datenanalyse ganz konkret aufgedeckt werden und nach einer angeschlossenen manuellen Analyse entsprechend behoben werden. Finanzämter und Wirtschaftsprüfer nutzen bereits seit vielen Jahren die empirische Datenanalyse, um Unregelmäßigkeiten im Rechnungswesen zu identifizieren. So wurden beispielsweise die „kreativen" Bilanzmanipulationen der US-Konzerne Enron und Worldcom mithilfe des Benfordschen Gesetzes erkannt. Auch Marktpreise folgen in der Regel dem Benfordschen Gesetz und könnten daher für Unternehmen diverser Branchen ein Mehrwert stiftendes Analyseinstrument sein.

- **Phase**
- ☒ Risikoidentifikation
- ☒ Risikoanalyse
- ☐ Risikobewertung
- ☐ Risikosteuerung

- **Input/Datenbedarf**
- ☒ Quantitative/historische/empirische Daten
- ☐ Expertenschätzung

Beschreibung: Der Input muss eine möglichst große, und somit aussagekräftige, Datenbasis sein, welche aus „natürlichen Daten" besteht. Natürliche Daten sind hierbei vollständig randomisierte Zahlen, die nicht strukturell gewisse Leitziffern besitzen.

- **Output**
- ☐ eher qualitativ
- ☐ qualitativ und quantitativ
- ☒ eher quantitativ
- ☐ rein quantitativ

Beschreibung des Outputs: Der Output ist unmittelbar zunächst eine Verteilung der Leitziffern innerhalb des Datensatzes. Hieraus abgeleitet lässt sich oft ein Teilbereich der Daten isolieren, indem die Verteilung ungewöhnlich und vermutlich manipuliert ist. Dieser Teil kann als potenzielle Schwachstelle als qualitativer Output verstanden werden.

- **Zeitlicher Aufwand für den Methodeneinsatz**
- ☒ niedrig
- ☐ mittel
- ☐ hoch

3.6 · Kreativitätsmethoden

Begründung: In der Regel wird eine empirische Datenanalyse vollautomatisiert auf große Datensätze angewendet und bedarf somit, nach einer Implementierungsphase, keines weiteren Aufwandes.

- **Personeller Aufwand (Qualifikation etc.) für den Methodeneinsatz**
- ☒ niedrig
- ☐ mittel
- ☐ hoch

Begründung: Da die Verifikation zunächst vollständig computerbasiert erfolgt, wird kein Personal benötigt. Erst bei einer folgenden Tiefenanalyse wird die Expertise von qualifiziertem Personal benötigt.

- **Reifegrad des zugrundeliegenden Risikomanagements**
- ☐ Initial
- ☐ Basic
- ☐ Evolved
- ☒ Advanced
- ☐ Leading

Erläuterung: Die empirische Datenanalyse ist eine mittlerweile vielfach evaluierte und gut entwickelte Methode, die zum Standardprüfprozedere zahlreicher Akteure (etwa Wirtschaftsprüfer, Steuerfahnder oder Betrugsexperten) zählt.

- **Gesamtbewertung/Eignung für das Risikomanagement**
- ☒ sehr gut
- ☐ gut
- ☐ weniger geeignet

Tab. 3.37 Stärken und Schwächen der empirischen Datenanalyse

Stärken	Grenzen
– Kann schnell und einfach als „Routine-Plausibilitätscheck" umgesetzt werden. – Geringer Ressourceneinsatz.	– Nur für komplett zufällige, ganzzahlige, Datensätze plausibel anwendbar. – Ergebnis ist rein binär: „korrekt" oder „manipuliert". Daher ist im nächsten Schritt eine detaillierte (in der Regel manuelle) Analyse erforderlich.

Begründung: Die „Entdeckungswahrscheinlichkeit" des Verfahrens ist zwar gering, die Anwendung aber so einfach und problemlos, weil vollständig automatisiert, dass die Methode bei vielen Fragestellungen (etwa bei Compliance-Risiken) eingesetzt werden kann (vgl. auch ◘ Tab. 3.37).

3.6.14 System Dynamics

- **Einsatzzweck**

Die heute verwendeten Werkzeuge im Risikomanagement treffen immer häufiger auf Grenzen, weil sie mit der Komplexität der Strukturen und Prozesse der realen Welt nicht adäquat umgehen können. Bereits Anfang der 1950er-Jahre hatte daher Jay Wright Forrester an der Sloan School of Management des Massachusetts Institute of Technology „System Dynamics" (SD) als Methodik zur ganzheitlichen Analyse und (Modell-)Simulation komplexer und dynamischer Systeme entwickelt (vgl. Forrester 1961).

Ausschlaggebend für Forresters Analysen am Massachusetts Institute of Technology war eine Zusammenarbeit mit dem US-amerikanischen Konzern General Electric (der folgende Abschnitt basiert auf Romeike und Spitzner 2013, S. 124–134). Es fiel Forrester auf, dass ihm bei der Suche nach Gründen für die nicht optimale Auslastung eines Werkes sein Wissen als Ingenieur half. Die Situation von General Electric wurde in einem formalen Modell abgebildet und ihre zeitliche Entwicklung mithilfe eines Computers simuliert. Dabei kristallisierte sich neben den bekannten Geschäftszyklen die Struktur eines schwingenden, instabilen Systems heraus, bei dem trotz konstanter Auftragseingänge instabile Beschäftigungsverhältnisse als Konsequenz vorliegender „Policies" auftraten. Forrester veröffentlichte basierend auf diesen Erkenntnissen sein Werk „Industrial Dynamics" (vgl. Forrester 1961), in dem er formulierte: „Industrial Dynamics is the investigation of the information-feedback character of industrial systems and the use of models for the design of improved organizational form and guiding policy." (Forrester 1961, S. 13)

Ausgehend von der Erkenntnis, dass mithilfe dieser Methode sämtliche komplexen (beispielsweise sozialen) Systeme modelliert und diese Modelle anschließend simuliert werden können, lag es nahe, den speziellen Begriff „Industrial Dynamics" in den allgemeineren Ausdruck „System Dynamics" umzubenennen. System Dynamics war auch die grundlegende Methodik zur Simulation des Weltmodells World3, einer Studie zur Zukunft der Weltwirtschaft, die der Club of Rome in Auftrag gegeben hatte (vgl. Meadows et al. 1972).

Ausgangspunkt für die Entwicklung von System Dynamics bildete die wissenschaftliche Diskrepanz zwischen Ansätzen der klassischen Ökonometrie sowie einer ganzheitlichen Analyse und (Modell-)Simulation komplexer und dynamischer Systeme (vgl. Forrester 1961, 1971). System Dynamics ist daher als eine Methodik zur

3.6 · Kreativitätsmethoden

Modellierung, Simulation, Analyse und Gestaltung von dynamisch-komplexen Sachverhalten in sozioökonomischen Systemen zu verstehen. Dynamische und komplexe Systeme (wie eben auch Unternehmen) zeichnen sich unter anderem sowohl durch verzögerte Ursache-Wirkungs-Effekte als auch durch Rückkopplungsbeziehungen zwischen einzelnen Variablen aus. Klassische ökonometrische Modelle sind grundsätzlich stochastischer Art, weil zur Schätzung die Verfahren der schließenden (induktiven) Statistik angewendet werden. Nicht alle Variablen eines ökonometrischen Modells sind direkt beobachtbar (latente Variablen). Beobachtbar sind die exogenen (Input) und die endogenen (Output) Variablen.

System Dynamics beschäftigt sich mit dem Verhalten von gelenkten Systemen im Zeitablauf. Es verfolgt das Ziel, Systeme mithilfe qualitativer und quantitativer Modelle nicht nur zu beschreiben, sondern auch zu verstehen, wie Rückkopplungsstrukturen das Systemverhalten determinieren. Der Begriff System (aus dem Griechischen für „das Gebilde" und „das Verbundene") bezeichnet hierbei eine Gesamtheit von Elementen, die so aufeinander bezogen bzw. miteinander verbunden sind und in einer Weise in Wechselwirkung miteinander stehen, dass sie als eine aufgaben-, sinn- oder zweckgebundene Einheit angesehen werden können. Coyle definiert daher System Dynamics wie folgt: „System Dynamics deals with the time-dependent behavior of managed systems with the aim of describing the system and understanding, through qualitative and quantitative models, how information feedback structures and control policies through simulations and optimization." (Coyle 1996).

System Dynamics bildet komplexe Strukturen modellseitig ab und ermöglicht Entscheidern, die Beziehungen zwischen einzelnen Systemkomponenten besser zu identifizieren. System Dynamics unterstützt die Entwicklung formaler, mathematischer Modelle, um das Systemverhalten zu simulieren. Aufgrund der geschlossenen Struktur von System Dynamics sind in derartigen Modellen keine exogenen Variablen enthalten. Lediglich die Anfangswerte der Zustandsvariablen (Level) und die Parameter (Constants), als konstante Hilfsgrößen, werden exogen in das isolierte System vorgegeben. Dabei sind die Zustandsvariablen aufgrund der interdependenten Struktur tatsächlich endogen.

▪ Beschreibung

System Dynamics verfolgt das Ziel, das Verhalten eines komplexen Systems zu erklären. Um dieses Ziel zu erreichen, werden relevante Systemstrukturen grafisch und mathematisch modelliert. In einem System-Dynamics-Modell werden hierzu vier konstituierende Elemente dynamischer sozio-ökonomischer Systeme erfasst:

- Bestandsgrößen (Level, Stock): Bestandsgrößen sind Systemvariablen, die den aktuellen Zustand eines dynamischen Systems beschreiben, beispielsweise die aktuelle Risikosituation oder den aktuellen Lagerbestand.
- Kausale Feedbackbeziehungen (Feedback Loops): Hierbei wird zwischen positiven (Reinforcing Loops) und negativen (Balancing Loops) Polaritäten

unterschieden. Feedback ist die Rückführung von Informationen über den aktuellen Zustand eines Systems auf dessen Eingang. Die Interaktion von Feedbackbeziehungen regelt das Verhalten eines Systems.
- Wirkungsverzögerungen (Delay): Diese sind dadurch gekennzeichnet, dass Ursache und Wirkung zeitlich voneinander getrennt sind.
- Nichtlinearitäten (Nonlinearities): Die Besonderheit von System Dynamics liegt darin, dass auch Nichtlinearitäten berücksichtigt werden können. Ein System ist immer dann nichtlinear, wenn Anpassungen in der Ausbringungsmenge nicht proportional zu Änderungen in der Eingabemenge sind.

Um ein System Dynamics Modell zu definieren, wird nach einer grundsätzlichen Beschreibung des Modells in einem zweiten Schritt ein kausales Rückkopplungsdiagramm (Causal Loop Diagram, CLD) erstellt (vgl. ◘ Abb. 3.34), das die Abhängigkeiten visualisiert. In weiteren Schritten folgen die Konvertierung der Beschreibung in Bestandsgrößen- und Flussdiagramme (Stock and Flow Diagram, SFD). Die anschließende Simulation des Modells unterstützt das Entwerfen von alternativen „Policies" und Strukturen sowie die Diskussion dazu. So können geeignete „Policy"- und Strukturveränderungen identifiziert werden.

Bei der Entwicklung eines System-Dynamics-Modells ist es wichtig, dass das System von seinem Umfeld abgegrenzt werden muss. Es muss eine Systemgrenze definiert werden, die von der Fragestellung und vom Beobachtungsstandpunkt abhängt. Infolgedessen müssen innerhalb der Systemgrenze alle wichtigen Faktoren liegen, die das beobachtete Systemverhalten beeinflussen.

Spezielle Software-Lösungen wie CONSIDEO, iThink/STELLA, DYNAMO, Vensim oder Powersim unterstützen dabei den Anwender. Sie fokussieren auf eine Visualisierung in Flussdiagrammen. Die dahinter liegende Mathematik bleibt für den Anwender grundsätzlich erst einmal im Hintergrund: Die Relationen, die zwischen den Variablen herrschen, werden durch Gleichungen, meist Differenzen- oder Differentialgleichungen, ausgedrückt. Sie ermöglichen jedoch die anschließende Simulation der untersuchten Fragestellungen. Beides zusammen, Visualisierung und Simulation, ermöglicht ein tieferes Verständnis von komplexen Systemen sowie deren Ursache-Wirkungszusammenhänge.

Große Bekanntheit erreichte System Dynamics durch das World3-Modell. Das Modell analysiert die Wechselwirkungen zwischen Faktoren wie Bevölkerung, industriellem Wachstum, Nahrungsmittelproduktion und deren Einfluss auf mögliche Grenzen in Ökosystemen der Erde. Der Erkenntnisgewinn erfolgt durch systemdynamische Computersimulationen.

System Dynamics wird vor allem zur Modellierung komplexer und dynamischer Systeme eingesetzt. Die Methodik bietet die Möglichkeit, komplexe Ursache-Wir-

3.6 · Kreativitätsmethoden

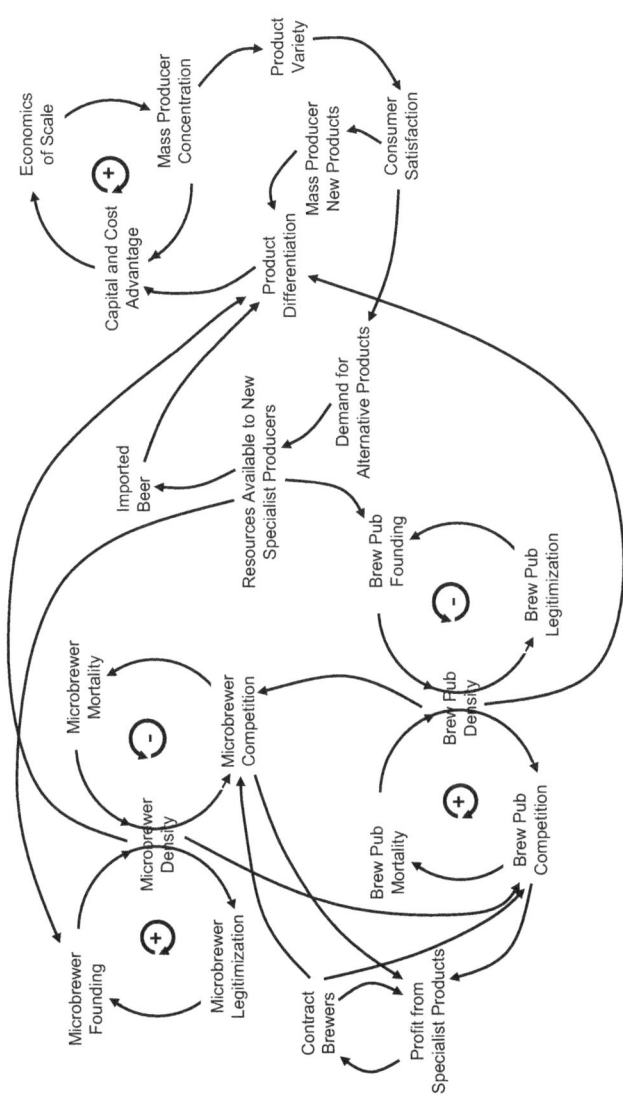

Abb. 3.34 Beispiel eines einfachen System-Dynamics-Modells. (Quelle: Sterman 1984)

kungsgeflechte granular abzubilden und anschließend zu analysieren. Die Auswirkungen singulärer Entscheidungen werden so häufig erst in ihrer umfänglichen Tragweite transparent und auch unter langfristigen Gesichtspunkten begründbar. So können System-Dynamics-Analysen dazu führen, dass ursprünglich für richtig befundene Entscheidungen und Entscheidungsregeln revidiert werden müssen, weil aus einer ganzheitlichen Systemanalyse zuvor unbedachte Effekte ersichtlich werden.

System Dynamics ist ein methodischer Ansatz, mit dessen Hilfe ein System ganzheitlich betrachtet wird. Daher liegt der Schwerpunkt von System Dynamics auf Analysen in einer nicht-atomistischen Sichtweise. Diese Metasicht wird häufig auch als Kritik gegenüber System Dynamics vorgebracht. Mit dieser Makroperspektive wird der Fokus der Analyse auf die ein System determinierenden Elemente und deren Interaktion gelenkt. Dahinter steckt die Logik, dass ein komplexes und dynamisches System nur dann verstanden werden kann, wenn die Komplexität möglichst adäquat abgebildet wird. Um die reale Komplexität erfassen zu können, bedarf es darüber hinaus einer nicht-linearen Art des Denkens.

Vor diesem Hintergrund sind typische Anwendungen im betriebswirtschaftlichen Kontext:

- Bevorstehende Entscheidungssituationen sind durch Rückkopplungen und zeitliche Verzögerungen gekennzeichnet. Deren Auswirkungen können mithilfe eines System-Dynamics-Ansatzes sichtbar gemacht werden. Mögliche Entscheidungsalternativen können daher analysiert und darauf aufbauend eine optimale Auswahl getroffen werden.
- Erklärungsmodelle von Systemverhalten. Um scheinbar überraschende Effekte zu erklären, wird System Dynamics in der Aus- und Weiterbildung eingesetzt. Hierzu werden Modelle eines Systems nachgebaut und mit einer Art spielerischen Erlebens werden die Konsequenzen von Entscheidungen transparent gemacht. Die Analyse der relevanten Systemkomponenten im Nachgang von simulierten Entscheidungssituationen zeigt die systemischen Wirkzusammenhänge auf. Beispiele derartiger Erklärungsmodelle sind Fish Banks (vgl. Whelan 1994) oder das Beer Game (vgl. Sterman 1984).

Weitere betriebswirtschaftliche Anwendungsgebiete sind Unternehmensentwicklung, Energieversorgung und -preisgestaltung und das Managementtraining. Darüber hinaus wird die Methodik auch erfolgreich zur Untersuchung auf Gebieten wie Medizin, Fischerei, Psychiatrie, Volkswirtschaften, städtischem Wachstum, Umweltverschmutzung, Bevölkerungswachstum sowie Pädagogik herangezogen (vgl. Romeike und Spitzner 2013, S. 131 ff.).

In ◨ Abb. 3.35 ist ein System-Dynamics-Diagramm dargestellt, das die Ursache-Wirkungsketten für ein Risikofrüherkennungssystem visualisiert. Durch die Identifikation der Risikotreiber und deren Wechselwirkungen wird die Risikolandschaft des Unternehmens ganzheitlich, transparent und damit nachvollziehbar dargestellt Auf Basis von „What-if"-Szenarien werden alternative Strategien und Handlungsoptionen zur Risikobewältigung simuliert und analysiert. Beispielsweise kann analysiert werden, welche Auswirkungen eine Veränderung des Wechselkurses oder von Rohstoffpreisen auf das Gesamtsystem haben. Das Ergebnis ist ein Risk-Management-Cockpit zur Simulation unterschiedlicher Szenarien (vgl. ◘ Abb. 3.36).

Ein weiteres und ausführliches Anwendungsbeispiel in der Planung von Softwareentwicklungsprojekten wird von Strohhecker und Größler (2013) bei Romeike und Spitzner (2013) beschrieben.

- **Phase**
- ☒ Risikoidentifikation
- ☒ Risikoanalyse
- ☒ Risikobewertung
- ☒ Risikosteuerung

- **Input/Datenbedarf**
- ☒ Quantitative/historische/empirische Daten
- ☒ Expertenschätzung

- **Output**
- ☐ eher qualitativ
- ☒ qualitativ und quantitativ
- ☐ eher quantitativ
- ☐ rein quantitativ

- **Zeitlicher Aufwand für den Methodeneinsatz**
- ☐ niedrig
- ☒ mittel
- ☒ hoch

Begründung: Der Aufwand ist stark korreliert mit der Komplexität der Fragestellung. Einfache System-Dynamics-Modelle können mit entsprechenden Werkzeugen sehr schnell erzeugt werden. Komplexe Fragestellungen hingegen erfordern einen hohen zeitlichen und fachlichen Aufwand.

- **Personeller Aufwand (Qualifikation etc.) für den Methodeneinsatz**
- ☐ niedrig
- ☒ mittel
- ☒ hoch

194 Kapitel 3 · Methoden und Werkzeuge im Risikomanagement

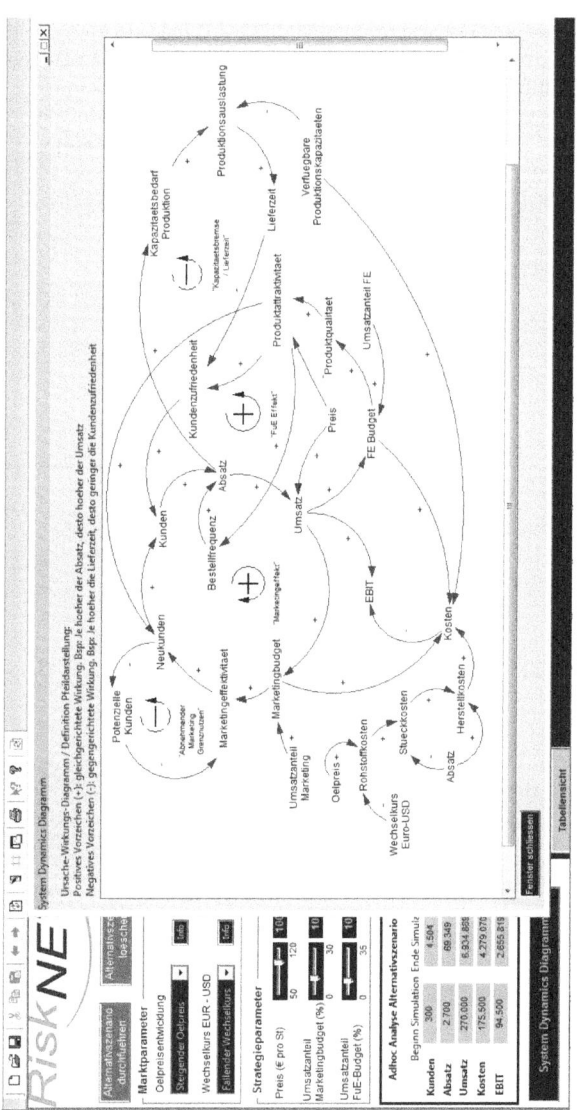

Abb. 3.35 System-Dynamics-Diagramm als Basis eines Risikofrüherkennungssystems. (Quelle: Seminarunterlagen RiskNET GmbH)

3.6 · Kreativitätsmethoden

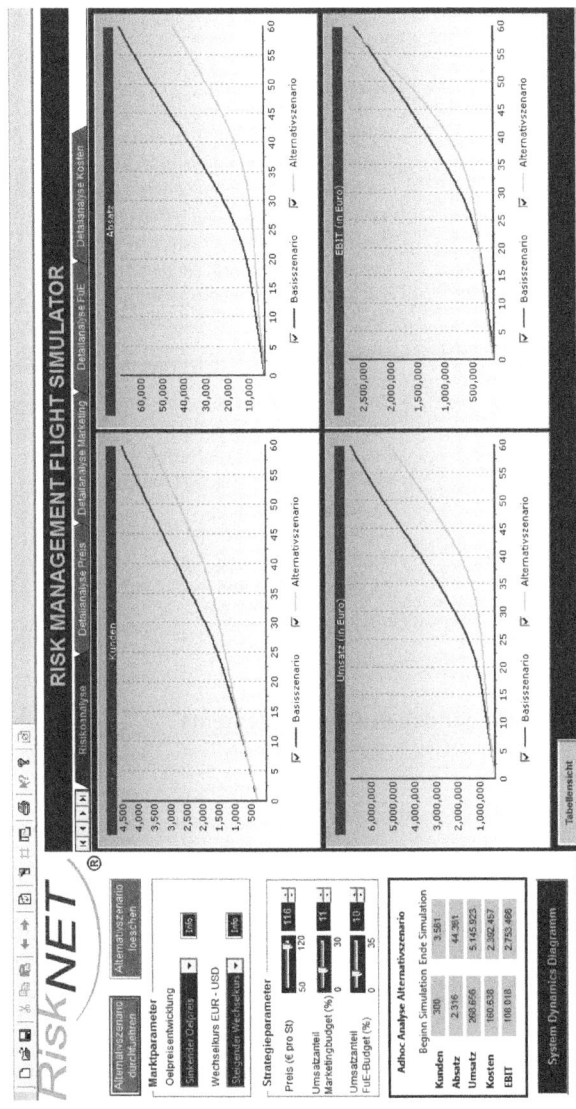

■ **Abb. 3.36** Ergebnisdarstellung in einem Risk-Management-Cockpit. (Quelle: Seminarunterlagen RiskNET GmbH)

Tab. 3.38 Stärken und Grenzen von System Dynamics

Stärken	Grenzen
– Die kybernetische Modellmethodologie kann dynamische und komplexe Systeme relativ adäquat abbilden. Das menschliche Gehirn kann hingegen komplexe Systeme nur sehr eingeschränkt verarbeiten. – Simulationsmodelle können trotz einer oft fehlenden empirischen Absicherung heuristisch verwendet werden. Dabei zwingt die Methode zu einem logisch-deduktiven Modellaufbau in formaler und präziser Sprache. – Die Modellerstellung und Simulation ist in der Regel im Vergleich zu umfassender sozialwissenschaftlicher Untersuchung kostengünstig. – System Dynamics ist auch für didaktische Zwecke anwendbar.	– System-Dynamics-Ansätze sind primär geeignet, das charakteristische Verhalten eines Systems zu demonstrieren (Makroperspektive), wichtige Details (Mikroperspektive) können dabei unbeabsichtigt in den Hintergrund gedrängt werden. – Die formale Sprache erschwert die Anschaulichkeit (u. a. ist System Dynamics durch Differentialgleichungen n-ter Ordnung mathematisch sehr anspruchsvoll). – Der Empirie-Bezug ist bei System Dynamics oft schwierig, in der Folge werden häufig Schätzdaten und Hypothesen verwendet. Daraus resultieren häufig Probleme bei der Prüfung der Validität. – Insgesamt bedingen System-Dynamics-Modelle einen hohen Zeitbedarf für die Modelldefinition und -erstellung.

- **Reifegrad des zugrundeliegenden Risikomanagements**
☐ Initial
☐ Basic
☒ Evolved
☒ Advanced
☒ Leading

- **Gesamtbewertung/Eignung für das Risikomanagement**
☒ sehr gut
☐ gut
☐ weniger geeignet

Die wesentlichen Stärken und Grenzen der Methodik System Dynamics sind in Tab. 3.38 zusammengefasst.

3.7 Lern-Kontrolle

Kurz und bündig

In der Praxis können unterschiedliche Reifegradstufen (Maturity-Level) im Risikomanagement unterschieden werden. Je nach Reifegrad werden Unternehmen unterschiedliche Methoden anwenden. Im vorliegenden Kapitel haben wir die Werkzeugkiste im Risikomanagement in grundsätzlich drei unterschiedliche Schubladen aufgeteilt: Kollektionsmethoden und Suchmethoden. Die zweite „Schublade" kann weiter in analytische Methoden sowie Kreativitätsmethoden aufgeteilt werden. Kollektionsmethoden sind vornehmlich für Risiken geeignet, die offensichtlich oder bereits bekannt sind (beispielsweise aufgrund einer bereits in der Vergangenheit durchgeführten Risikoidentifikation). Suchmethoden dagegen lassen sich vor allem für bisher unbekannte Risiken einsetzen. Einige der bekannten „Analytischen Methoden" wurden ursprünglich im Kontext Qualitätsmanagement entwickelt. Da die Prozessstruktur des Qualitätsmanagements Parallelen zum Risikomanagement aufweist (schlussendlich geht es im Qualitätsmanagement um das Management von Qualitätsrisiken), liegt es nahe, etablierte Methoden auch für andere Risikoarten zu verwenden. Kreativitätsmethoden basieren auf kreativen Prozessen, die durch divergentes Denken charakterisiert sind, um relativ flüssig und flexibel zu neuen oder originellen Lösungen zu gelangen. Dies ist im Risikomanagement wichtig, weil es um die Antizipation von potenziellen Szenarien in der Zukunft geht. Für ein funktionsfähiges Risikomanagement ist es wichtig, dass Risikomanager über eine adäquate Methodenkompetenz verfügen, weil je nach Reifegrad und auch Fragestellung unterschiedliche Methoden zum Einsatz kommen.

❓ Let's check

1. Bitte beschreiben Sie die wesentlichen Unterschiede zwischen Kollektionsmethoden, analytischen Methoden und Kreativitätsmethoden!
2. Welche Elemente eines Risikomanagements sind für die Reifegradstufen „Evolved" und „Advanced" erforderlich?
3. Bitte stellen Sie sich die folgende Situation vor: Sie leiten das Risiko-/Chancenmanagement in einem Unternehmen, dessen Reifegrad die Stufe „Advanced" erreicht hat. Sie haben nun die Aufgabe, das Risikomanagement Richtung „Leading" weiterzuentwickeln. Welche konkreten Schritte oder Projekte werden Sie initiieren?
4. Wo liegen die Grenzen einer „klassischen" FMEA? Wie könnte die Methode weiterentwickelt werden, um diese Grenzen zu überwinden?
5. Welche Gesetzmäßigkeit liegt dem Benfordschen Gesetz (auch als Newcomb-Benford's Law bekannt) zugrunde? Gilt das Gesetz generell oder müssen die Zahlen einer bestimmten Verteilung folgen?
6. Welche Relevanz hat die stochastische Simulation bzw. Szenarioanalyse zur Aggregation von Risiken?

7. Welche Überlegungen liegen einer „Bow-tie Analysis" zugrunde?
8. Wo liegen wesentliche Unterschiede zwischen Brainstorming und Brainwriting?
9. Was ist eine Markov-Kette? Bei welcher Fragestellung bietet sich die Durchführung einer Markov-Analyse an?
10. Wo liegen die Stärken und Schwächen einer „Root Cause Analysis" (RCA)?
11. Die „Social Network Analysis" ist eine mathematische Methode, die einzelne Akteure und Interaktionen zwischen diesen innerhalb eines Netzwerks untersucht. Wie kann die „Social Network Analysis" für globale Wertschöpfungsnetze (Supply Chains) eingesetzt werden?
12. Mithilfe welcher Methoden können Abhängigkeitsstrukturen zwischen Risiken abgebildet werden?

Vernetzende Aufgaben
1. Führen Sie eine Literaturrecherche durch! Diskutieren Sie die Zukunft von „Predictive Analytics" im Risikomanagement!
2. Sie haben als Risikomanager die Aufgabe, ein Frühwarnsystem aufzubauen. Wie gehen Sie methodisch vor? Welche Methoden würden Sie hierbei mit in die „Werkzeugkiste" aufnehmen?

Lesen und Vertiefen
- Andrews JD, Dunnett SJ (2000) Event-tree analysis using binary decision diagrams. IEEE Transactions on Reliability 49(2):230–238
- Arvanitoyannis I, Varzakas T (2008) Application of ISO 22000 and Failure Mode and Effect Analysis (FMEA) for Industrial Processing of Salmon: A Case Study. Critical Reviews in Food Science and Nutrition 48:411–429
- bcm-news (2010) Kochbuch für eine Business Impact Analyse. https://www.bcm-news.de/wp-content/uploads/kochbuch-fuer-eine-bia. Zugegriffen: 16. Nov. 2017
- Behrends E (2000) Introduction to Markov Chains. Springer Vieweg, Wiesbaden
- Berle Ø, Asbjørnslett BE, Rice JB (2011) Formal Vulnerability Assessment of a maritime transportation system. Reliability Engineering & System Safety 96(6):696–705
- Bojar P (2012) Application of FMEA method for assessment of risk in land transportation of hazardous materials. Journal of KONES Powertrain and Transport 19(3):44
- Bose TK (2012) Application of Fishbone Analysis for Evaluating Supply Chain and Business Process-A Case Study on the St James Hospital. International Journal of Managing Value and Supply Chains (IJMVSC) 3(2):17–24
- Buzan T, Buzan B (2002) Das Mind-Map-Buch. Die beste Methode zur Steigerung ihres geistigen Potentials. Moderne Verlagsgesellschaft, München

3.7 · Lern-Kontrolle

- Canale S, Distefano N, Leonardi S (2005) A risk assessment procedure for the safety management of airport infrastructures. III Convegno Internazionale SIIV (People, Land, Environment and Transport Infrastructures), Bari, Italy, S 2–8
- Chapman C, Ward S (1997) Project Risk Management – Processes, Techniques and Insights. John Wiley & Sons, Chichester
- Choi TY, Hong Y (2002) Unveiling the structure of supply networks: case studies in Honda, Acura, and DaimlerChrysler. Journal of Operations Management 20(5):469–493
- Coyle RG (1996) System Dynamics modelling – A practical approach. Chapman and Hall, London
- Deutsche Bank Research (2007) Deutschland im Jahr 2020, Neue Herausforderungen für ein Land auf Expedition, Frankfurt am Main. www.expedition-deutschland.de (Erstellt: 23. April 2007)
- de Ruijter A, Guldenmund F (2016) The bowtie method: A review. Safety Science, 88:211–218
- Dunjó J et al (2010) Hazard and operability (HAZOP) analysis. A literature review. Journal of Hazardous Materials 173(1–3).
- Ericson CA (2016) Hazard Analysis – Techniques for System Safety, 2. Aufl. John Wiley & Sons, Hoboken
- Evers M (2012) Participation in Flood risk Management – An introduction and recommendations for implementation, Karlstad. http://www.diva-portal.org/smash/get/diva2:442763/fulltext01.pdf. Zugegriffen: 16. Nov. 2017
- Ferdous R, Khan F, Sadiq R, Amyotte P, Veitch B (2011) Fault and event tree analyses for process systems risk analysis: uncertainty handling formulations. Risk Analysis 31(1):86–107
- Ferdous R, Khan F, Sadiq R, Amyotte P, Vetch B (2013) Analyzing system safety and risks under uncertainty using a bow-tie diagram: An innovative approach. Process Safety and Environmental Protection 91:1–18
- Fink A, Siebe A (2016) Szenario-Management – Von strategischem Vorausdenken zu zukunftsrobusten Entscheidungen. Campus Verlag, Frankfurt am Main
- Flick U (1995) Qualitative Forschung. Theorie, Methoden, Anwendung in Psychologie und Sozialwissenschaften. Rowohlt, Reinbek
- Forrester JW (1961) Industrial Dynamics. Pegasus Communications, Waltham
- Forrester JW (1971) Counterintuitive behavior of social systems. Technology Review 73(3):52–68
- Giannopoulos G, Filippini R, Schimmer M (2012) Risk assessment methodologies for Critical Infrastructure Protection. Part I: A state of the art. JRC Technical Notes.
- Gilad B, Götz Junginger M (2010) Mit Business Wargaming den Markt erobern: Strategische Kriegsführung für Manager. Redline Verlag, München

- Gjerde O, Kjølle GH, Detlefsen NK, Brønmo G (2011) Risk and vulnerability analysis of power systems including extraordinary events. 2011 IEEE Trondheim PowerTech, S 1–5
- Gleißner W (2017) Grundlagen des Risikomanagements – Mit fundierten Informationen zu besseren Entscheidungen, 3. Aufl. Vahlen Verlag, München
- Gleißner W, Romeike F (2005) Risikomanagement – Umsetzung, Werkzeuge, Risikobewertung. Haufe Verlag, Freiburg im Breisgau
- Gleißner W, Romeike F (2012) Psychologische Aspekte im Risikomanagement – Bauchmenschen, Herzmenschen und Kopfmenschen. Risk, Compliance & Audit (RC&A) 06(2012):43–46
- Götze U (1993) Szenario-Technik in der strategischen Unternehmensplanung. Deutscher UniversitätsVerlag, Wiesbaden
- Häder M (Hrsg) (2002) Delphi-Befragungen. Ein Arbeitsbuch. Westdeutscher Verlag, Wiesbaden
- Higgins JM, Wiese GG (1996) Innovationsmanagement. Kreativitätstechniken für den unternehmerischen Erfolg. Springer, Berlin
- Hoffmann P (2012) Innovative Supply Risk Management. In: Bogaschewsky R et al (Hrsg) SupplyManagement Research – Aktuelle Forschungsergebnisse 2012. Springer Gabler, Wiesbaden, S 79–104
- Hristova A, Schlegel R, Obermeier S (2014) Security Assessment Methodology for Industrial Control System Products. The 4th Annual IEEE International Conference on Cyber Technology in Automation, Control and Intelligent Systems, S 264–269
- Hubbard D (2007) How to Measure Anything: Finding the Value of Intangibles in Business. John Wiley & Sons, Hoboken
- Hughes BD (1995) Random Walks and Random Environments: Volume 1: Random Walks. Oxford University Press, USA
- Ishikawa K (1986) Guide to Quality Control. Asian Productivity Organization, Tokyo
- Johnston RG (2012) Physical vulnerability assessment. Critical Infrastructure Security – Assessment, Prevention, Detection, Response. WIT Press, Southampton/Boston, S 21–36
- Kado K, Horiuchi T, Seki T (2003) Application of FMECA to Project Risk Identification Process. Journal of the Society of Project Management 5(2):19–25
- Kähler W-M (2006) Statistische Datenanalyse: Verfahren verstehen und mit SPSS gekonnt einsetzen, 4. Aufl. Springer Vieweg, Wiesbaden
- Kahn H, Wiener AJ (1967) The Year 2000: A Framework for Speculation on the Next Thirty-Three Years. MacMillan, New York
- Kahneman D (2011) Thinking, fast and slow. Penguin Books, New York
- Kim J, Malz AM, Mina J (1999) LongRun Technical Document Bd. 1999. RiskMetrics Group, New York

- Kjølle GH, Utne IB, Gjerde O (2012) Risk analysis of critical infrastructures emphasizing electricity supply and interdependencies. Reliability Engineering and System Safety 105:80–89
- Koschade S (2006) A Social Network Analysis of Jemaah Islamiyah: The Applications to Counter-Terrorism and Intelligence. Studies in Conflict and Terrorism 29(6):559–575
- Krebs V (2002) Mapping Networks of Terrorist Cells. Connections 24(3):43–52
- Kuckartz U (Hrsg) (2007) Qualitative Datenanalyse: computergestützt. methodische Hintergründe und Beispiele aus der Forschungspraxis, 2. Aufl. VS Verl. für Sozialwissenschaften, Wiesbaden
- Lawley HG (1974) Operability Studies and Hazard Analysis. Chemical Engng. Progress 70(4):45–56
- Lewis S, Smith K (2010) Lessons Learned from Real World Application of the Bow-tie Method. http://www.risktec.co.uk/media/43525/bow-tie%20lessons%20learned%20-%20aiche.pdf. Zugegriffen: 16. Nov. 2017
- Liu HL (2012) Arbeitswissenschaftliches Modell zur nutzerorientierten Gestaltung technischer Produkte für Menschen mit krankheitsbedingten Einschränkungen am Beispiel von Sanitärprodukten, Dissertationsschrift. https://www.depositonce.tu-berlin.de/bitstream/11303/3579/1/Dokument_51.pdf. Zugegriffen: 16. Nov. 2017
- Liu S, Zhang J, Keil M, Chen T (2010) Comparing senior executive and project manager perceptions of IT project risk: a Chinese Delphi study. Info Systems Journal 20:319–355
- Markmann C, Darkow I-L, Gracht H (2013) A Delphi-based risk analysis – Identifying and assessing future challenges for supply chain security in a multi-stakeholder environment. Technological Forecasting & Social Change 80:1815–1833
- McCulloh I, Armstrong H, Johnson A (2013) Social Network Analysis with Applications. Wiley, Hoboken
- Meadows DH, Meadows DL, Randers J, Behrens WW III (1972) The Limits to Growth. Universe Books, New York
- Metropolis NC, Ulam S (1949) The Monte Carlo Method. Journal of the American Statistical Association 44(247):335–341
- Mokhtari K, Ren J, Roberts C, Wang J (2011) Application of a generic bow-tie based risk analysis framework on risk management of sea ports and offshore terminals. Journal of Hazardous Materials 192(2):465–475
- Mokhtari K, Ren J, Roberts C, Wang J (2012) Decision support framework for risk management on sea ports and terminals using fuzzy set theory and evidential reasoning approach. Expert Systems with Applications 39(5):5087–5103
- Müller-Dofel M (2016) Interviews führen. Ein Handbuch für Ausbildung und Praxis, 2. Aufl. Springer, Heidelberg

- Oriesek DF, Schwarz JO (2009) Business Wargaming. Unternehmenswert schaffen und schützen. Springer Gabler, Wiesbaden
- Ossimitz G (1995) Systemisches Denken und Modellbilden, Arbeitspapier des Instituts für Mathematik. Statistik und Didaktik der Mathematik der Universität Klagenfurt, Klagenfurt
- Porst R (2014) Fragebogen: Ein Arbeitsbuch, 4. Aufl. Springer VS, Wiesbaden
- Putermann ML (2005) Markov Decision Processes: Discrete Stochastic Dynamic Programming. John Wiley & Sons, Hoboken
- Radeschütz SN (2011) Business Impact Analysis – Konzept und Realisierung einer ganzheitlichen Geschäftsanalyse, Dissertation. Universität Stuttgart
- Redmill F, Chudleigh M, Catmur J (1999) System Safety: HAZOP and Software HAZOP. John Wiley & Sons, Chichester
- Renfro R, Deckro R (2001) A Social Network Analysis of the Iranian Government, paper presented at 69th MORS Symposium, 12–14 June, 2001
- Ritchey T (2003) Nuclear Facilities and Sabotage: Using Morphological Analysis as a Scenario and Strategy Development Laboratory. http://www.swemorph.com/pdf/inmm-r2.pdf. Zugegriffen: 16. Nov. 2017
- Ritchey T (2006) Modelling Multi-Hazard Disaster Reduction Strategies with Computer-Aided Morphological Analysis. http://swemorph.com/pdf/multi.pdf. Zugegriffen: 16. Nov. 2017
- Ritchey T (2009) Threat Analysis for the Transport of Radioactive Material. http://www.swemorph.com/pdf/ma-patram1.pdf. Zugegriffen: 16. Nov. 2017
- Ritchey T (2011a) Modeling Alternative Futures with General Morphological Analysis. World Future Review 3(1):83–94
- Ritchey T (2011b) Wicked Problems – Social Messes: Decision Support Modelling with Morphological Analysis. Springer, Berlin, Heidelberg
- Romeike F (2013a) Fooled by Randomness. In: FIRM Yearbook 2013, Frankfurt/Main, S 25–29
- Romeike F (2013b) Narren des Zufalls. In: FIRM Jahrbuch 2013, Frankfurt/Main, S 95–99
- Romeike F, Hager P (2010) Gute Frage: Was ist ein „Random Walk". Risk Compliance & Audit (RC&A) 06:11–12
- Romeike F, Hager P (2013) Erfolgsfaktor Risk Management 3.0 – Methoden, Beispiele, Checklisten: Praxishandbuch für Industrie und Handel, 3. Aufl. Springer, Wiesbaden
- Romeike F, Spitzner J (2013) Von Szenarioanalyse bis Wargaming – Betriebswirtschaftliche Simulationen im Praxiseinsatz. Wiley, Weinheim
- Romeike F, Spitzner J (2015) Einsatz von Simulationsmethoden im Logistik-Risikomanagement. In: Huth M, Romeike F (Hrsg) Risikomanagement in der Logistik. Springer Gabler, Wiesbaden, S 127–158

- Romeike F, Stallinger M (2012) Bandbreiten- bzw. Korridorplanung – Integration von Risikomanagement und Unternehmensplanung. Risk, Compliance & Audit (RC&A) 06(2012):12–21
- Rooney JJ, Vanden Heuvel LN (2004) Root Cause Analysis For Beginners. Quality progress 37.7, S 45–56
- Rossing NL (2010) A functional HAZOP Methodology. Computers and Chemical Engineering 34, S 244–253
- Sääskilahti J, Särelä M (2010) Risk Analysis of Host Identity Protocol – Using Risk Identification Method Based on Value Chain Dynamics Toolkit. ECSA,10 – Proceedings of the Fourth European Conference on Software Architecture, Copenhagen, S 213–220
- Saint-Marc C, Capoccioni CP, Saussine G, Chenier D, Davoine PA, Villanova-Olivier M et al (2016) IDISFER, an Ontology to Model Extreme Floods-Related Processes, Conference Paper: World Congress on Railway Research, Mailand. https://www.researchgate.net/profile/Cecile_Saint-Marc/publication/308966999_IDISFER_an_Ontology_to_Model_Extreme_Floods-Related_Processes/links/57fb488208ae91deaa633c7f.pdf. 16. Nov. 2017
- Sawaguchi M (2015) Research on the Efficacy of Creative Risk Management Approach based on Reverse Thinking. Procedia Engineering 131:577–589
- Schieg M (2007) Post-mortem analysis on the analysis and evaluation of risks in construction project management. Journal of Business Economics and Management 8(2):145–153
- Scupin R (1997) The KJ Method: A Technique for Analyzing Data Derived from Japanese Ethnology. Human organization 56(2):233–237
- Serfozo R (2009) Basics of Applied Stochastic Processes. Springer, Heidelberg
- Sherwin MD, Medal H, Lapp SA (2016) Proactive cost-effective identification and mitigation of supply delay risks in a low volume high value supply chain using fault-tree analysis. International Journal of Production Economics 175:153–163
- Simon H, von der Gathen A (2002) Das große Handbuch der Strategieinstrumente: Alle Werkzeuge für eine erfolgreiche Unternehmensführung. Campus Verlag, Frankfurt am Main
- Spang K, Gerhard M (2016) Risikomanagement. Projektmanagement von Verkehrsinfrastrukturprojekten. Springer Vieweg, Berlin, Heidelberg, S 419–453
- Sterman JD (1984) Instructions for Running the Beer Distribution Game. D-3679, System Dynamics Group Bd. 02139. MIT Press, Cambridge (E60–388, MA 02139)
- Straker D (2010) Cause-Effect Diagram. http://syque.com/quality_tools/toolbook/cause-effect/cause-effect.htm. Zugegriffen: 16. Nov. 2017
- Strohhecker J, Größler A (2013) System Dynamics in der Planung von Softwareentwicklungsprojekten. In: Romeike, Spitzner (Hrsg) Von Szenarioanalyse bis Wargaming. Wiley, Weinheim, S 371–391

- Tyler B, Crawley F, Preston M (2015) HAZOP: Guide to Best Practice, 3. Aufl. Elsevier, Amsterdam
- Vesely W et al (1981) Fault Tree Handbook. U.S. Nuclear Regulatory Commission, Washington DC
- Von Reibnitz U (1992) Szenario-Technik. Instrumente für die unternehmerische und persönliche Erfolgsplanung. Springer Gabler, Wiesbaden
- Walck C (2007) Hand-book on Statistical Distributions for experimentalists, University of Stockholm. http://www.fysik.su.se/~walck/suf9601.pdf. Zugegriffen: 16. Nov. 2017
- Watson G (2004) The Legacy Of Ishikawa. Quality Progress 37(4):54–47
- Weber J, Kandel O, Spitzner J, Vinkemeier R (2005) Unternehmenssteuerung mit Szenarien und Simulationen. Wie erfolgreiche Unternehmenslenker von der Zukunft lernen. Wiley-VCH, Weinheim
- Weber P, Medina-Oliva G, Simon C, Iung B (2012) Overview on Bayesian networks applications for dependability, risk analysis and maintenance areas. Engineering Applications of Artificial Intelligence 25.4, S 671–682
- Weeks AD, Alia G, Ononge S, Mutungi A, Otolorin EO, Mirembe FM (2004) Introducing criteria based audit into Ugandan maternity units. Quality and Safety in Health Care 13.1, S 52–55
- Werdich M (2012) FMEA – Einführung und Moderation, 2. Aufl. Springer Vieweg, Wiesbaden
- Whelan JG (1994) Building the Fish Banks Model and Renewable Resource Depletion. Prepared for System Dynamics Education Project, Sloan School of Management, Massachusetts Institute of Technology, July 1994
- Whyte WH (2002) The Organization Man. University of Pennsylvania Press, Pennsylvania
- Wittlage H (1986) Methode und Techniken praktischer Organisationsarbeit. Verlag Neue Wirtschafts-Briefe, Herne
- Zwicky F (1966) Entdecken, Erfinden, Forschen im morphologischen Weltbild. Droemer/Knaur Verlag, München, Zürich

Ausblick

Frank Romeike

4.1 Systemische Risiken und Resilienz – 206

4.2 Zukunft des Risikomanagements – Risikomanagement der Zukunft – 210

4.3 Lern-Kontrolle – 226

© Springer Fachmedien Wiesbaden GmbH 2018
F. Romeike, *Risikomanagement*, Studienwissen kompakt,
https://doi.org/10.1007/978-3-658-13952-0_4

Lern-Agenda
- Die Relevanz von Systemischen Risiken und Resilienz
- Zukunft des Risikomanagements bzw. Risikomanagement der Zukunft basierend auf 10 Thesen

4.1 Systemische Risiken und Resilienz

Die Welt, in der wir leben, ist so komplex, dass die Verkettung von Risiken zu systemischen Risiken führen kann. Systemische Risiken bezeichnen die Möglichkeit, dass ein katastrophales Ereignis die lebenswichtigen Systeme, auf denen unsere Gesellschaft beruht, in Mitleidenschaft zieht. Beispiele finden sich in der jüngsten Vergangenheit mit der weltweiten Finanzmarktkrise der Jahre 2008 ff., der Nuklearkatastrophe im japanischen Fukushima im März 2011, den Überschwemmungen in Thailand im Jahr 2011 oder dem Vulkanausbruch des Eyjafjallajökull in Island im Jahr 2010. In allen Fällen zeigte sich, wie feingliederig und verwundbar unsere globalen Wertschöpfungsnetze sind. So haben uns beispielsweise die Reihe katastrophaler Unfälle und schwerer Störfälle ab dem 11. März 2011 im japanischen Kernkraftwerk Fukushima Daiichi (Fukushima I) transparent gemacht, wie fragil die globalen Wertschöpfungsnetze sind, etwa im Bereich der Automobilindustrie (vgl. hierzu Kapitel 2.1 „Relevanz eines integrierten Risikomanagements"). Der Ausbruch des isländischen Vulkans Eyjafjallajökull im Jahr 2010 führte aufgrund der ausgetretenen Vulkanasche zu einer massiven Beeinträchtigung des Flugverkehrs in weiten Teilen Nord- und Mitteleuropas. Die finanziellen Folgen durch die Flugsperren für die betroffenen Fluggesellschaften wurden auf etwa 150 Mio. € täglich beziffert. Globale Finanz-, Handels- und Reiseströme kamen zum Erliegen. Die Beispiele zeigen zugleich die enge Verflechtung globaler Wirtschaftssysteme, deren Aufstieg und Fall oft am seidenen Faden hängen.

Kleinste Unwägbarkeiten, Krisen und lokale Katastrophen können immense Auswirkungen auf das komplette Weltgeschehen haben. Experten sehen als ein wesentliches Merkmal systemischer Risiken neben dem globalen Wirken (oder lokal übergreifend) die enge Vernetzung mit anderen Risiken (vgl. hierzu ◘ Abb. 4.1).

In ihren Wirkungen sind diese mit den Wirkungsketten anderer Aktivitäten und Ereignisse verknüpft, ohne dass man dies auf den ersten Blick erkennt. So hat beispielsweise die Katastrophe von Fukushima am 11. März 2011 mit einem großen Seebeben vor der Sanriku-Küste der japanischen Region Tōhoku (daher auch als Tōhoku-Erdbeben bezeichnet) begonnen, was wiederum der Auslöser zweier weiterer Katastrophen in der Region war. Zum einen führte das Seebeben zu einem Tsunami, der lokal zu 38 m hohen Wellen führte und zum anderen zu diversen Unfällen in mehreren Kernkraftwerken Ostjapans. Erdbeben, Tsunami und die Nuklearkatastrophe von

4.1 · Systemische Risiken und Resilienz

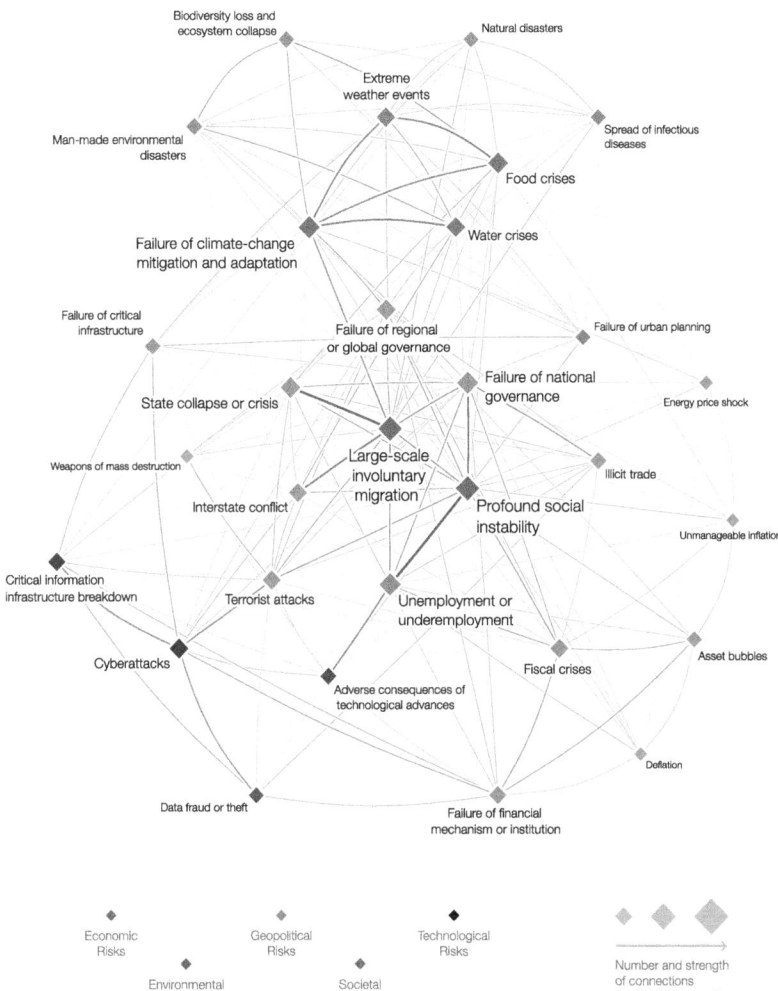

◘ **Abb. 4.1** Vernetzung von Risiken aus einer globalen Perspektive. (Quelle: World Economic Forum 2017)

Fukushima werden daher auch als Dreifachkatastrophe bezeichnet. Insbesondere die Katastrophe im japanischen Kernkraftwerk Fukushima Daiichi führt in der Folge zu

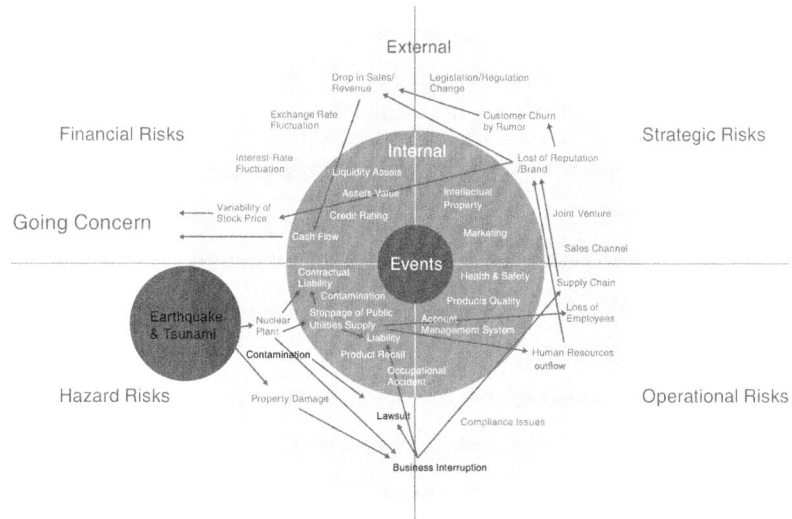

□ **Abb. 4.2** Dominoeffekte des großen Tōhoku-Erdbebens in Japan. (Quelle: World Economic Forum 2012, S. 32)

Produktionsausfällen und Lieferstopps, was sich wiederum auf die japanische und weltweite Automobilbranche massiv auswirkte.

Die Dominoeffekte des großen Tōhoku-Erdbebens sind in □ Abb. 4.2 zusammenfassend dargestellt. Die Abbildung zeigt weiterhin, wie sich die verschiedenen Risiken kategorisieren sowie in interne und externe Risiken einteilen lassen. Außerdem kann ein Risikoeintritt komplexe Wirkungen entfalten (beispielsweise Schadenersatzansprüche, Reputationsschäden, Verlust beim Betriebsergebnis, erhöhte Aufwendungen etc.). Klassische Methoden der „Risikobuchhaltung" (klassische Bewertung von Risiken mit Eintrittswahrscheinlichkeit und Schadensausmaß ohne Berücksichtigung von Abhängigkeiten sowie unter Ausblendung der höchst individuellen Verteilungsfunktionen für einzelne Risiken) sind mit einer solchen Komplexität komplett überfordert und können diese noch nicht einmal näherungsweise abbilden.

In diesem Kontext spielen zukunftsweisende Risikomanagement-Systeme und -Methoden eine entscheidende Rolle, um eine Welt im Umbruch mit ihren Risiken besser zu beherrschen. Eine wichtige Erkenntnis der letzten Jahre zeigt, dass unterschiedliche Risiken stärker miteinander in Verbindung stehen. Das ist Grund genug, diese Verknüpfung in den Mittelpunkt zu rücken und die wechselseitigen Folgen aufzuzeigen.

4.1 • Systemische Risiken und Resilienz

Komplexe Systeme und Risikostrukturen erfordern den Einsatz von Methoden und Werkzeugen, die mit einer derartigen Komplexität umgehen können. Eine Checkliste oder eine einfache SWOT- oder (klassische) FMEA-Analyse wird hier nicht ausreichen und kann insbesondere die komplexen Abhängigkeiten von Systemen und Risiken nicht adäquat abbilden.

Und auch die Gesetzgebung tut sich schwer mit der Bewertung und dem Agieren dieser globalen Dimension von Risiken und Chancen, nicht nur in Bezug auf Branchenunterschiede, auf das Verständnis sowie den Umgang mit Risiken in unterschiedlichen Kulturkreisen. Denn in einer globalen Wirtschaftswelt existieren kaum noch nationale Gesetze, die nur das eigene Land und die eigene Bevölkerung umfassen und sich darauf auswirken.

Die skizzierten Entwicklungen zeigen auf, dass es einerseits eine Neuorientierung im Umgang mit globalisierten Risiken des 21. Jahrhunderts geben muss. Gefragt sind neue Handlungsoptionen, um neue Wege in der Finanz-, Wirtschafts- und Handelspolitik zu erzielen und gleichzeitig die immer stärker hervortretenden politischen, sozialen und gesellschaftlichen Spannungen im globalen Kontext zu meistern. Andererseits müssen sich Unternehmen auf die Unwägbarkeiten einer risikobeladenen Welt mit engen Verflechtungen einstellen. Das bedeutet auch, die eigene Resilienz gegenüber Veränderungen zu stärken. Dabei beschreibt **Resilienz** (aus dem lateinischen resilire = „abprallen") allgemein die Fähigkeit eines Systems, mit Veränderungen, beispielsweise durch Risikoeintritte, umgehen zu können. Bei dieser Widerstandsfähigkeit geht es um die Toleranz eines Systems gegenüber Störungen.

Allgemein müssen Systeme von innen oder außen kommende Störungen ihres Zustandes ausgleichen oder unter Aufrechterhaltung ihrer Systemintegrität ertragen können. So sollte ein Unternehmen widerstandsfähig gegenüber Risiken aus dem eigenen System (der eigenen Organisation) und gegenüber Risiken von außen (externe Risiken, beispielsweise in der Folge von Naturkatastrophen oder konjunkturellen Veränderungen) sein.

> **Allgemein lässt sich die Resilienz eines Unternehmens durch drei Eigenschaften definieren:**
> - **Vorbeugung:** Eine Widerstandsfähigkeit gegenüber negativen externen Einwirkungen ist vorsorglich aufgebaut, vergleichbar der Resistenz (siehe Risikotragfähigkeit).
> - **Adaption:** Nach Möglichkeit wird eine kurzfristige Rückkehr zur definierten Ausgangsstellung erreicht, vergleichbar der Selbstregulation (siehe Risikosteuerung).
> - **Innovation:** Entstehende Vorteile aus den sich verändernden Umweltbedingungen werden ökonomisch genutzt, vergleichbar dem Innovationsmanagement.

4.2 Zukunft des Risikomanagements – Risikomanagement der Zukunft

Stellt sich die Frage nach der Zukunft des Risikomanagements und nach dem Risikomanagement der Zukunft. Kritisch könnte man die folgende Frage formulieren: Riskieren Risikomanager das Schicksal der Kassandra?

Risikomanager müssen nicht selten dem Vorstand, dem Aufsichtsrat oder der Geschäftsführung Informationen aus der Risikoanalyse überbringen, die nicht immer populär sind. Hierbei wird in der Praxis teilweise übersehen, dass Risiko der Überbegriff für Chancen (Upside Risk) und Gefahren (Downside Risk) ist. Doch insbesondere der Verweis auf Unsicherheiten in Projekten, die die Verantwortungsträger präferieren, werden oft nicht gern gehört. Die psychologische Forschung zeigt, dass Menschen sich im Allgemeinen lieber einer „Kontrollillusion" hingeben, das heißt nur über genau ein (geplantes oder gewünschtes) Zukunftsszenario nachdenken und die Risiken verdrängen, die zu Planabweichungen führen können. Doch die Realität sieht anders aus: Die Zukunft ist ungewiss und in der Regel sind viele potenzielle Zukunftsszenarien möglich. Weder selbsternannte Zukunftsforscher noch Politiker oder Strategieexperten kennen die Unwägbarkeiten, die eine für uns unbekannte Zukunft bringen wird. Häufig weisen „Zukunftsprognosen" daher eine relativ große Übereinstimmung mit dem Status quo der aktuellen Diskussionen auf (siehe Digitalisierung, Disruption etc.). Doch Zukunft lässt sich weder aus den Erfahrungen der Vergangenheit („Blick in den Rückspiegel") noch aus den Mustern der Gegenwart („Blick nach links und rechts sowie ein paar Meter nach vorn") ableiten. Wichtig ist vielmehr ein strukturierter und kreativer Blick nach vorn (ganz weit nach vorn durch die Frontscheibe, am besten um die nächste Kurve und unter Nutzung von „schwachen Signalen" und Frühwarninformationen).

Eine besondere Risikomanagerin war Kassandra (auch als Alexandra bekannt). Sie war die Tochter von König Priamos und Königin Hekabe von Troja und hatte die besondere Gabe, die Zukunft vorhersagen zu können. Woher sie die Gabe genau hatte, weiß niemand so recht. Die einen erzählen, dass es ein Geschenk des Gottes Apollon war, der sich unsterblich in Kassandra verliebt hatte. Nach einer anderen Überlieferung schleckten die Schlangen im Apollon-Heiligtum die Ohren der Schlafenden, wodurch diese weissagen konnte. Im Gegensatz dazu herrscht weitgehende Einigkeit darüber, dass Apollon sie dazu verdammte, dass niemand ihren (richtigen) Prophezeiungen Glauben schenken solle, weil Kassandra seine Liebe nicht erwiderte. Und so passierte es dann auch: Kassandra sagte die Zerstörung Trojas voraus, aber keiner interessierte sich dafür. Die siegestrunkenen Trojaner schenkten ihr kein Gehör und zogen das hölzerne Pferd in ihre Stadt. Der Rest dürfte bekannt sein. Nach der Eroberung der Stadt nahm Agamemnon die Missverstandene als Sklavin und Konkubine mit sich und beide wurden schließlich von Klytämnestra (Königin von Mykene und Agamemnons Gattin) ermordet.

4.2 · Zukunft des Risikomanagements

Kommt Ihnen dieses Phänomen des Kassandrarufs bekannt vor? In vielen Unternehmen ist dies nicht selten die Praxis. Man verschließt die Augen vor möglichen schmerzhaften (Stress-)Szenarien. Man traut sich nicht, von einem „lahmenden Gaul" abzusteigen oder bewegt sich weiter tief in eine Sackgasse hinein – trotz aller Kassandrarufe. Nicht wenige Unternehmen orientieren sich an Artikel 3 des Rheinischen Grundgesetzes: „Et hätt noch emmer joot jejange" oder auch an Artikel 2 („Et kütt wie et kütt."). Aus der Perspektive des Risikomanagements wäre es sinnvoller, wenn Entscheider und auch Risikomanager Artikel 5 beherzigen würden: „Et bliev nix wie et wor." („Es bleibt nichts, wie es war."). Kurzum: Sei offen für Neuerungen und denke über schmerzhafte Szenarien in der Zukunft nach.

Grundsätzlich würde auch ein „Risikobuchhaltungssystem" (im Sinne eines potemkinschen Dorfes) die gesetzliche Anforderung an ein Risikomanagement erfüllen (Reifegrad-Stufe 1, vgl. ◘ Abb. 3.1): Im Sinne des KonTraG (§ 91 Abs. 2 Aktiengesetz) schafft das Risikomanagement jedoch nur dann Transparenz über die Risiken – insbesondere wenn diese, wie die Auswertung von Kombinationseffekten über eine Risikoaggregation zeigt, bestandsbedrohende Entwicklungen zur Folge haben, also „Unheil" anzeigen. Mehr als Transparenz über Einzelrisiken, den aggregierten Gesamtrisikoumfang (Eigenkapitalbedarf) und eine sich daraus möglicherweise ergebende Bedrohung des Unternehmens ist nicht gefordert, wenngleich selbstverständlich die Berücksichtigung von Risikoinformationen in Handlungen und Entscheidungen, speziell auch die Initiierung von Risikobewältigungsmaßnahmen, ökonomisch sinnvoll ist.

Studien zum Status quo des Risikomanagements zeigen aber auch, dass Risikoinformationen oft zwar über das Risikoreporting an die Unternehmensführung fließen, dann aber keine (nachvollziehbar erkennbare) Berücksichtigung bei der Entscheidungsvorbereitung stattfindet. Besonders gravierend (und ein klarer Verstoß gegen die Anforderung von § 91 Abs. 2 Aktiengesetz) ist dabei, wenn die Risikoinformationen nicht „früh", das heißt vor einer Entscheidung, entscheidungsunterstützend bereitgestellt werden.

Es ist nicht allein die Frage, ob der Risikomanager auf drohendes Unheil (berechtigt) hinweist; und dann ignoriert wird. Es stellt sich die Frage, ob es sich manche Risikomanager überhaupt erlauben (können), Unheil zu verkünden. Erwartet nicht manche Unternehmensführung, dass der Risikomanager nur gerade soweit über Chancen und Gefahren (Risiken) berichtet, als dies die eingeschlagene Strategie oder geplante Projekte der Unternehmensführung nicht in Frage stellt?

Entspricht es der Unternehmenskultur und ist es von der Unternehmensführung tatsächlich gewünscht, dass der Risikomanager auch ein „strategisches Projekt", das kein günstiges Ertrag-Risiko-Profil aufweist, in Frage stellt – auch wenn die letztendliche Entscheidung natürlich bei der Unternehmensführung verbleibt? Ist es gewünscht, wenn die Risikoaggregation (mittels stochastischer Szenarioanalyse) anzeigt, dass beispielsweise **Covenants** mit einer Wahrscheinlichkeit von 50 % reißen und der Eigenkapitalbedarf das verfügbare Risikodeckungspotenzial überschreitet?

Möglicherweise besonders offensichtlich wird das persönliche Problem des Risikomanagers, wenn es um eine klare Darstellung der Leistungsfähigkeit des eigenen Risikomanagement-Systems geht. Ein zentrales Beispiel mag dies verdeutlichen: Die gesetzliche Kernanforderung gemäß § 91 Abs. 2 Aktiengesetz (mit der entsprechenden Ausstrahlungswirkung auf andere Rechtsformen) an Risikomanagement-Systeme besteht darin, früh auf die den „Fortbestand der Gesellschaft gefährdende Entwicklungen" hinzuweisen. Jedem kompetenten Risikomanager und auch Entscheider ist klar, dass im Allgemeinen nicht Einzelrisiken, sondern die Kombination mehrerer Risiken zu solchen bestandsbedrohenden Entwicklungen führt. Konsequenterweise wird bereits seit 1998 in dem auf dem KonTraG aufbauenden Prüfungsstandard 340 (IDW PS 340) des Instituts der Deutschen Wirtschaftsprüfer die Quantifizierung und Aggregation der Risiken gefordert. Dies erfordert die Berechnung einer großen risikobedingt möglichen Anzahl von Zukunftsszenarien des Unternehmens und die Auswertung der Implikation beispielsweise für das zukünftige Rating (via stochastischer Szenarioanalyse basierend auf einer Monte-Carlo-Simulation).

Genau diese Risikoaggregation ist damit die Schlüsseltechnologie zur Erfüllung der zentralen Anforderungen an das Risikomanagement: die Krisenfrüherkennung. Empirische Studien zeigen, dass (trotz fast durchgängig erteilter Testate durch die Wirtschaftsprüfer) die zwingend erforderliche Risikoaggregation in vielen Unternehmen nicht stattfindet. Den Risikomanagern ist dieses Problem häufig bewusst, aber nicht selten fehlen die Möglichkeiten, die Risikoaggregation durchzuführen und so beispielsweise den Gesamtrisikoumfang (Eigenkapitalbedarf) im Risikoreporting darzustellen. Auf diese schwerwiegende methodische Schwäche, die den Nutzen des Risikomanagements komplett in Frage stellt, müsste ein Risikomanager gegenüber der Unternehmensführung klar und deutlich hinweisen.

Der Risikomanager benötigt also Mut, sowohl über unerfreuliche Erkenntnisse aus der Risikolage als auch auf die (in der Regel noch bestehenden) schwerwiegenden Defizite im Risikomanagement selbst hinzuweisen. Genau dies ist aber seine Aufgabe und der persönliche „Mut" damit ebenso wichtig wie Methodenkompetenz.

Der Risikomanager muss die Bereitschaft haben, in einem Unternehmen in die Rolle einer Kassandra zu schlüpfen und auch unerfreuliche Nachrichten zu überbringen, selbst wenn diese von der Unternehmensführung unberücksichtigt bleiben. Seine primäre Aufgabe besteht darin, Transparenz über Einzelrisiken und den aggregierten Gesamtrisikoumfang (vor wesentlichen unternehmerischen Entscheidungen) zu schaffen. Es ist dann Aufgabe der Unternehmensführung, Ertrag und Risiko durch geeignete betriebswirtschaftliche Methoden abzuwägen und die Entscheidungen zu treffen. Auch wenn Meldungen über „Unheil" ignoriert werden, muss der Risikomanager auch solche unpopulären Informationen überbringen.

Mindestens genauso wichtig ist es allerdings, dass der Risikomanager auch über bestehende (beispielsweise methodischen) Defizite seines Risikomanagement-Systems informiert. Vielen Unternehmen ist nicht bewusst, dass trotz eines bestehenden Testats

4.2 • Zukunft des Risikomanagements

das Risikomanagement-System methodische eklatante Schwächen aufweist, die die Funktionsfähigkeit und die Erfüllung der KonTraG-Anforderung in Frage stellen. Meist werden nämlich nur Prozesse und Dokumentationen, nicht aber die Methoden der Risikoanalyse und Risikoaggregation geprüft. Ein Risikomanager ist daher insbesondere verpflichtet, auf das Fehlen eines Risikoaggregationsverfahrens oder nicht adäquate Einbeziehung des Risikomanagements bei der Vorbereitung wesentlicher Entscheidungen nachdrücklich und schriftlich zu verweisen. Natürlich erfordert dies den Mut, den auch eine Kassandra hatte.

Zehn Thesen zur Zukunft des Risikomanagement und zu einem Risikomanagement der Zukunft fassen nachfolgend wesentliche Erkenntnisse aus diesem Buch zusammen:

> **These 1**
> Unternehmen, die sich nicht mit ihren strategischen Risiken auseinandersetzen, werden vom Markt eliminiert!

Empirische Studien verdeutlichen, dass rund 40 bis 60 % der „Unternehmenswertvernichter" im Bereich der strategischen Risiken liegen. Das strategische Risiko ist das Risiko einer nachteiligen Geschäftsentwicklung in Folge (fehlerhafter) geschäftspolitischer Grundsatzentscheidungen. Strategische Risiken entstehen beispielsweise beim Eintritt in neue Märkte, aber auch bei fehlendem Aufbau neuer Erfolgspotenziale (siehe „**disruptive Innovation**"). Eine Unternehmensstrategie sollte vor allem darauf abzielen, die richtigen Dinge zu tun, im Unterschied zum operativen Alltag, in dem es darum geht, die Dinge richtig zu tun. Dies gelingt nicht allen Unternehmen. Basierend auf Studien erreichen rund 40 bis 50 % der neu gegründeten Unternehmen ihren ersten Geburtstag nicht. Die mittlere Lebenserwartung von Unternehmen liegt laut unabhängiger Studien in der nördlichen Hemisphäre deutlich unter 20 Jahren. Großunternehmen, die nach ihrer „Kindheit" kräftig expandierten, lebten im Durchschnitt 20 bis 30 Jahre länger. K. K. Kongō Gumi war bis zum Jahr 2006 mit 1428 Jahren das Unternehmen mit der weltweit längsten kontinuierlichen Betriebsgeschichte. Es wurde im Jahr 578 gegründet, als Shōtoku Taishi Mitglieder der Familie Kongō aus Baekje im heutigen Korea nach Japan holte, um den buddhistischen Tempel Shitennō-ji in Ōsaka bauen zu lassen. Im Januar 2006 wurde Kongō Gumi wegen Verschuldung aufgelöst.

Bereits der römischer Philosoph, Dramatiker, Naturforscher und Staatsmann Lucius Annaeus Seneca erkannte „Wenn ein Kapitän nicht weiß, welches Ufer er ansteuern soll, dann ist kein Wind der richtige." Und hierbei sollte der Kapitän nicht nur an die Sonnentage denken. „Risiken sind die Bugwelle des Erfolgs", sagt der deutsche Schriftsteller Carl Amery. Wer seine Chancen erkennen und nutzen will, muss unabdingbar auch seine Risiken managen. Jeder Kapitän weiß, dass Schiffe für die Tage gebaut werden, an denen Stürme toben und die riesigen Wellen sein Schiff wie ein Spielzeug hin und her schleudern.

Basierend auf einer empirischen Studie (vgl. Probst und Raisch 2004) liegen die Ursachen für Unternehmensschieflagen in der Regel in den vier Bereichen Wachstum, Wandel, Führung und Erfolgskultur. In vielen der analysierten Fälle wuchsen und veränderten sich die Firmen zu schnell, besaßen zu mächtige Manager und pflegten eine überzogene Erfolgskultur (Burnout-Syndrom). Waren diese Faktoren andererseits zu schwach ausgeprägt, alterten die Firmen vorzeitig, was ebenfalls zum Absturz führte (Premature-Aging-Syndrom).

Fazit der Studie: So unterschiedlich die einzelnen Fälle sind, es gibt eine einheitliche Logik des Niedergangs. Unternehmen, welche die Balance zwischen diesen Extremen wahren, sind auf Dauer erfolgreich. Das Management sollte ein präventives Risikomanagement-System bzw. Frühwarnsysteme installieren und bei den ersten Anzeichen einer Krise Stabilisierungs- bzw. Transformationsprogramme starten. ◘ Abb. 4.3 zeigt potenzielle Treiber für die Zerstörung von Unternehmenswerten.

> » Erkennen sie die (strategischen, Anmerkung des Autors) Risiken rechtzeitig und steuern sie daraufhin wirkungsvoll und beherzt gegen, können sie den Ausbruch der Krise in der Regel noch rechtzeitig vermeiden. Das zentrale Problem ist dabei eindeutig psychologischer Art. Um rechtzeitig gegenzusteuern, muss ein Firmenchef die bisherige Strategie und Vorgehensweise bereits zu einem Zeitpunkt ändern, zu dem diese (zumindest vordergründig) noch erfolgreich ist. Ein solcher Schritt widerspricht augenscheinlich jeglicher Logik und wird, zumindest kurzfristig, kaum Beifall bei den Mitarbeitern und den Analysten finden (Probst und Raisch 2004, S. 45).

Ausgewählte Beispiele und konkrete (strategische) Ursachen für Unternehmensschieflagen sind in Romeike und Hager (2013, S. 163 ff.) sowie in Peemöller et al. (2017) zusammengefasst.

Die wichtigste Veränderung im Risikomanagement ist damit eine zunehmend entscheidungsorientierte Ausrichtung der Systeme, zumindest der Systeme, die tatsächlich ökonomischen Mehrwert bringen oder bringen sollen. Das Ziel muss es sein, vor einer unternehmerischen Entscheidung Transparenz über das aktuelle Gesamtrisiko (und die Wirkungen einer möglichen Entscheidung für den zukünftigen Gesamtrisikoumfang) zu erhalten. Dies bringt uns direkt zu These 2.

> **These 2**
> **Risikomanager müssen ihre Methodenkompetenz ausbauen!**

Stellen wir uns folgende Situation vor: Vor rund 100.000 Jahren streift der Homo neanderthalensis durch die tiefen Wälder und begegnet plötzlich einem eurasischen Riesenhirsch. Was tun? Weglaufen oder Angriff? Rasend schnell laufen Heuristiken bzw. intuitive Prozesse im Neandertaler ab. Welche Erfahrungen hat er bisher mit

4.2 · Zukunft des Risikomanagements

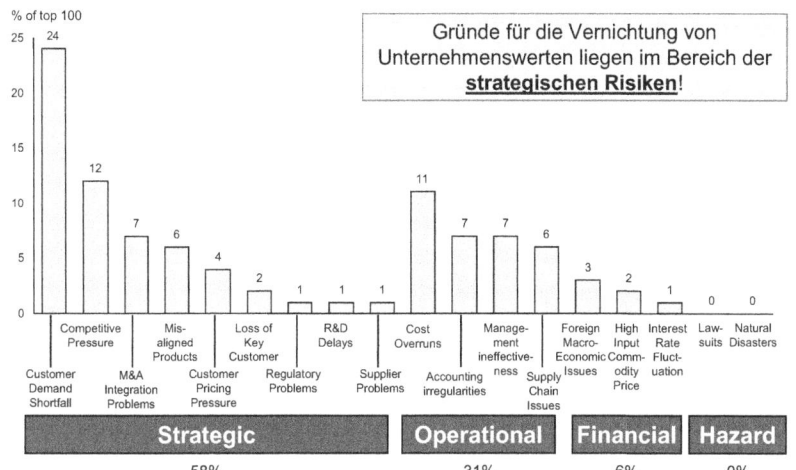

■ Abb. 4.3 Treiber für die Zerstörung von Unternehmenswerten. (Quelle: eigene Darstellung basierend auf Romeike und Hager 2013, S. 164 sowie Compustat, Mercer Management Consulting analysis 1999)

Riesenhirschen gesammelt? Er wird also entweder recht zügig das Weite suchen oder angreifen. Ohne solche intuitiven Prozesse wäre die Menschheit recht schnell ausgestorben. Die Entscheidungsheuristik ist fest im Homo neanderthalensis „verdrahtet".

Intuition ist in vielen Situationen ein exzellenter Ratgeber. In Gefahrensituationen haben wir keine andere Wahl, als unser sogenanntes Bauchgefühl zu fragen. Wir hätten keine Chance eine strukturierte Szenarioanalyse durchzuführen, weil wir schnell entscheiden müssen (in der Welt des Psychologen und Nobelpreisträgers Daniel Kahneman handelt es sich dabei um die schnelle Gehirnhälfte). Wir gelangen zu einer Entscheidung, ohne diskursiven Gebrauch des Verstandes oder analytischer Methoden, also etwa ohne bewusste Schlussfolgerungen. Intuition hat daher einen engen Zusammenhang mit der „inneren" Logik der Gegebenheiten und mit früheren Erfahrungen.

Heuristiken sind in diesem Kontext eine spezielle Form dieser Art von Intuition, die auf automatischen Erfahrungswerten beruht. Doch in komplexen und risikobehafteten Entscheidungssituationen liegen vielfach derartige Erfahrungswerte nicht vor. So führen Entscheidungen, basierend auf Intuitionen und Heuristiken, nicht selten zu Fehlern. Dies ist insbesondere immer dann der Fall, wenn sich das Umfeld verändert, was bei unternehmerischen Entscheidungen eher die Regel als die Ausnahme ist. Oder anders formuliert: Der Blick in den Rückspiegel führt zu einer fehlerhaften Heuristik.

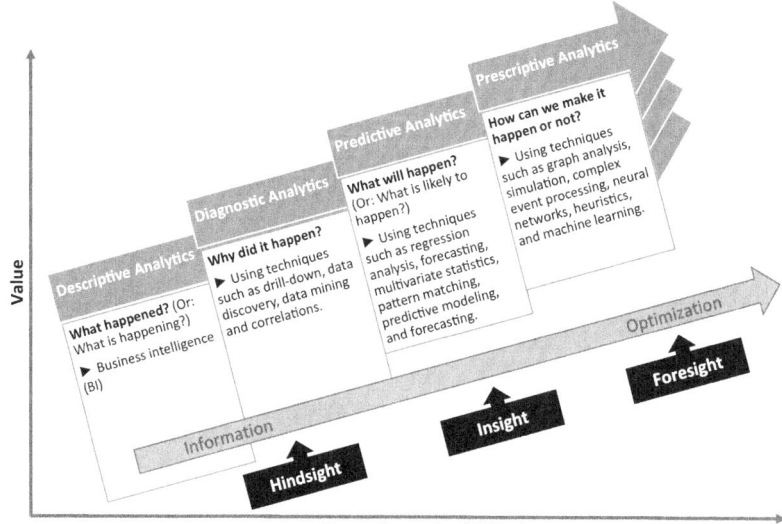

◘ Abb. 4.4 Reifegrad-Stufen von Analytics-Methoden. (Quelle: Romeike und Eicher 2016)

Daher verhalten sich in der Unternehmenssteuerung nicht wenige Manager wie ein Autofahrer, dessen Frontscheibe beschlagen ist und der deshalb mithilfe des Rückspiegels fährt (siehe „Risikobuchhaltung"). Das Ergebnis ist offensichtlich: Die Fahrt wird mit einem Totalschaden in der nächsten Kurve oder beim nächsten Hindernis enden. Eine auf Heuristen basierende und reaktive Unternehmenssteuerung unterstellt eine einfache Ursache-Wirkungs-Abfolge. Alles was es in der Vergangenheit nicht gab, darf es auch in der Zukunft nicht geben.

Im Kern geht es darum, Unsicherheiten professionell zu managen. Mit quantitativen Methoden (etwa aus der Welt der Stochastik) – und Simulationswerkzeugen existieren bereits die dafür benötigten Methoden. Wenn wir es mit komplexen Entscheidungen unter Risiko zu tun haben, ist es zwingend notwendig, entsprechende analytische und quantitative Methoden einzusetzen. Und am Ende des Entscheidungsprozesses ist es ohne weiteres denkbar, dass die emotionale oder intuitive Entscheidung trotz alledem den Vorrang erhält.

Insbesondere ▶ Kap. 3 hat verdeutlicht, dass Risikomanager ihre Methodenkompetenz ausbauen müssen. ◘ Abb. 4.4 zeigt exemplarisch vier Reifegradstufen im Bereich der Datenanalyse (vgl. hierzu vertiefend Romeike 2017).

> **These 3**
> Die Qualifizierungsanforderungen an Risikomanager nehmen zu.

4.2 · Zukunft des Risikomanagements

Insbesondere ▶ Kap. 3 und die bereits skizzierten Thesen haben gezeigt, dass durch die Interdisziplinarität des Themas Risikomanagement die Kompetenzen, die an einen Risikomanager gestellt werden, vielfältig sind. Ein Risikomanager muss zunächst vor allem die Geschäftsprozesse und das Unternehmen aus einer „Helikopter-Perspektive" verstehen.

Neben fachlichen Kompetenzen (etwa im Bereich der stochastischen Modellierung oder der Analyse von makroökonomischen Trends) sollten Risikomanager vor allem ausgeprägte soziale, analytische und kommunikative Fähigkeiten mitbringen (vgl. Romeike 2009). Risikomanagement ist ohne Kommunikation nur schwer vorstellbar. In dem Kontext ist auch ein „dickes Fell" vorteilhaft, da Risikomanagement nicht selten Entscheidungen konterkariert, die beispielsweise der Vorstand favorisiert (vgl. These 1). So muss man sich als künftiger Risikomanager bewusst sein, dass man im Unternehmen nicht nur Freunde haben wird. Die Zahl der Freunde steigt jedoch rasant, wenn man den Klippen in der globalen, stürmischen See erfolgreich ausgewichen ist.

Auch für Risikomanager gilt: Der Erfolg basiert zu 50 % auf Fachkompetenz. Über den Rest entscheiden die weichen Faktoren. Gleichzeitig dürfen Risikomanager keine Angst vor quantitativen, mathematischen Methoden haben. Denn Risikomanagement funktioniert nicht ohne fundierte Methoden sowie Kenntnisse der Mathematik und Statistik (vgl. These 2). In Bezug auf die sozialen Kompetenzen sollten bei einem Risikomanager die folgenden Eigenschaften besonders ausgeprägt sein: Teamfähigkeit, Konfliktfähigkeit, Kommunikationsfähigkeit, Konsequenz, Vorbildfunktion, Empathie/Perspektivenübernahme, Kompromissfähigkeit, Menschenkenntnis, Sprachkompetenz, interkulturelle Kompetenz und emotionale Intelligenz. Wichtig für Risikomanager ist aber vor allem analytisches Denken. Risikomanagement-Profis sollten die Fähigkeit besitzen, Sachverhalte mit der passenden „Wenn-dann-Formel" (Ursache-Wirkungs-Zusammenhänge) zu durchleuchten. So müssen sie (etwa bei Szenarioanalysen) Zusammenhänge erkennen, sie richtig strukturieren und resümieren, sowie dann angemessene Schlüsse daraus ziehen.

> **These 4**
> **Kein Risikomanagement ohne gelebte Risikokultur!**

Eine im Jahr 2013 durchgeführte Studie des Kompetenzportals RiskNET (vgl. RiskNET 2013) legte Optimierungspotenziale im unternehmerischen Risikomanagement offen: Mehr als 50 % der rund 580 befragten Unternehmen betrachten die Entwicklung einer „gelebten Risikokultur" als die größte Herausforderung in der nahen Zukunft. Bei einem Blick auf die Risikolandkarte zeigt die Studie außerdem, dass im Umfeld von Corporate Governance branchenübergreifend die unzureichende Unternehmens- und Risikokultur als größtes Risikopotenzial betrachtet wird.

Das beste System für Risikomanagement bleibt unwirksam, wenn es nicht tagtäglich im Unternehmen gelebt wird. Damit das Management der Chancen und Risiken nicht zu einem potemkinschen Dorf wird, muss das Risikomanagement als wertschöpfender Prozess verstanden werden und in die Unternehmenssteuerung integriert sein. Nur so wird Risikomanagement zu einem strategischen und wertschöpfenden Instrument.

Vor allem in den bunten Geschäftsberichten wird die Unternehmenskultur wie ein Heiliger Gral hochgehalten und strapaziert. Dort steht regelmäßig viel über den „Wandel" einer „global gelebten" und „geschäftsfeldübergreifenden" Unternehmenskultur, die selbstverständlich von „gegenseitigem Respekt" und „Offenheit" gekennzeichnet ist. Dass diese Begriffe in vielen Fällen nicht mehr als Füllwörter sind, bewahrheitet sich spätestens bei auftretenden Unternehmenskrisen oder Unternehmensskandalen (etwa in der Folge von Compliance-Verstößen). Nicht selten entpuppt sich das Ganze dann als „Potemkinsches Dorf": Hochglanzbroschüren versprechen viel, um den tatsächlichen, verheerenden Zustand zu verbergen. Im tiefen Inneren fehlt es an Substanz.

An diesem Punkt stellt sich die Frage, wie Unternehmens- und Risikokultur gemessen und weiterentwickelt werden können. Ausgewählte Elemente sind in ◘ Abb. 4.5 zusammengefasst.

Um zu verstehen, wie Risikokultur in der Praxis umgesetzt werden kann, hilft ein Blick in die Luftfahrt, bei der ein gelebtes Risiko- und Krisenmanagement auf eine lange Historie verweisen kann. In den Kindertagen der Luftfahrt bestand das Risikomanagement- und Frühwarnsystem des Piloten (neben dem Kompass) im Wesentlichen aus drei Instrumenten: Schal, Krawatte und Brille. An der Art wie der Schal flatterte, konnte der Pilot Geschwindigkeit und Seitenwind abschätzen. Hing die Krawatte schräg, musste die Kurvenlage korrigiert werden. Und beschlug die Brille, so zeigte dies baldigen Nebel oder Regen an – und die Notwendigkeit, schleunigst zu landen. Heute sieht die Welt in der Luftfahrt anders aus: Hochtechnische Navigations- und Frühwarnsysteme und ausgefeilte Risikomanagement-Systeme haben zu einer hoch entwickelten Risikokultur und einem exzellenten Sicherheitsniveau in der Luftfahrt geführt. Ein wesentliches Element hierbei spielen heute Simulationen.

Sich der eigenen Schwächen beim intuitiven Umgang mit Risiken bewusst zu sein, ist der erste Schritt für die Verbesserung der Potenziale im Risikomanagement. Hierbei können beispielsweise Planspiele (Business Games, Business War Games) einen erheblichen Mehrwert bieten. In diesem Kontext passt sehr gut ein Zitat des US-amerikanischen Ökonomen Thomas Crombie Schelling (* 1921; † 2016), Preisträger für Wirtschaftswissenschaften der schwedischen Reichsbank im Gedenken an Alfred Nobel: „The one thing you cannot do, no matter how rigorous your analysis or heroic your imagination, is to make a list of things you never thought of."

Piloten üben im Flugsimulator den richtigen Einsatz von Risikomanagement-Methoden und die adäquate Reaktion in Krisen. Der Flugsimulator stellt eine realitätsnahe Trockenübung dar und vereint Elemente aus Kreativitäts-, Szenario- und Simulationstechniken. Die erweiterte Form der Szenario- und Simulationstechnik unter

4.2 · Zukunft des Risikomanagements

Abb. 4.5 Elemente beim Aufbau einer Risikokultur. (Quelle: Schulungsunterlagen RiskNET GmbH)

Zuhilfenahme spielerischer Elemente und Interaktionsmuster kann auch im Unternehmensalltag genutzt werden, um Unternehmens- und Risikokultur zu entwickeln.

Abb. 4.6 symbolisiert den Zusammenhang sowie die Abhängigkeiten zwischen Risikokultur, Corporate Governance und Methoden.

> **These 5**
> **Die Komplexität wird nicht abnehmen!**

Bereits zur Einführung von Kap. 4 hatten wir auf die zunehmende Komplexität der Risikolandkarte verwiesen (vgl. Abb. 4.1 und 4.2). Die zunehmende Vernetzung in einer globalen Welt, technologische Innovationen (siehe Digitalisierung), gepaart mit einem verstärkten Wettbewerb in volatilen Märkten haben zu einem riesigen Komplexitätsschub geführt (Marktkomplexität, Organisationskomplexität, Prozesskomplexität etc.). Diese zunehmende Komplexität kann auf der einen Seite als Risiko betrachtet werden, stellt aber gleichzeitig auch eine Chance dar. Ziel muss es sein, Transparenz (beispielsweise über die damit zusammenhängenden Chancen und Risiken) zu schaffen. Die Analyse und das Management einer komplexen Risiko-/Chancenlandkarte bedingt automatisch die Auswahl von Werkzeugen, die mit einer solchen Komplexität umgehen können. In ▶ Kap. 3 haben wir Werkzeuge vorgestellt (siehe stochastische Simulation oder System Dynamics), die auch hochkomplexe Systeme abbilden können.

- Unternehmensleitung – aktives Wollen, *„Tone from the top and the middle"*
- Kümmern um die Menschen – Coaching, Anreiz, Drang
- Fehlerkultur, Umgang mit Werten, *„Speak-up"*
- Üben – Information und Kommunikation – Regelmäßiges Training
- Fortwährende Transformation des RM-Reifegrades

- Gelebte RM-Prozesse und professionelle und kontinuierliche Risikoidentifikation, -bewertung und Maßnahmendefinition und -umsetzung
- Akzeptanz durch die Anwender (Risk Owner)
- In Geschäftsprozesse integriert (sh. auch IKS und Compliance)

RM Kultur — **RM Organisation** — **RM Prozess** — **RM Methoden**

- Klare Rollen und Verantwortlichkeiten
- RM ist Teil der Stellenbeschreibungen
- Effektive und schlanke RM-Governance
- Umfang: Alle machen mit, aber flexibel in der Anwendung

- Auf die Fragestellung angepasste Methoden
- RM als Teil der Unternehmenssteuerung
- RM-Strategie abgeleitet aus Geschäftsstrategie
- Risikoappetit definiert
- Fundierte RM-Methoden und einheitliche RM-Sprache
- Ganzheitliche RM-Richtlinie

Abb. 4.6 Abhängigkeiten zwischen Risikokultur, Methoden, Prozess und Organisation. (Quelle: Schulungsunterlagen RiskNET GmbH)

These 6
Geopolitische Risiken werden in den nächsten Jahrzehnten weiter an Bedeutung gewinnen!

Die Analysen der jährlich veröffentlichten Global-Risk-Reports bestätigen einen klaren Trend (vgl. World Economic Forum 2017): Eine Mehrzahl der globalen Risiken lässt sich dem geopolitischen Themenbereich zuordnen. Immer stärker hat sich in den vergangenen Jahren der Fokus von ökonomischen Risiken in die Richtung von geopolitischen Risiken verschoben. Experten gehen davon aus, dass die langfristigen Risiken geopolitischer Natur sind und mindestens aus den folgenden vier (primären) Quellen stammen: Russland, China, dem Nahen Osten und dem Cyberspace. So liegt ein wesentliches geopolitisches Risiko in den außenpolitischen und militärischen Aktivitäten Russlands, etwa in der Ukraine und in Syrien. Die geopolitischen Risiken durch China können auf die Erweiterung des strategischen Einflusses, etwa im Ost- und im Südchinesischen Meer, begründet werden. Diese Forderungen kollidieren mit den Interessen anderer Staaten (etwa Japans, der Philippinen und Vietnams). Außerdem erweitert China seinen geopolitischen Einfluss durch Infrastrukturinvestitionen sowie strategische Hilfsprogramme in Afrika oder den Aufbau maritimer und territorialer Verbindungen durch den Indischen Ozean und Zentralasien bis hin nach Europa

4.2 · Zukunft des Risikomanagements

(neue Seidenstraße etc.). Im Nahen Osten kann das größte geopolitische Risiko auf den seit über tausend Jahren bestehenden Konflikt zwischen schiitischen und sunnitischen Muslimen zurückgeführt werden.

Das vierte geopolitische Risiko ist relativ neu und hat in den vergangenen Jahren eine neue Relevanz erreicht. Cyber-Attacken nehmen seit Jahren zu, werden raffinierter und kosten Unternehmen inzwischen Milliarden. Die Digitalisierung von Geschäftsmodellen verschärft die Notwendigkeit nach wirksamen und praktikablen Lösungen. Auf der einen Seite sind Cyber-Waffen relativ billig (und dadurch universell verfügbar), und sie können jeden Ort auf der Welt erreichen. Im Kontext geopolitischer Risiken bezeichnet ein Cyber War (Cyberkrieg) eine kriegerische Auseinandersetzung im und um den virtuellen Raum, den Cyberspace, mit Werkzeugen aus der Informationstechnologie. Übliche Verfahren des Cyberkriegs umfassen Spionage von fremden Computersystemen, Defacement (Veränderungen am Inhalt einer Website), Social Engineering, Einschleusen von kompromittierter Hardware (die beispielsweise eine Fremdsteuerung erlaubt), Denial-of-Service-Attacken sowie materielle Angriffe (Zerstören, Sabotage, Ausschalten) von Hardware. Das Thema Cyberrisiken (im geopolitischen Kontext) liefert uns eine exzellente Brücke zur nächsten These.

> **These 7**
> In der Folge der Digitalisierung der Geschäftsmodelle steigt die Relevanz von Cyberrisiken!

Die Digitalisierung konfrontiert Risikomanager wie kaum ein anderes Thema mit Komplexität und Unsicherheiten. In der Tat hat der Einsatz von Informationstechnologien Unternehmen in ihrer Aufbau- und Ablauforganisation stark verändert. Hinzu kommt, dass sich der Innovationszyklus für Hardware, Software und Services permanent beschleunigt. Diese Entwicklungen machen selbstverständlich keinen Halt bei den Themen Cyber-Security und Risikomanagement. Die Digitalisierung vernetzt auch Risiken, sodass Risikomanager innovative Ansätze im Umgang mit komplexen und dynamischen Risiken benötigen. Risikomanager benötigen mehr als jemals zuvor eine engere domänenübergreifende und agilere Zusammenarbeit mit den Bereichen Strategie, Governance, Informationstechnologie und Cybersecurity, um vernetzte Risiken der Digitalisierung schneller zu erkennen und präventive Maßnahmen treffen zu können.

Außerdem bedingt die neue Risikolandkarte im Bereich der **Cyberrisiken** Methoden, die weit über eine klassische Risikobuchhaltung hinausgehen. So weisen Experten aus dem Bereich Informationstechnologie und Cyberrisiken immer wieder darauf hin, dass die organisierte Kriminalität im Darknet (englisch für „Dunkles Netz"; beschreibt in der Informatik ein Peer-to-Peer-Overlay-Netzwerk) wesentlich besser vernetzt ist, um agile, hochentwickelte und komplexe Cyberangriffe zu orchestrieren. Unternehmen sind mit ihren Abwehrmaßnahmen im Vergleich dazu sehr ineffizient. Aufgrund hierarchischer Unternehmensstrukturen und der limitierten Kooperationsmechanismen innerhalb der Industrie sind die Kosten für hochautomatisierte Cyberangriffe geringfügig und die kriminellen Gewinne sehr hoch, sodass die Cyber-Kriminalität in den nächsten Jahren weiter steigen wird.

Wichtig ist in diesem Kontext vor allem, dass Cyberrisiken vernetzt analysiert werden. Beispielsweise werden zukünftig bei einer hochautomatisierten Verkehrsleitzentrale für die Steuerung von autonom fahrenden Automobilen sehr viele hochkomplexe Systeme, wie Geolokationssatelliten, Bodenstationen, Fahrzeugelektronik, Datennetze und Softwarekomponenten miteinander kommunizieren. Ein Cyberangriff auf nur eine der Systemkomponente kann sehr große Auswirkungen auf die Resilienz des Gesamtsystems haben und in der Konsequenz auch auf das Leben der Nutzer von „Connected Cars". Dies lasst sich bereits heute auf Air-Traffic-Management-Systeme oder Smart Grids übertragen. Methoden, die mit einer solchen Komplexität umgehen können, wurden in ▶ Kap. 3 beschrieben.

> **These 8**
> **Die Regulatorik wird eine eigene Risikoart!**

In den vergangenen Jahren hat die Regulierungsdichte in vielen Branchen (siehe Banken, Versicherungen, Luftfahrtindustrie) erheblich zugenommen. In einigen Branchen hat das Ausmaß der Regulierung mittlerweile Dimensionen angenommen, die Unternehmen vor erhebliche organisatorische Schwierigkeiten stellen. Die Regulatorik ist daher in vielen Branchen zu einem Top-Risiko mutiert.

> **These 9**
> **Die Relevanz von Risiken im Bereich „Intangible Assets" (siehe Reputationsrisiken) nimmt rasant zu!**

Der Aufbau und die Weiterentwicklung einer guten Reputation dauern oft Jahre oder Jahrzehnte. Im Umkehrschluss kann allerdings die Reputation in Windeseile beschädigt oder gar gänzlich zerstört werden. Der Verlust einer guten Reputation bedeutet dabei nicht selten gar den Niedergang des Unternehmens. Dies kann aufgrund der aktuell vorliegenden Entwicklungstendenzen durch einen steigenden Medialisierungsdruck über die neuen Medien (Social Media, Diskussionsforen, Blogs etc.) weiter verstärkt werden. Daher muss es das Ziel von Handels- und Produktionsunternehmen, Dienstleistern, Versicherern, Banken und Unternehmen vieler anderer Branchen sein, Reputationsbedrohungen rechtzeitig zu erkennen und die Reputation durch Prävention langfristig zu erhalten. Die Vergangenheit zeigt, dass die „Dominorallye" bei Reputationsrisiken rasend schnell verläuft. Der US-amerikanische Großinvestor, Unternehmer und Mäzen Warren Edward Buffett hat das Thema auf den Punkt gebracht: „Es dauert 20 Jahre, um sich eine Reputation aufzubauen, und fünf Minuten, um sie zu ruinieren. Wenn Sie darüber nachdenken, werden Sie die Dinge anders machen."

4.2 · Zukunft des Risikomanagements

Reputation		
Dimension	Funktional	Sozial
Kriterium	Kompetenz	Integrität

Abb. 4.7 Dimensionen und Kriterien der Reputation. (Quelle: Pontzen und Romeike 2015, S. 406)

Zu unterscheiden sind weiterhin funktionale und soziale Reputation (vgl. Abb. 4.7). Funktionale Reputation ergibt sich durch das Erfüllen von ökonomisch definierten Erwartungshaltungen. Das Entscheidungskriterium funktionaler Reputation ist dementsprechend die Kompetenz eines Akteurs. Die soziale Reputation konzentriert sich im Unterschied dazu auf die Art und Weise, wie diese Erwartungen erfüllt werden. Ihr Kriterium ist die Integrität.

Mit diesen verschiedenen Reputationsformen korrespondieren dementsprechend auch unterschiedliche Strategien ihrer Produktion: Öffentliches Ansehen lässt sich erzielen, indem hervorragende ökonomische Ergebnisse (funktionale Reputation) nachgewiesen werden können, oder aber indem auf eine vorbildliche, das heißt integre Unternehmensführung und ein intensives gesellschaftliches Engagement verwiesen werden kann (soziale Reputation). Hierbei ist zu berücksichtigen, dass soziale und funktionale Reputation untrennbar miteinander verbunden sind. So versetzt erst funktionale Reputation Unternehmen in die Lage, Ressourcen für gesellschaftliches Engagement freizustellen.

Reputations-Risikomanagement zielt zunächst auf die möglichst frühe und vollständige Identifikation von Ereignissen ab, die eine negative Wirkung auf die Reputation von Unternehmen haben könnten. Dies geschieht beispielsweise durch die Technik des sogenannten Issue-Managements. Grundlegendes Ziel eines solchen Frühwarnsystems ist es, einerseits unangenehme Überraschungen bzw. Konflikte, die sonst mit diesen Issues verbunden wären, zu vermeiden, andererseits aber auch Chancen, die Issues mit sich bringen können, zu nutzen.

Zentral ist dabei die Sicherstellung einer frühestmöglichen Identifikation von reputationswirksamen Themen (Stichwort „Schwache Signale"), da nur frühzeitig informierte Unternehmen in entstehenden Krisen überhaupt noch agieren und die Berichterstattung aktiv beeinflussen können. Wer hingegen erst aus der Zeitung erfährt, was schon seit Tagen in relevanten Blogs diskutiert wird, wird nur noch von den Schlagzeilen der Presse getrieben, weil sich entwickelnde Krisen die Handlungsfähigkeit betroffener Unternehmen schockartig unterminieren (vgl. Abb. 4.8).

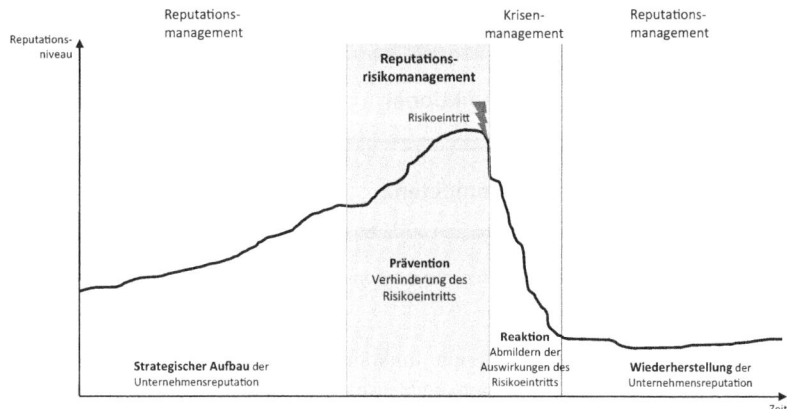

◘ **Abb. 4.8** Reputationsrisikomanagement – ein proaktives Instrument, um Reputationsrisiken zu antizipieren. (Quelle: eigene Darstellung in Anlehnung an Pontzen und Romeike 2009, S. 15 sowie Weißensteiner 2014)

> **These 10**
> **Vorstände und Aufsichtsräte stellen immer häufiger die richtigen Fragen …**

Die letzte These endet mit einer positiven Aussage. Erfolgreiche Unternehmenslenker erkennen immer häufiger den Mehrwert eines präventiven Risikomanagements und stellen die richtigen Fragen (vgl. ◘ Abb. 4.9).

Dass Risikomanagement die Volatilität von Cashflows und Erträgen (Earnings) eines Unternehmens verringert, wird von vielen Entscheidern nicht bestritten. Sowohl in der Praxis als auch in der Wissenschaft wird jedoch darüber diskutiert, ob das Management von Risiken einen zusätzlichen Wert für das Unternehmen oder seine Eigentümer schaffen kann. Mit dieser Frage haben sich Fenn et al. in ihrem Aufsatz „Does Corporate Risk Management Create Shareholder Value? – A Survey of Economic Theory and Evidence" ausführlich beschäftigt (vgl. Fenn et al. 1997). Darüber hinaus haben die Autoren untersucht, welche Motivation Unternehmen dazu bewegt, ihre Risiken zu steuern und ggf. abzusichern.

Neben der Absicherung von Investitionen und dem Schutz gegen systematische Risiken kann durch Risikomanagement die Steuerbelastung der Unternehmen reduziert werden. Diese Chance ergibt sich für Unternehmen, deren Steuersatz progressiv in Abhängigkeit von den erzielten Gewinnen ansteigt. Eine Verringerung der Volatilität kann helfen, die Erträge gleichmäßig zu verteilen und damit Ertragsspitzen mit hoher Steuerbelastung zu vermeiden. Weil die Vergütung der Unternehmensführung

4.2 · Zukunft des Risikomanagements

● Abb. 4.9 Fragestellungen, die ein Risikomanagement beantworten sollte. (Quelle: Seminarunterlagen RiskNET GmbH)

häufig zu einem großen Teil ertragsabhängig ist, kann hieraus eine weitere Motivation zur Reduzierung der Volatilität von Cashflows und Erträgen abgeleitet werden.

Einen konkreten Mehrwert bietet Risikomanagement durch:

- Sicherung des operativen Unternehmens-Cashflows (beispielsweise zur Deckung von geplanten oder bereits realisierten Investitionen);
- Beitrag zur Erreichung der Unternehmensziele (beispielsweise sind bei der Verfehlung von Umsatzzielen, der Überschreitung von Kosten oder hohen Außenständen unmittelbar die Finanzen betroffen, mittelfristig aber Fremdkapitalversorgung und langfristig die Existenz des Unternehmens);
- Optimierung von Investitionsentscheidungen und damit Steigerung der Profitabilität, Kalkulationssicherheit und Wettbewerbsfähigkeit;
- Reduzierung der Steuerbelastung durch geringere Volatilität des Jahresergebnisses (bei progressiven Steuersätzen);
- Verringerung von Creditspreads bei Aufnahme von Fremdkapital (besseres Rating durch ein funktionierendes Risikomanagement);
- Früherkennung von bestandsgefährdenden Entwicklungen und damit Existenzsicherung für das Unternehmen;
- Vermeidung von Betriebsunterbrechungen, die zu hohen Kosten und Reputationsschäden führen können;
- Vermeidung von Reputationsrisiken (Rückrufe von Produkten, Störfälle, Umweltverschmutzung etc.);

- Verbesserung von Versicherungskonditionen, Erkennen von Versicherungsbedarf und ökonomisch überflüssigen Versicherungen;
- Einhaltung externer Vorschriften und Gesetze, auch Compliance, Vermeidung von Haftungsrisiken.

4.3 Lern-Kontrolle

Kurz und bündig

Sich der eigenen Schwächen beim intuitiven Umgang mit Risiken bewusst zu sein, ist der erste Schritt für die Verbesserung der Potenziale im Risikomanagement. „Kultur isst die Strategie zum Frühstück", so ein Zitat des US-amerikanischen Ökonomen Peter F. Drucker. Gemeint ist der Wert der Unternehmenskultur, der weit über die rein rationale und strategische Organisationswelt hinausgeht.

Nicht selten entpuppt sich Risikomanagement eher als „Potemkinsches Dorf". Entscheidend ist jedoch eine gelebte Risikokultur in der gesamten Organisation.

In diesem Kontext wurden zehn Thesen zur „Zukunft des Risikomanagements" sowie zum „Risikomanagement der Zukunft" skizziert.

❷ Let's check
1. Bitte beschreiben Sie die Relevanz von systemischen Risiken im globalen Kontext, etwa am Beispiel von geopolitischen Risiken!
2. Mithilfe welcher Methoden kann die Komplexität globaler Risikolandkarten beschrieben und analysiert werden? Wo liegen die Grenzen von Kollektionsmethoden, beispielsweise zur Analyse von globalen Supply-Chain-Risiken?
3. Bitte definieren Sie den Begriff „Resilienz"!
4. Welche Relevanz haben strategische Risiken im unternehmensweiten Risikomanagement?

❷ Vernetzende Aufgaben
1. Führen Sie eine Literaturrecherche durch! Beschreiben Sie die Relevanz von „Predictive Analytics" sowie „Prescriptive Analytics" für die zukünftige Entwicklung von Werkzeugen im Risikomanagement! Skizzieren Sie Vorteile und setzen Sie sich kritisch mit potenziellen Grenzen auseinander!
2. Wie bewerten Sie die Relevanz von Cyberrisiken im Kontext der zunehmenden Digitalisierung von Geschäftsmodellen? Mithilfe welcher Methoden können Cyberrisiken analysiert und gesteuert werden?
3. Führen Sie eine Literaturrecherche durch! Was sind potenzielle Ursachen für Reputationsrisiken? Wie können Reputationsrisiken (quantitativ) bewerten werden?

Quellenverzeichnis sowie weiterführende Literaturhinweise

- Compustat, Mercer Management Consulting (1999) Analysis on Risk Events Precipitating Stock Drops
- Erben RF, Romeike F (2016) Allein auf stürmischer See – Risikomanagement für Einsteiger, 3. Aufl. Wiley, Weinheim
- Fenn GW, Post M, Sharpe SA (1997) Does Corporate Risk Management Create Shareholder Value? A Survey of Economic Theory and Evidence. In: Jameson R (Hrsg) Financial Risk and the Corporate Treasury – New Developments in Strategy and Control. London, S 13–31
- Peemöller VH, Krehl H, Hofmann S (2017) Bilanzskandale, Delikte und Gegenmaßnahmen, 2. Aufl. Erich Schmidt Verlag, Berlin
- Pontzen H, Romeike F (2009) Risk of risks – Reputationsrisiko – Die vernachlässigte Risikokategorie. Risk, Compliance & Audit (RC&A) 01(2009):11–17
- Pontzen H, Romeike F (2015) Reputationsrisiko: Die vernachlässigte Risikokategorie. In: Gleißner W, Romeike F (Hrsg) Praxishandbuch Risikomanagement. Erich Schmidt Verlag, Berlin, S 403–414
- Probst G, Raisch S (2004) Die Logik des Niedergangs. In: Harvard Business manager, März 2004, S 37–45
- RiskNET (2013) Chancen-/Risiko-Radar 2013 – Status Quo einer risiko- und chancenorientierten Unternehmenssteuerung, Brannenburg
- Romeike F (2009) Risk Management – Entscheidend sind die Soft Skills. staufenbiel Banking & Finance 10(2009):10–13
- Romeike F (2017) Predictive Analytics im Risikomanagement – Daten als Rohstoff für den Erkenntnisprozess. CFO aktuell 3(2017)
- Romeike F, Hager F (2013) Erfolgsfaktor Risikomanagement 3.0: Lessons learned, Methoden, Checklisten und Implementierung, 3. Aufl. Springer, Wiesbaden
- Romeike F, Spitzner J (2013) Von Szenarioanalyse bis Wargaming – Betriebswirtschaftliche Simulationen im Praxiseinsatz. Wiley, Weinheim
- Weißensteiner C (2014) Reputation als Risikofaktor in technologieorientierten Unternehmen. Springer Gabler, Wiesbaden

Serviceteil

Tipps fürs Studium und fürs Lernen – 230

Glossar – 235

Literatur – 239

Der Abschnitt „Tipps fürs Studium und fürs Lernen" wurde von Andrea Hüttmann verfasst.

© Springer Fachmedien Wiesbaden GmbH 2018
F. Romeike, *Risikomanagement,* Studienwissen kompakt,
https:/doi.org/10.1007/978-3-658-13952-0

Tipps fürs Studium und fürs Lernen

- **Studieren Sie!**

Studieren erfordert ein anderes Lernen, als Sie es aus der Schule kennen. Studieren bedeutet, in Materie abzutauchen, sich intensiv mit Sachverhalten auseinanderzusetzen, Dinge in der Tiefe zu durchdringen. Studieren bedeutet auch, Eigeninitiative zu übernehmen, selbstständig zu arbeiten, sich autonom Ziele zu setzen, anstatt auf konkrete Arbeitsaufträge zu warten. Ein Studium erfolgreich abzuschließen erfordert die Fähigkeit, der Lebensphase und der Institution angemessene effektive Verhaltensweisen zu entwickeln – hierzu gehören u. a. funktionierende Lern- und Prüfungsstrategien, ein gelungenes Zeitmanagement, eine gesunde Portion Mut und viel pro-aktiver Gestaltungswille. Im Folgenden finden Sie einige erfolgserprobte Tipps, die Ihnen beim Studieren Orientierung geben, einen grafischen Überblick dazu zeigt ◘ Abb. A.1.

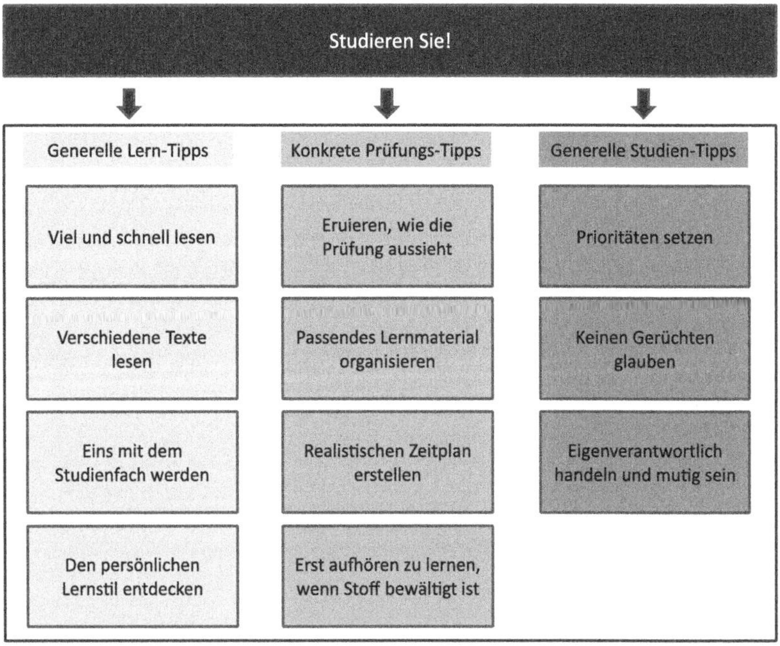

Abb. A.1 Tipps im Überblick

Tipps fürs Studium und fürs Lernen

Lesen Sie viel und schnell

Studieren bedeutet, wie oben beschrieben, in Materie abzutauchen. Dies gelingt uns am besten, indem wir zunächst einfach nur viel lesen. Von der Lernmethode – lesen, unterstreichen, heraus schreiben – wie wir sie meist in der Schule praktizieren, müssen wir uns im Studium verabschieden. Sie dauert zu lange und raubt uns kostbare Zeit, die wir besser in Lesen investieren sollten. Selbstverständlich macht es Sinn, sich hier und da Dinge zu notieren oder mit anderen zu diskutieren. Das systematische Verfassen von eigenen Text-Abschriften aber ist im Studium – zumindest flächendeckend – keine empfehlenswerte Methode mehr. Mehr und schneller lesen schon eher …

Werden Sie eins mit Ihrem Studienfach

Jenseits allen Pragmatismus sollten wir uns als Studierende eines Faches – in der Summe – zutiefst für dieses interessieren. Ein brennendes Interesse muss nicht unbedingt von Anfang an bestehen, sollte aber im Laufe eines Studiums entfacht werden. Bitte warten Sie aber nicht in Passivhaltung darauf, begeistert zu werden, sondern sorgen Sie selbst dafür, dass Ihr Studienfach Sie etwas angeht. In der Regel entsteht Begeisterung, wenn wir die zu studierenden Inhalte mit lebensnahen Themen kombinieren: Wenn wir etwa Zeitungen und Fachzeitschriften lesen, verstehen wir, welche Rolle die von uns studierten Inhalte im aktuellen Zeitgeschehen spielen und welchen Trends sie unterliegen; wenn wir Praktika machen, erfahren wir, dass wir mit unserem Know-how – oft auch schon nach wenigen Semestern – Wertvolles beitragen können. Nicht zuletzt: Dinge machen in der Regel Freude, wenn wir sie beherrschen. Vor dem Beherrschen kommt das Engagement: Engagieren Sie sich also und werden Sie eins mit Ihrem Studienfach!

Entdecken Sie Ihren persönlichen Lernstil

Jenseits einiger allgemein gültiger Lern-Empfehlungen muss jeder Studierende für sich selbst herausfinden, wann, wo und wie er am effektivsten lernen kann. Es gibt die Lerchen, die sich morgens am besten konzentrieren können, und die Eulen, die ihre Lernphasen in den Abend und die Nacht verlagern. Es gibt die visuellen Lerntypen, die am liebsten Dinge aufschreiben und sich anschauen; es gibt auditive Lerntypen, die etwa Hörbücher oder eigene Sprachaufzeichnungen verwenden. Manche bevorzugen Karteikarten verschiedener Größen, andere fertigen sich auf Flipchart-Bögen Übersichtsdarstellungen an, einige können während des

Spazierengehens am besten auswendig lernen, andere tun dies in einer Hängematte. Es ist egal, wo und wie Sie lernen. Wichtig ist, dass Sie einen für sich effektiven Lernstil ausfindig machen und diesem – unabhängig von Kommentaren Dritter – treu bleiben.

Bringen Sie in Erfahrung, wie die bevorstehende Prüfung aussieht

Die Art und Weise einer Prüfungsvorbereitung hängt in hohem Maße von der Art und Weise der bevorstehenden Prüfung ab. Es ist daher unerlässlich, sich immer wieder bezüglich des Prüfungstyps zu informieren. Wird auswendig Gelerntes abgefragt? Ist Wissenstransfer gefragt? Muss man selbstständig Sachverhalte darstellen? Ist der Blick über den Tellerrand gefragt? Fragen Sie Ihre Dozenten. Sie müssen Ihnen zwar keine Antwort geben, doch die meisten Dozenten freuen sich über schlau formulierte Fragen, die das Interesse der Studierenden bescheinigen und werden Ihnen in irgendeiner Form Hinweise geben. Fragen Sie Studierende höherer Semester. Es gibt immer eine Möglichkeit, Dinge in Erfahrung zu bringen. Ob Sie es anstellen und wie, hängt von dem Ausmaß Ihres Mutes und Ihrer Pro-Aktivität ab.

Decken Sie sich mit passendem Lernmaterial ein

Wenn Sie wissen, welcher Art die bevorstehende Prüfung ist, haben Sie bereits viel gewonnen. Jetzt brauchen Sie noch Lernmaterialien, mit denen Sie arbeiten können. Bitte verwenden Sie niemals die Aufzeichnungen Anderer – sie sind inhaltlich unzuverlässig und nicht aus Ihrem Kopf heraus entstanden. Wählen Sie Materialien, auf die Sie sich verlassen können und zu denen Sie einen Zugang finden. In der Regel empfiehlt sich eine Mischung – für eine normale Semesterabschlussklausur wären das z. B. Ihre Vorlesungs-Mitschriften, ein bis zwei einschlägige Bücher zum Thema (idealerweise eines von dem Dozenten, der die Klausur stellt), ein Nachschlagewerk (heute häufig online einzusehen), eventuell prüfungsvorbereitende Bücher, etwa aus der Lehrbuchsammlung Ihrer Universitätsbibliothek.

Erstellen Sie einen realistischen Zeitplan

Ein realistischer Zeitplan ist ein fester Bestandteil einer soliden Prüfungsvorbereitung. Gehen Sie das Thema pragmatisch an und beantworten Sie folgende Fragen: Wie viele

Wochen bleiben mir bis zur Klausur? An wie vielen Tagen pro Woche habe ich (realistisch) wie viel Zeit zur Vorbereitung dieser Klausur? (An dem Punkt erschreckt und ernüchtert man zugleich, da stets nicht annähernd so viel Zeit zur Verfügung steht, wie man zu brauchen meint.) Wenn Sie wissen, wie viele Stunden Ihnen zur Vorbereitung zur Verfügung stehen, legen Sie fest, in welchem Zeitfenster Sie welchen Stoff bearbeiten. Nun tragen Sie Ihre Vorhaben in Ihren Zeitplan ein und schauen, wie Sie damit klar kommen. Wenn sich ein Zeitplan als nicht machbar herausstellt, verändern Sie ihn. Aber arbeiten Sie niemals ohne Zeitplan!

Beenden Sie Ihre Lernphase erst, wenn der Stoff bewältigt ist

Eine Lernphase ist erst beendet, wenn der Stoff, den Sie in dieser Einheit bewältigen wollten, auch bewältigt ist. Die meisten Studierenden sind hier zu milde im Umgang mit sich selbst und orientieren sich exklusiv an der Zeit. Das Zeitfenster, das Sie für eine bestimmte Menge an Stoff reserviert haben, ist aber nur ein Parameter Ihres Plans. Der andere Parameter ist der Stoff. Und eine Lerneinheit ist erst beendet, wenn Sie das, was Sie erreichen wollten, erreicht haben. Seien Sie hier sehr diszipliniert und streng mit sich selbst. Wenn Sie wissen, dass Sie nicht aufstehen dürfen, wenn die Zeit abgelaufen ist, sondern erst wenn das inhaltliche Pensum erledigt ist, werden Sie konzentrierter und schneller arbeiten.

Setzen Sie Prioritäten

Sie müssen im Studium Prioritäten setzen, denn Sie können nicht für alle Fächer denselben immensen Zeitaufwand betreiben. Professoren und Dozenten haben die Angewohnheit, die von ihnen unterrichteten Fächer als die bedeutsamsten überhaupt anzusehen. Entsprechend wird jeder Lehrende mit einer unerfüllbaren Erwartungshaltung bezüglich Ihrer Begleitstudien an Sie herantreten. Bleiben Sie hier ganz nüchtern und stellen Sie sich folgende Fragen: Welche Klausuren muss ich in diesem Semester bestehen? In welchen sind mir gute Noten wirklich wichtig? Welche Fächer interessieren mich am meisten bzw. sind am bedeutsamsten für die Gesamtzusammenhänge meines Studiums? Nicht zuletzt: Wo bekomme ich die meisten Credits? Je nachdem, wie Sie diese Fragen beantworten, wird Ihr Engagement in der Prüfungsvorbereitung ausfallen. Entscheidungen dieser Art sind im Studium keine böswilligen Demonstrationen von Desinteresse, sondern schlicht und einfach überlebensnotwendig.

Glauben Sie keinen Gerüchten

Es werden an kaum einem Ort so viele Gerüchte gehandelt wie an Hochschulen – Studierende lieben es, Durchfallquoten, von denen Sie gehört haben, jeweils um 10– 15 % zu erhöhen, Geschichten aus mündlichen Prüfungen in Gruselgeschichten zu verwandeln und Informationen des Prüfungsamtes zu verdrehen. Glauben Sie nichts von diesen Dingen und holen Sie sich alle wichtigen Informationen dort, wo man Ihnen qualifiziert und zuverlässig Antworten erteilt. 95 % der Geschichten, die man sich an Hochschulen erzählt, sind schlichtweg erfunden und das Ergebnis von ‚Stiller Post'.

Handeln Sie eigenverantwortlich und seien Sie mutig

Eigenverantwortung und Mut sind Grundhaltungen, die sich im Studium mehr als auszahlen. Als Studierende verfügen Sie über viel mehr Freiheit als als Schüler: Sie müssen nicht immer anwesend sein, niemand ist von Ihnen persönlich enttäuscht, wenn Sie eine Prüfung nicht bestehen, keiner hält Ihnen eine Moralpredigt, wenn Sie Ihre Hausaufgaben nicht gemacht haben, es ist niemandes Job, sich darum zu kümmern, dass Sie klar kommen. Ob Sie also erfolgreich studieren oder nicht, ist für niemanden von Belang außer für Sie selbst. Folglich wird nur der eine Hochschule erfolgreich verlassen, dem es gelingt, in voller Überzeugung eigenverantwortlich zu handeln. Die Fähigkeit zur Selbstführung ist daher der Soft Skill, von dem Hochschulabsolventen in ihrem späteren Leben am meisten profitieren. Zugleich sind Hochschulen Institutionen, die vielen Studierenden ein Übermaß an Respekt einflößen: Professoren werden nicht unbedingt als vertrauliche Ansprechpartner gesehen, die Masse an Stoff scheint nicht zu bewältigen, die Institution mit ihren vielen Ämtern, Gremien und Prüfungsordnungen nicht zu durchschauen. Wer sich aber einschüchtern lässt, zieht den Kürzeren. Es gilt, Mut zu entwickeln, sich seinen eigenen Weg zu bahnen, mit gesundem Selbstvertrauen voranzuschreiten und auch in Prüfungen eine pro-aktive Haltung an den Tag zu legen. Unmengen an Menschen vor Ihnen haben diesen Weg erfolgreich beschritten. Auch Sie werden das schaffen!

Andrea Hüttmann ist Professorin an der accadis Hochschule Bad Homburg, Leiterin des Fachbereichs „Communication Skills" und Expertin für die Soft Skill-Ausbildung der Studierenden. Als Coach ist sie auch auf dem freien Markt tätig und begleitet Unternehmen, Privatpersonen und Studierende bei Veränderungsvorhaben und Entwicklungswünschen (▶ www.andrea-huettmann.de).

Glossar

Compliance In der betriebswirtschaftlichen Fachsprache wird der Begriff Compliance verwendet, um die Einhaltung von Gesetzen und Richtlinien, aber auch freiwilliger Kodizes in Unternehmen zu bezeichnen. Compliance kann damit als Teil des betrieblichen Risikomanagements verstanden werden, weil es im Kern um das präventive Management vom Compliancerisiken geht. Der Begriff Compliance/Regelüberwachung bezeichnet die Gesamtheit aller zumutbaren Maßnahmen, die das regelkonforme Verhalten eines Unternehmens, seiner Organisationsmitglieder und seiner Mitarbeiter im Hinblick auf alle gesetzlichen Ge- und Verbote begründen. Darüber hinaus soll die Übereinstimmung des unternehmerischen Geschäftsgebarens auch mit allen gesellschaftlichen Richtlinien und Wertvorstellungen, mit Moral und Ethik gewährleistet werden.

Corporate Governance Unter Corporate Governance versteht man die verantwortungsvolle, auf langfristige Wertschöpfung und Steigerung des Unternehmenswertes ausgerichtete Leitung und Kontrolle von Unternehmen. Es genügt nicht „Corporate Governance" mit „Unternehmensführung" zu übersetzen. Denn es geht hierbei nicht allein um Führungsaufgaben des Top-Managements, sondern um die Verteilung der Aufgaben zwischen Vorstand und Aufsichtsrat sowie deren Beziehung zu den jetzigen und künftigen Anteilseignern, Investoren, Mitarbeitern, Geschäftspartnern sowie der Öffentlichkeit. Insofern dient Corporate Governance sowohl dem Shareholder Value (der Steigerung der Erträge für die Anteilseigner) als auch dem Stakeholder Value (dem Wert des Unternehmens für die Geschäftspartner). Neben der auf die Erhöhung der Effizienz und Kontrolle ausgerichteten Innenwirkung besitzt Corporate Governance eine starke Außenwirkung, die man mit einer transparenten und vorausschauenden Informationspolitik beschreiben könnte. Innen- und Außenwirkung sind darauf gerichtet, den Wert des Unternehmens, vor allem seinen Börsenwert zu steigern.

Covenants sind im Zusammenhang mit Kreditverträgen Bilanzrelationsklauseln, die das kreditnehmende Unternehmen verpflichten, vereinbarte finanzwirtschaftliche Kennzahlen einzuhalten.

Cyberrisiko Bei Cyberrisiken handelt es sich um fortgeschrittene und zielgerichtete Angriffe im Bereich der Informationstechnologie, die nur schwer zu entdecken und abzuwehren sind (siehe Advanced Persistent Threats, APTs). Hierbei kann es sich beispielsweise um folgende Szenarien handeln: Diebstahl von vertraulichen Informationen, Produktdaten und Entwicklungen bis hin zur systematischen Spionage; Diebstahl von geistigem Eigentum, Manipulation von Handelsgeschäften, Unterschlagung von Werten; Finanzbetrug, Missbrauch von Kreditkarten, Fälschung und Missbrauch von Identitäten. Cyberrisiken sind dadurch gekennzeichnet, dass die Täter bei ihren Angriffen bewusst und gezielt Informationstechnologie als Waffe einsetzen.

Disruptive Innovation Der Begriff „Disruption" leitet sich von dem englischen Wort „disrupt" („zerstören") ab und beschreibt einen Vorgang, der häufig im Kontext Digitalisierung genannt wird. Traditionelle Geschäftsmodelle, Produkte, Technologien oder Dienstleistungen werden durch innovative Erneuerungen abgelöst oder teilweise vollständig verdrängt. Der Unterschied zwischen einer normalen Innovation, wie sie in allen Branchen vorkommen kann, und einer disruptiven Innovation liegt in der Art und Weise der Veränderung. Während es sich bei einer Innovation um eine Erneuerung handelt, die den Markt nicht grundlegend verändert, sondern lediglich weiterentwickelt, bezeichnet die disruptive Innovation eine komplette Umstrukturierung bzw. Zerschlagung des bestehenden Modells. So war beispielsweise die Einführung des iTunes-Music-Stores durch Apple eine schrittweise Zerschlagung des traditionellen Musikgeschäfts (CDs etc.). Nach der 1997 von dem Harvard-Absolventen Clayton Christensen entwickelten Theorie der Disruption wird jedes noch so erfolgreiche und etablierte Unternehmen eines Tages von einer solchen existenzraubenden Revolution bedroht. Christensen ist davon überzeugt, dass ausschließlich Existenzgründer, die wenig zu verlieren und viel zu gewinnen haben, in der Lage sind, ein solch hohes Risiko einzugehen.

Expected Shortfall (ES) Das Risikomaß wird auch als Conditional Value at Risk bezeichnet. Er zählt wie der VaR zu den Downside-Risikomaßen und ist definiert als der erwartete Verlust für den Fall, dass der VaR tatsächlich überschritten wird. Somit ist er der wahrscheinlichkeitsgewichtete Durchschnitt aller Verluste, die den VaR-Wert übertreffen. Es werden daher nur die Verluste betrachtet, die über den VaR hinausgehen.

Frühwarnsystem Ein wichtiges Instrument zur Risikoidentifikation sind außerdem Frühwarnsysteme, mit deren Hilfe Frühwarnindikatoren (etwa externe Größen wie Zinsen oder Konjunkturindizes, aber auch interne Faktoren wie etwa Fluktuation oder Krankenstand) ihren Benutzern rechtzeitig latente (das heißt verdeckte, aber bereits vorhandene) Risiken signalisieren, sodass noch hinreichend Zeit für die Ergreifung geeigneter Maßnahmen zur Abwendung oder Reduzierung der potenziellen Risiken bzw. der (Risiko-)Ursachen besteht. Frühwarnsysteme verschaffen dem Unternehmen Zeit für Reaktionen und optimieren somit die Steuerbarkeit eines Unternehmens.

GRC Integrierter, holistischer Ansatz für organisationsweite Governance, Risk und Compliance, der gewährleistet, dass die Organisation sich ethisch und gemäß ihres Risikoappetits sowie interner und externer Vorgaben verhält, ermöglicht durch die Abstimmung von Strategien, Prozessen, Menschen und Technologie, wodurch Effizienz und Effektivität gesteigert werden. Governance, Risk & Compliance (Governance, Risk Management, and Compliance, GRC) fasst die drei wichtigsten Handlungsebenen eines Unternehmens für dessen erfolgreiche Führung zusammen:
- Governance: Die Unternehmensführung durch definierte Richtlinien. Dazu zählen die Festlegung von Unternehmenszielen, die darauf angewandte Methodik zur Umsetzung und die Planung der notwendigen Ressourcen für das Erreichen der Ziele.
- Risk: Das Risikomanagement mit bekannten und unbekannten Risiken durch definierte Risikoanalysen. Ein wichtiger Faktor dabei ist das frühzeitige Auseinandersetzen mit Risiken, der Bereitstellung von Strategien zur Risikominimierung und dem Vorbereiten von Schadensfallpuffern bei Risikoeintritt.
- Compliance: In der betriebswirtschaftlichen Fachsprache wird der Begriff Compliance verwendet, um die Einhaltung von Gesetzen und Richtlinien, aber auch freiwilligen Kodizes in Unternehmen zu bezeichnen. Compliance kann damit als Teil des betrieblichen Risikomanagements verstanden werden, weil es im Kern um das präventive Management vom Compliancerisiken geht. Der Begriff Compliance/Regelüberwachung bezeichnet die Gesamtheit aller zumutbaren Maßnahmen, die das regelkonforme Verhalten eines Unternehmens, seiner Organisationsmitglieder und

Glossar

seiner Mitarbeiter im Hinblick auf alle gesetzlichen Ge- und Verbote begründen. Darüber hinaus soll die Übereinstimmung des unternehmerischen Geschäftsgebarens auch mit allen gesellschaftlichen Richtlinien und Wertvorstellungen, mit Moral und Ethik gewährleistet werden.

Groupthink Hierbei handelt es sich um einen Prozess, bei dem eine Gruppe von an sich kompetenten Personen schlechtere oder realitätsfernere Entscheidungen als möglich trifft (Gruppendenken), weil jede beteiligte Person ihre eigene Meinung an die erwartete Gruppenmeinung anpasst.

RaRoC Risk Adjusted Return on Capital: Risikoadjustierte Eigenkapitalrendite. Weiterentwicklung des Return on Equity (RoE). Beim RaRoC-Konzept werden Risiken des Geschäftsportfolios im Sinne eines Value at Risk und im Sinne kalkulatorischer Standardrisikokosten quantifiziert. Das zu unterlegende ökonomische Kapital wird risikogerecht zugeordnet. Die Kennziffer RaRoC kann für einzelne Portfolios berechnet werden. RaRoC ergibt sich als Quotient aus Erträgen abzüglich Standardrisikokosten und Verwaltungskosten geteilt durch das zugeordnete ökonomische Kapital.

Resilienz Resilienz (aus dem lateinischen resilire = „abprallen") beschreibt allgemein die Fähigkeit eines Systems, mit Veränderungen, beispielsweise durch Risikoeintritte, umgehen zu können. Allgemein kann Resilienz auch mit Widerstandsfähigkeit beschrieben werden, das heißt, es geht um die Toleranz eines Systems gegenüber Störungen.

Risiko Risiken sind die aus der Unvorhersehbarkeit der Zukunft resultierenden, durch „zufällige" Störungen verursachten Möglichkeiten, von geplanten Zielwerten abzuweichen. Risiken können daher auch als „Streuung" um einen Erwartungs- oder Zielwert betrachtet werden. Risiken sind immer nur in direktem Zusammenhang mit der Planung eines Unternehmens zu interpretieren. Mögliche Abweichungen von den geplanten Zielen stellen Risiken dar – und zwar sowohl negative („Gefahren") wie auch positive Abweichungen („Chancen").

Risikoappetit Die Motivation eines Unternehmens oder eines Investors, Risiken innerhalb der Risikotragfähigkeit einzugehen. Synonym zum Risikoappetit werden die Begriffe Risikoakzeptanz oder Risikoaffinität verwendet.

Risikolimit Das Risikolimit begrenzt die Höhe des Risikos bzw. stellt sicher, dass mit vorgegebener Wahrscheinlichkeit (beispielsweise 99,5 %) eine bestimmte Verlusthöhe oder eine bestimmte negative Abweichung vom Planwert (geschätzte Performance) nicht überschritten wird.

Risikomanagement Das Risikomanagement umfasst Prozesse und Verhaltensweisen, die darauf ausgerichtet sind, eine Organisation bezüglich Risiken zu steuern. Risikomanagement identifiziert, analysiert und bewertet potenzielle Risiken, die die Vermögens-, Finanz- und Ertragslage eines Unternehmens mittel- und langfristig gefährden könnten. Das Ziel besteht in der Sicherung des Fortbestandes eines Unternehmens, der Absicherung der Unternehmensziele gegen störende Ereignisse und in der Steigerung des Unternehmenswertes.

Risikotragfähigkeit Risikoausgleichspotenzial bzw. Deckungsmasse (unter anderem bilanzielles Eigenkapital, Liquiditätsreserven) für die Abdeckung von Verlustmöglichkeiten. Die Beurteilung des Gesamtrisikoumfangs ermöglicht eine Aussage darüber, ob die Risikotragfähigkeit eines Unternehmens ausreichend ist, um den Risikoumfang tatsächlich zu tragen und damit den Bestand des Unternehmens zu gewährleisten. Sollte der vorhandene Risikoumfang eines Unternehmens gemessen an der Risikotragfähigkeit zu hoch sein, werden zusätzliche Maßnahmen der Risikobewältigung erforderlich.

Risk Governance Durchdringung des Unternehmens mit stakeholderorientierter Risikosteuerung aus strategischer Sicht.

Simulation Im betriebswirtschaftlichen Kontext hat der Begriff Simulation etwas mit „Was-wäre-wenn"-Analysen zu tun. Gemäß der semantischen Bedeutung ist hier das aktive Durchführen einer solchen Analyse gemeint. Es geht also insbesondere darum zu verstehen, wie sich relevante Sachverhalte in wohldefinierten Situationen verhalten. Man spricht in diesem Zusammenhang auch vom Durchführen von Simulationsexperimenten.

Jedes dieser Experimente stellt dabei genau eine Situation, also ein bestimmtes „Wenn" oder auch Szenario in den Fokus der Analyse. Im Allgemeinen ist dabei ein Szenario durch eine Reihe von Annahmen oder Parametern definiert. Die Simulation selbst wird an einem Modell der Realität durchgeführt. Dieses Modell bildet das für die Simulation relevante Ursache-Wirkungsgeflecht ab und fokussiert mittels sogenannter Zielgrößen gleichzeitig auf besonders wichtige Aspekte bei der „Was-wäre-wenn"-Analyse.

Systemisches Risiko Ein systemisches Risiko liegt vor, wenn sich ein auf ein Element eines Systems einwirkendes Ereignis aufgrund der dynamischen Wechselwirkungen zwischen den Elementen des Systems auf das System als Ganzes negativ auswirken kann oder wenn sich aufgrund der Wechselwirkungen zwischen den Elementen die Auswirkungen mehrerer auf einzelne Elemente einwirkende Ereignisse so überlagern, dass sie sich auf das System als Ganzes negativ auswirken können. Ihre besondere Brisanz gewinnen systemische Risiken nicht allein aus den direkten physischen Schäden, die sie verursachen. Es sind vielmehr die weit reichenden Wirkungen in zentralen gesellschaftlichen Systemen (etwa der Wirtschaft, der Finanzwelt oder der Politik), die den Umgang mit diesem Risikotyp schwierig und zugleich dringlich machen.

Value at Risk (VaR) Hierbei handelt es sich um ein Risikomaß, das seit einigen Jahren als Methode des Risikomanagements, insbesondere im Finanzdienstleistungsbereich, zur Überwachung und Messung von Markt-, Zinsrisiken und auch operativen Risiken eingesetzt wird. Der VaR stellt dabei die in Geldeinheiten berechnete negative Veränderung eines Wertes dar, die mit einer bestimmten Wahrscheinlichkeit (auch als Konfidenzniveau bezeichnet) innerhalb eines festgelegten Zeitraumes nicht überschritten wird. Ein Ein-Jahres-Value-at-Risk mit Konfidenzniveau von 99,9 % in der Höhe von zehn Millionen Euro bedeutet beispielsweise, dass statistisch gesehen nur durchschnittlich alle 1000 Jahre mit einem Verlust von mehr als zehn Millionen Euro zu rechnen ist.

Verfügbarkeitsheuristiken (Availability Heuristics) gehören in der Kognitionspsychologie zu den sogenannten Urteilsheuristiken, die gewissermaßen Faustregeln darstellen, um Sachverhalte auch dann beurteilen zu können, wenn kein Zugang zu präzisen und vollständigen Informationen besteht.

Literatur

Verwendete Literatur

Action JM, Hibbs M (2012) The CARNEGIE Papers: Why Fukushima was Preventable. Nucl Policy http://carnegieendowment.org/files/fukushima.pdf. Zugegriffen: 19. Nov. 2017

Arvanitoyannis I, Varzakas T (2008) Application of ISO 22000 and Failure Mode and Effect Analysis (FMEA) for Industrial Processing of Salmon: A Case Study. Crit Rev Food Sci Nutr 48:411–429

bcm-news (2010) Kochbuch für eine Business Impact Analyse. http://www.bcm-news.de/wp-content/uploads/kochbuch-fuer-eine-bia.pdf. Zugegriffen: 10. Febr. 2017

Beck U (2011) Globale Risiken. In: Kreff F, Knoll E M, Gingrich A (Hrsg): Lexikon der Globalisierung. transcript, Bielefeld, S 115–118

Benford F (1938) The Law of Anomalous Numbers. Proceedings of the American Philosophical Society. American Philosophical Society, Philadelphia, S 551–572

Berle Ø, Asbjørnslett BE, Rice JB (2011) Formal Vulnerability Assessment of a maritime transportation system. Reliab Eng Syst Saf 96(6):696–705

Blome C, Henke M (2008) Single Versus Multiple Sourcing: A Supply Risk Management Perspective. In: Zsidisin GA, Ritchie B (Hrsg): Supply Chain Risk – A Handbook of Assessment, Management, and Performance. Springer, New York, S 127–135

Bojar P (2012) Application of FMEA method for assessment of risk in land transportation of hazardous materials. J Kones Powertrain Transport 19(3):44

Bose TK (2012) Application of Fishbone Analysis for Evaluating Supply Chain and Business Process-A Case Study on the St James Hospital. Int J Manag Value Supply Chains (ijmvsc) 3(2):17–24

Bröckling U (2017) Vorbeugungsregime und ihre Menschen. Zur Anthropologie der Prävention. In: Emmert C, Neddermeyer, I, Zeppelin Museum (Hrsg): Möglichkeit Mensch. Neofelis Verlag, Berlin, S 185–188

Brückner F (2011) Autobauern gehen die Farben aus – Folgen des Bebens in Japan. Verlagsgruppe Handelsblatt. http://www.handelsblatt.com/unternehmen/industrie/folgen-des-bebens-in-japan-autobauern-gehen-die-farben-aus/3996440.html. Zugegriffen: 3. Apr. 2017

Brühwiler B (2013) Die Nuklearkatastrophe von Fukushima – Konsequenzen für das Risikomanagement. https://www.risknet.de/themen/risknews/die-nuklearkatastrophe-von-fukushima/9039e27501722c61e1527360464f1b01/. Zugegriffen: 22. Mai 2017

Canale S, Distefano N, Leonardi S (2005) A risk assessment procedure for the safety management of airport infrastructures. III Convegno Internazionale SIIV (People, Land, Environment and Transport Infrastructures), Bari, Italy, S 2–8

Canis B (2011) The Motor Vehicle Supply Chain: Effects of the Japanese Earthquake and Tsunami. Congressional Research Service. http://fas.org/sgp/crs/misc/R41831.pdf. Zugegriffen: 3. Apr. 2017

Chapman C, Ward S (1997) Project Risk Management – Processes, Techniques and Insights Bd. 1997. John Wiley & Sons, Chichester

Choi TY, Hong Y (2002) Unveiling the structure of supply networks: case studies in Honda, Acura, and DaimlerChrysler. J Oper Manag 20(5):469–493

Coyle RG (1996) System Dynamics modelling – A practical approach. Chapman and Hall, London

Deutsche Bank Research (2007) Deutschland im Jahr 2020, Neue Herausforderungen für ein

Land auf Expedition, Frankfurt am Main. www.expeditiondeutschland.de (Erstellt: 23. Apr. 2007)

Dunjó J et al (2010) Hazard and operability (HAZOP) analysis. A literature review. J Hazard Mater 173(1–3):19–32

Erben R, Romeike F (2016) Allein auf stürmischer See – Risikomanagement für Einsteiger, 3. Aufl. Bd. 2016. Wiley, Weinheim

Evers M (2012) Participation in Flood risk Management – An introduction and recommendations for implementation, Karlstad. http://www.diva-portal.org/smash/get/diva2:442763/FULLTEXT01.pdf. Zugegriffen: 20. Febr. 2017

Fenn GW, Post M, Sharpe SA (1997) Does Corporate Risk Management Create Shareholder Value? A Survey of Economic Theory and Evidence. In: Jameson R (Hrsg) Financial Risk and the Corporate Treasury – New Developments in Strategy and Control. Risk publications, London, S 13–31

Ferdous R, Khan F, Sadiq R, Amyotte P, Veitch B (2011) Fault and event tree analyses for process systems risk analysis: uncertainty handling formulations. Risk Analysis 31(1):86–107

Ferdous R et al (2013) Analyzing system safety and risks under uncertainty using a bow-tie diagram: An innovative approach. Process Saf Environ Prot 91:1–18

Fink A, Siebe A (2016) Szenario-Management – Von strategischem Vorausdenken zu zukunftsrobusten Entscheidungen. Campus, Frankfurt am Main

Fischer TM, Möller K, Schultze W (2015) Controlling, Grundlagen, Instrumente und Entwicklungsperspektiven, 2. Aufl. Schaeffer Poeschel, Stuttgart

Forrester JW (1961) Industrial Dynamics. Pegasus Communications, Waltham

Forrester JW (1971) Counterintuitive behavior of social systems. Technol Rev 73(3):52–68

Gerde O, Kjølle GH (2011) Risk and Vulnerability Analysis of Power Systems Including Extraordinary Events. PowerTech, 2011 IEEE Trondheim.

Giannopoulos G, Filippini R, Schimmer M (2012) Risk assessment methodologies for Critical Infrastructure Protection. Part I: A state of the art. JRC Technical Notes, EUR 25286 EN-2012. https://ec.europa.eu/home-affairs/sites/homeaffairs/files/e-library/docs/pdf/ra_ver2_en.pdf

Gleißner W (2017) Grundlagen des Risikomanagements – Mit fundierten Informationen zu besseren Entscheidungen, 3. Aufl. Vahlen, München

Gleißner W, Romeike F (2005) Risikomanagement – Umsetzung, Werkzeuge, Risikobewertung. Haufe, Freiburg im Breisgau

Gleißner W, Romeike F (2012) Psychologische Aspekte im Risikomanagement – Bauchmenschen, Herzmenschen und Kopfmenschen. Risk Compliance Audit (rc&a) 6(2012):43–46

Götze U (1993) Szenario-Technik in der strategischen Unternehmensplanung. Deutscher UniversitätsVerlag, Wiesbaden

Greimel H (2012) How 2 suppliers are getting ready for the next disaster. Automotive News. http://www.autonews.com/article/20120312/OEM01/303129961/how-2-suppliers-are-getting-ready-for-the-next-disaster. Zugegriffen: 3. Apr. 2017

Hartmann W, Romeike F (2015) Business Judgement Rule – Maßstab für die Prüfung von Pflichtverletzungen. Zeitschrift Für Das Gesamte Kreditwes 68(05):227–230

Hoffmann P (2012) Innovative Supply Risk Management. In: Bogaschewsky R et al (Hrsg) SupplyManagement Research – Aktuelle Forschungsergebnisse, Bd. 2012. Springer Gabler, Wiesbaden, S 79–104

Hristova A, Schlegel R, Obermeier S (2014) Security Assessment Methodology for Industrial Control System Products. The 4th Annual IEEE International Conference on Cyber Technology in Automation, Control and Intelligent Systems, S 264–269

Literatur

Hubbard D (2007) How to Measure Anything: Finding the Value of Intangibles in Business. John Wiley & Sons, Hoboken

Hughes BD (1995) Random Walks. Random Walks and Random Environments, Bd. 1. Oxford University Press, Oxford

Huth M, Romeike F (2016) Risikomanagement in der Logistik. Springer Gabler, Wiesbaden

Ineichen R (1996) Würfel und Wahrscheinlichkeit – Stochastisches Denken in der Antike Bd. 1996. Spektrum Akademischer, Heidelberg

Ishikawa K (1986) Guide to Quality Control. Asian Productivity Organization, Tokyo

International Organization for Standadization (2009) Risk management – Principles and guidelines on implementation (ISO 31000: 2009), Geneva

Johnston RG (2012) Physical vulnerability assessment. In: Flammini F (Hrsg) Critical Infrastructure Security – Assessment, Prevention, Detection, Response. WIT Press, Southampton/Boston, S 21–36

Kado K, Horiuchi T, Seki T (2003) Application of FMECA to Project Risk Identification Process. J Soc Proj Manag 5(2):19–25

Kähler W-M (2006) Statistische Datenanalyse: Verfahren verstehen und mit SPSS gekonnt einsetzen, 4. Aufl. Vieweg Verlag, Wiesbaden

Kahn H, Wiener AJ (1967) The Year 2000: A Framework for Speculation on the Next Thirty-Three Years. MacMillan, New York

Kahneman D (2011) Thinking, fast and slow. Penguin Books, New York

Kim J, Malz AM, Mina J (1999) LongRun Technical Document Bd. 1999. RiskMetrics Group, New York

Kim Y et al (2011) Structural investigation of supply networks: A social network analysis approach. J Oper Manag 29:194–211

Kjølle GH, Utne IB, Gjerde O (2012) Risk analysis of critical infrastructures emphasizing electricity supply and interdependencies. Reliab Eng Syst Saf 105:80–89

Knight FH (1921) Risk, Uncertainty and Profit, Hart, Schaffner & Marx Bd. 1921. Houghton Mifflin, Boston

Koschade S (2006) A Social Network Analysis of Jemaah Islamiyah: The Applications to Counter-Terrorism and Intelligence. Stud Confl Terror 29(6):559–575

Krebs V (2002) Mapping Networks of Terrorist Cells. Connections 24(3):43–52

Kuckartz U (Hrsg) (2007) Qualitative Datenanalyse: computergestützt. methodische Hintergründe und Beispiele aus der Forschungspraxis, 2. Aufl. Verl. für Sozialwissenschaften, Wiesbaden

Lawley HG (1974) Operability Studies and Hazard Analysis. Chem Engng Prog 70(4):45–56

Lewis S, Smith K (2010) Lessons Learned from Real World Application of the Bow-tie Method. http://www.risktec.co.uk/media/43525/bow-tie%20lessons%20learned%20-%20aiche.pdf

Liu HL (2012) Arbeitswissenschaftliches Modell zur nutzerorientierten Gestaltung technischer Produkte für Menschen mit krankheitsbedingten Einschränkungen am Beispiel von Sanitärprodukten. Dissertationsschrift. https://www.depositonce.tu-berlin.de/bitstream/11303/3579/1/Dokument_51.pdf. Zugegriffen: 28. März 2017

Liu S et al (2010) Comparing senior executive and project manager perceptions of IT project risk: a Chinese Delphi study. Info Syst J 20:319–355

Markmann C, Darkow I-L, Gracht H (2013) A Delphi-based risk analysis – Identifying and assessing future challenges for supply chain security in a multi-stakeholder environment. Technol Forecast Soc Chang 80:1815–1833

McCulloh I, Armstrong H, Johnson A (2013) Social Network Analysis with Applications. Wiley, Hoboken

McLuhan HM, Quentin F (1968) War and Peace in the Global Village. Bantam, New York

Meadows DH, Meadows DL, Randers J, Behrens WW III (1972) The Limits to Growth. Universe Books, New York

Metropolis NC, Ulam S (1949) The Monte Carlo Method. J Am Stat Assoc 44(247):335–341

Ministry of Economy, Trade and Industry (2012) Statistics. http://www.meti.go.jp/english/statistics/. Zugegriffen: 3. Apr. 2017

Mokhtari K et al (2011) Application of a generic bow-tie based risk analysis framework on risk management of sea ports and offshore terminals. J Hazard Mater 192(2):465–475

Mokhtari K et al (2012) Decision support framework for risk management on sea ports and terminals using fuzzy set theory and evidential reasoning approach. Expert Syst Appl 39(5):5087–5103

Müller-Dofel M (2016) Interviews führen. Ein Handbuch für Ausbildung und Praxis, 2. Aufl. Springer, Heidelberg

Nanto DK et al (2011) Japan's 2011 Earthquake and Tsunami: Economic Effects and Implications for the United States. Congressional Research Service. http://fas.org/sgp/crs/row/R41702.pdf. Zugegriffen: 3. Apr. 2017

Newcomb S (1881) Note on the Frequency of the Use of different Digits in Natural Numbers. Am J Math (amer J Math) Baltim, 4(1):39–40

Oriesek DF, Schwarz JO (2009) Business Wargaming. Unternehmenswert schaffen und schützen Bd. 2009. Gabler, Wiesbaden

Ossimitz G (1995) Systemisches Denken und Modellbilden. Arbeitspapier des Instituts für Mathematik, Statistik und Didaktik der Mathematik der Universität Klagenfurt. Universität Klagenfurt, Klagenfurt

Peemöller VH, Krehl H, Hofmann S (2017) Bilanzskandale, Delikte und Gegenmaßnahmen, 2. Aufl. Erich Schmidt Verlag, Berlin

Pontzen H, Romeike F (2009) Risk of risks – Reputationsrisiko – Die vernachlässigte Risikokategorie. Risk Compliance Audit (rc&a) 01(2009):11–17

Pontzen H, Romeike F (2015) Reputationsrisiko: Die vernachlässigte Risikokategorie. In: Gleißner W, Romeike F (Hrsg) Praxishandbuch Risikomanagement. Erich Schmidt Verlag, Berlin, S 403–414

Porst R (2014) Fragebogen: Ein Arbeitsbuch, 4. Aufl. Springer VS, Wiesbaden

Probst, G./Raisch, S. (2004): Die Logik des Niedergangs, in: Harvard Business manager, März 2004, S. 37–45

Putermann ML (2005) Markov Decision Processes: Discrete Stochastic Dynamic Programming. Wiley & Sons, Hoboken

Radeschütz SN (2011) Business Impact Analysis – Konzept und Realisierung einer ganzheitlichen Geschäftsanalyse, Universität Stuttgart 2011. ftp://ftp.informatik.uni-stuttgart.de/pub/library/ncstrl.ustuttgart_fi/DIS-2012-02/DIS-2012-02.pdf. Zugegriffen: 21. Febr. 2017

Redmill F, Chudleigh M, Catmur J (1999) System Safety: HAZOP and Software HAZOP. John Wiley & Sons, Chichester

Renfro R, Deckro R (2001) A Social Network Analysis of the Iranian Government. paper presented at 69th MORS Symposium, 12–14 June, 2001, S 4

RiskNET (2013) Chancen-/Risiko-Radar 2013 – Status Quo einer risiko- und chancenorientierten Unternehmenssteuerung. RiskNET, Brannenburg

Ritchey T (2003) Nuclear Facilities and Sabotage: Using Morphological Analysis as a Scenario and Strategy Development Laboratory. http://www.swemorph.com/pdf/inmm-r2.pdf

Ritchey T (2006) Modelling Multi-Hazard Disaster Reduction Strategies with Computer-Aided Morphological Analysis. http://swemorph.com/pdf/multi.pdf

Ritchey T (2009) Threat Analysis for the Transport of Radioactive Material. http://www.swemorph.com/pdf/ma-patram1.pdf

Ritchey T (2011a) Modeling Alternative Futures with General Morphological Analysis. World Future Rev 3(1):83–94

Literatur

Ritchey T (2011b) Wicked Problems – Social Messes: Decision Support Modelling with Morphological Analysis. Springer, Berlin, Heidelberg

Romeike F (2009) Risk Management – Entscheidend sind die Soft Skills. Staufenbiel Bank Finance 10(2009):10–13

Romeike F (2013a) Narren des Zufalls. FIRM Jahrbuch, Bd. 2013. Frankfurter Institut für Risikomanagement und Regulierung, Frankfurt/Main, S 137–139

Romeike F (2013b) Risikomanagement im Kontext Compliance – Grundlagen, Prozesse, Verantwortlichkeiten und Methoden. In: Inderst C, Bannenberg B, Poppe S (Hrsg) Compliance: Aufbau – Management – Risikobereiche, 2. Aufl. Bd. 2013. Verlag C. F. Müller, Heidelberg, S 195–218

Romeike F (2017) Predictive Analytics im Risikomanagement – Daten als Rohstoff für den Erkenntnisprozess. Cfo Aktuell 3(2017):60–63

Romeike F, Eicher A (2016) Predictive Analytics – Der Blick in die Zukunft. FIRM Jahrbuch, Bd. 2016. Frankfurter Institut für Risikomanagement und Regulierung, Frankfurt/Main, S 20–23

Romeike F, Hager P (2010) Gute Frage: Was ist ein „Random Walk". Risk Compliance Audit 06(2010):11–12

Romeike F, Hager P (2013) Erfolgsfaktor Risk Management 3.0 – Methoden, Beispiele, Checklisten: Praxishandbuch für Industrie und Handel, 3. Aufl. Springer, Wiesbaden

Romeike F, Spitzner J (2013) Von Szenarioanalyse bis Wargaming – Betriebswirtschaftliche Simulationen im Praxiseinsatz. Wiley, Weinheim

Romeike F, Spitzner J (2015) Einsatz von Simulationsmethoden im Logistik-Risikomanagement. In: Huth M, Romeike F (Hrsg) Risikomanagement in der Logistik, Bd. 2016. Springer Gabler, Wiesbaden, S 127–158

Romeike F, Stallinger M (2012) Bandbreiten- bzw. Korridorplanung – Integration von Risikomanagement und Unternehmensplanung. Risk Compliance Audit 06(2012):12–21

Rooney JJ, Vanden Heuvel LN (2004) Root Cause Analysis For Beginners, Quality progress 37.7, pp. 45–56. https://www.env.nm.gov/aqb/Proposed_Regs/Part_7_Excess_Emissions/NMED_Exhibit_18-Root_Cause_Analysis_for_Beginners.pdf

Rossing NL (2010) A functional HAZOP Methodology. Comput Chem Eng 34:244–253

RSSB (2009) Understanding human factors and developing risk reduction solutions for pedestrian crossings at railway stations. https://www.rssb.co.uk/library/research-development-and-innovation/research-brief-T730.pdf. Zugegriffen: 21. Febr. 2017

de Ruijter A, Guldenmund F (2016) The bowtie method: A review. Saf Sci 88:211–218

Sääskilahti J, Särelä M (2010) Risk Analysis of Host Identity Protocol – Using Risk Identification Method Based on Value Chain Dynamics Toolkit. In: Gorton I, Cuesta CE, Babar MA (Hrsg) ECSA '10 – Proceedings of the Fourth European Conference on Software Architecture Copenhagen/Denmark, August 23–26, 2010, S 213–220

Saint-Marc C et al (2016) IDISFER, an Ontology to Model Extreme Floods-Related Processes, Conference Paper: World Congress on Railway Research, Mailand. https://www.researchgate.net/profile/Cecile_Saint-Marc/publication/308966999_IDISFER_an_Ontology_to_Model_Extreme_Floods-Related_Processes/links/57fb488208ae91deaa633c7f.pdf. Zugegriffen: 20. Febr. 2017

Sauer HD (2011) Das grosse Beben von Tohoku: Vorläufige Rekonstruktion des Geschehens. Neue Zürcher Zeitung. http://www.nzz.ch/aktuell/startseite/das-grosse-beben-von-tohoku-1.9994656. Zugegriffen: 3. Apr. 2017

Sawaguchi M (2015) Research on the Efficacy of Creative Risk Management Approach based on Reverse Thinking. Procedia Eng 131:577–589

Schieg M (2007) Post-mortem analysis on the analysis and evaluation of risks in construction project management. J Bus Econ Manag 8(2):145–153

Schreffler R (2012) Quake Changes Little in Toyota's Supply-Chain Strategy. WardsAuto. http://wardsauto.com/supply-chain/quake-changes-little-toyota-s-supply-chain-strategy-0. Zugegriffen: 3. Apr. 2017

Schweinsberg C (2012) Toyota Says Toll From Earthquake Cost ¥70 Billion in Fiscal 2012. WardsAuto. http://wardsauto.com/automakers/toyota-says-toll-earthquake-cost-70-billion-fiscal-2012. Zugegriffen: 3. Apr. 2017

Scupin R (1997) The KJ Method: A Technique for Analyzing Data Derived from Japanese Ethnology. Hum Organ 56(2):233–237

Serfozo R (2009) Basics of Applied Stochastic Processes. Springer, Heidelberg

Sherwin MD, Medal H, Lapp SA (2016) Proactive cost-effective identification and mitigation of supply delay risks in a low volume high value supply chain using fault-tree analysis. Int J Prod Econ 175:153–163

Silver N (2013) The Signal and the Noise: The Art and Science of Prediction. Penguin Random House, New York

Simon H, von der Gathen A (2002) Das große Handbuch der Strategieinstrumente: Alle Werkzeuge für eine erfolgreiche Unternehmensführung. Campus, Frankfurt am Main

Sinha N (2011) A Pandora's Box for the Global Automotive Electronics Industry. Frost & Sullivan Market Insight. http://www.frost.com/prod/servlet/market-insight-print.pag?docid=239487264. Zugegriffen: 3. Apr. 2015

Spang K, Gerhard M (2016) Risikomanagement. In: Spang K (Hrsg) Projektmanagement von Verkehrsinfrastrukturprojekten. Springer, Berlin/Heidelberg, S 419–453

Spektrum Akademischer Verlag (Hrsg.) (2000): Lexikon der Psychologie (in fünf Bänden), Heidelberg/Berlin 2000–2002

Sterman JD (1984) Instructions for Running the Beer Distribution Game. D-3679, System Dynamics Group Bd. 02139. MIT Press, Cambridge (E60-388, MA 02139)

Straker D (2010) Cause-Effect Diagram. http://syque.com/quality_tools/toolbook/cause-effect/cause-effect.htm. Zugegriffen: 14. März 2017

Strohhecker J, Größler A (2013) System Dynamics in der Planung von Softwareentwicklungsprojekten. In: Romeike, Spitzner (Hrsg) Von Szenarioanalyse bis Wargaming. Wiley, Weinheim, S 371–391

Team T (2011) Japan Quake, Tsunami Take – Heavy Toll On Toyota. Forbes Magazine. http://www.forbes.com/sites/greatspeculations/2011/04/08/japan-quake-tsunami-take-heavy-toll-on-toyota/. Zugegriffen: 3. Apr. 2017

Treece JB (2011) Denso to lend plant to quake-damaged Fujikura Rubber. Automotive News. http://www.autonews.com/article/20110428/OEM10/110429868/denso-to-lend-plant-to-quake-damaged-fujikura-rubber. Zugegriffen: 3. Apr. 2017

Tyler B, Crawley F, Preston M (2015) HAZOP: Guide to Best Practice, 3. Aufl. Elsevier, Amsterdam

Vesely W et al (1981) Fault Tree Handbook. U.S. Nuclear Regulatory Commission, Washington DC

Von Reibnitz U (1992) Szenario-Technik. Instrumente für die unternehmerische und persönliche Erfolgsplanung Bd. 1992. Gabler, Wiesbaden

Walck C (2007) Hand-book on Statistical Distributions for experimentalists, University of Stockholm. http://www.fysik.su.se/~walck/suf9601.pdf

Watson G (2004) The Legacy Of Ishikawa. Qual Prog 37(4):54–47

Weber J, Weißenberger BE, Liekweg A (1999) Risk Tracking and Reporting – Unternehmerisches Chancen- und Risikomanage-

Literatur

ment nach dem KonTraG. John Wiley & Sons, Weinheim

Weber J, Kandel O, Spitzner J, Vinkemeier R (2005) Unternehmenssteuerung mit Szenarien und Simulationen. Wie erfolgreiche Unternehmenslenker von der Zukunft lernen. Wiley-VCH, Weinheim

Weber P et al (2012) Overview on Bayesian networks applications for dependability, risk analysis and maintenance areas. Eng Appl Artif Intell 25(4):671–682

Weeks AD et al (2004) Introducing criteria based audit into Ugandan maternity units. Qual Saf Health Care 13(1):52–55

Weißensteiner C (2014) Reputation als Risikofaktor in technologieorientierten Unternehmen. Springer Gabler, Wiesbaden

von Werder A (2015) Führungsorganisation – Grundlagen der Corporate Governance, Spitzen- und Leitungsorganisation, 3. Aufl. Bd. 2015. Springer Gabler, Wiesbaden

Werdich M (2012) FMEA – Einführung und Moderation, 2. Aufl. Springer, Wiesbaden

Whelan, J. G. (1994): Building the Fish Banks Model and Renewable Resource Depletion, Prepared for System Dynamics Education Project, Sloan School of Management, Massachusetts Institute of Technology, July 1994

Whyte WH (2002) The Organization Man. University of Pennsylvania Press, Pennsylvania

Wittlage H (1986) Methode und Techniken praktischer Organisationsarbeit. Verlag Neue Wirtschafts-Briefe, Herne

World Economic Forum (2012) Global Risks, 7. Aufl. Bd. 2012. World Economic Forum, Cologny/Geneva

World Economic Forum (2017) The Global Risks Report, 12. Aufl. Bd. 2017. World Economic Forum, Geneva

Zwicky F (1966) Entdecken, Erfinden, Forschen im morphologischen Weltbild. Droemer/Knaur, München, Zürich

Weiterführende Literatur

Behrends E (2000) Introduction to Markov Chains. Vieweg, Wiesbaden

Bhaskar V, Lallement P (2010) Modeling a supply chain using a network of queues. Appl Math Model 34(8):2074–2088

Borgatti S, Mehra A, Brass D, Labianca G (2009) Network Analysis in the Social Sciences. Science 323:892–895

Brown J, Isaacs D (2005) The World Café. Shaping Our Futures Through Conversations That Matter Bd. 2005. Berret-Koehler Publishers, San Francisco

Buffett S (2005) A Markov Model for Inventory Level Optimization in Supply-Chain Management. In: Kégl B, Lapalme G (Hrsg) Advances in Artificial Intelligence 18th Conference of the Canadian Society for Computational Studies of Intelligence, Canadian AI 2005, Victoria, Canada, May 9–11. Bd. 2005. Springer, Heidelberg

Bundesamt für Sicherheit in der Informationstechnik (2008): BSI-Standard 100-4, Notfallmanagement, Bonn 2008

Buzan T, Buzan B (2002) Das Mind-Map-Buch. Die beste Methode zur Steigerung ihres geistigen Potentials Bd. 2002. Moderne Verlagsgesellschaft, München

De Souza E, Ochoa PM (1992) State space exploration in Markov models. Perform Eval Rev 20(1):152–166

Dudgeon P (2001) Breaking Out of the Box: The Biography of Edward de Bono Bd. 2001. Headline, London

Ericson CA (2016) Hazard Analysis – Techniques for System Safety, 2. Aufl. John Wiley & Sons, Hoboken

Flick U (1995) Qualitative Forschung. Theorie, Methoden, Anwendung in Psychologie und Sozialwissenschaften. Rowohlt, Reinbek

Forrester JW (1972) Grundzüge einer Systemtheorie Bd. 1972. Gabler, Wiesbaden

Gilad B, Junginger GM (2010) Mit Business Wargaming den Markt erobern: Strategische

Kriegsführung für Manager. Redline, München

Häder M (Hrsg) (2002) Delphi-Befragungen. Ein Arbeitsbuch. Westdeutscher Verlag, Wiesbaden

Hanneman RA, Riddle M (2005) Introduction to social network methods, University of California, Riverside/CA 2005. http://faculty.ucr.edu/~hanneman/nettext/. Zugegriffen: 19. Nov. 2017

Higgins JM, Wiese GG (1996) Innovationsmanagement. Kreativitätstechniken für den unternehmerischen Erfolg Bd. 1996. Springer, Berlin

Huth M (2003) Risikomanagement in der Logistik (Teil 1) – Alter Wein in neuen Schläuchen? RiskNews 4(1):57–68

Huth M, Düerkop S, Romeike F (2017) RIMA-KIL – Risikomanagement für kritische Infrastrukturen in der Logistik: Abschlussbericht. Discussion Papers in Business and Economics, Bd. 19. Hochschule Fulda, Fachbereich Wirtschaft, Fulda

Institut der Wirtschaftsprüfer (1999): Die Prüfung des Risikofrüherkennungssystems nach § 317 Abs. 4 HGB (IDW PS 340), WPg 16/1999, S. 658 ff., FN-IDW 8/1999, S. 350 ff.

Kern J (2009) Ishikawa Diagramme – Ursache-Wirkungs-Diagramme. Grin Verlag, München

Kim ES, Kim HS (2015) A reliability model of truck transportation using FMEA and FTA. Proceedings of the World Congress on Mechanical, Chemical, and Material Engineering, 2015, S 256–253

König E, Zedler D (Hrsg) (1995) Grundlagen qualitativer Forschung; Bd. 2: Methoden. Bilanz qualitativer Forschung, Bd. 1. Deutscher Studien Verlag, Weinheim

Mathe R (2012) FMEA für das Supply Chain Management. Prozessrisiken frühzeitig erkennen und wirksam vermeiden mit Matrix-FMEA. Symposon Publishing, Düsseldorf

o. V. (2010): Toyota's overstretched supply chain: The machine that ran too hot. The Economist. http://www.economist.com/node/15581072 (2010). Zugegriffen: 3. Apr. 2017

Rohrbach B (1969) Kreativ nach Regeln – Methode 635, eine neue Technik zum Lösen von Problemen. Absatzwirtschaft 12(19):73–76

Romeike F (2008) Rechtliche Grundlagen des Risikomanagements – Haftungs- und Strafvermeidung für Corporate Compliance. Erich Schmidt Verlag, Berlin

Romeike F (2014) Simulation with business wargaming. FIRM Yearbook, Bd. 2014. Frankfurter Institut für Risikomanagement und Regulierung, Frankfurt/Main, S 60–63

Romeike F (2014) Risikomanagement im Kontext von Corporate Governance. Aufsichtsrat 05(2014):70–72

Romeike F (2015) Scenario analysis: Learning from the future. FIRM Yearbook, Bd. 2015. Frankfurter Institut für Risikomanagement und Regulierung, Frankfurt/Main, S 14–16

Seifert J (2005) Cognitive map, Mnemo-Technik und Mind Mapping. Raumeindrücke mental verorten, Wissensstrukturen visualisieren, Vorstellungsräume zum Lernen nutzen. Alfa-forum Zeitschrift Für Alph Grundbild 60(2005):32–34

Steinmüller K (1997) Grundlagen und Methoden der Zukunftsforschung: Szenarien, Delphi, Technikvorausschau. Werkstattbericht 21, SFZ. http://www.institutfutur.de/_service/download/methoden-zukunftsforschung_sfz-wb21.pdf. Zugegriffen: 20. Febr. 2017

Sterman JD (1994) Learning in and about complex systems. Syst Dyn Rev 10:2–3

Strohhecker J (2010) System Dynamics als Werkzeug für das Risikomanagement. Risiko-Manager Jahrbuch. Bank-Verlag Medien, Köln, S 234–239

Strohhecker J, Sehnert J (Hrsg) (2008) System Dynamics für die Finanzindustrie Bd. 2008. Frankfurt School, Frankfurt am Main

Vahs D (2003) Organisation – Einführung in die Organisationstheorie und -praxis. Schäffer-Poeschel, Stuttgart

Literatur

Van der Putten R (2015) Japan: One year after the Tohoku earthquake. Conjoncture. http://economic-research.bnpparibas.com/Views/DisplayPublication.aspx?type=document&IdPdf=19077. Zugegriffen: 19. Nov. 2017

von Werder A (2017) Corporate Governance. http://wirtschaftslexikon.gabler.de/Definition/corporate-governance.html. Zugegriffen: 18. Mai 2017

„Studienwissen kompakt" – die neue Lehrbuchreihe

2015. VII, 162 S. 39 Abb. Brosch.
€ (D) 14,99 | € (A) 15,41 | *sFr 19,00
ISBN 978-3-658-07211-7
€ 9,99 | *sFr 15,00
ISBN 978-3-658-07212-4 (eBook)

2015. XI, 204 S. 24 Abb. Brosch.
€ (D) 14,99 | € (A) 15,41 | *sFr 19,00
ISBN 978-3-658-07350-3
€ 9,99 | *sFr 15,00
ISBN 978-3-658-07351-0 (eBook)

2015. XI, 132 S. 5 Abb. Brosch.
€ (D) 14,99 | € (A) 15,41 | *sFr 19,00
ISBN 978-3-658-06796-0
€ 9,99 | *sFr 15,00
ISBN 978-3-658-06797-7 (eBook)

2016. IX, 172 S. 22 Abb. Brosch.
€ (D) 14,99 | € (A) 15,41 | *sFr 19,00
ISBN 978-3-658-05692-6
€ 9,99 | *sFr 15,00
ISBN 978-3-658-05693-3 (eBook)

2015. XII, 163 S. 17 Abb. Brosch.
€ (D) 14,99 | € (A) 15,41 | *sFr 19,00
ISBN 978-3-658-06764-9
€ 9,99 | *sFr 15,00
ISBN 978-3-658-06765-6 (eBook)

2015. VIII, 154 S. 1 Abb. Brosch.
€ (D) 14,99 | € (A) 15,41 | *sFr 19,00
ISBN 978-3-658-06820-2
€ 9,99 | *sFr 15,00
ISBN 978-3-658-06821-9 (eBook)

2015. X, 120 S. 28 Abb. Brosch.
€ (D) 14,99 | € (A) 15,41 | *sFr 16,00
ISBN 978-3-658-08979-5
€ 9,99 | *sFr 12,50
ISBN 978-3-658-08980-1 (eBook)

2., vollst. akt. und überarb. Aufl. 2015. XIV, 246 S. 86 Abb. Brosch.
€ (D) 14,99 | € (A) 15,41 | *sFr 19,00
ISBN 978-3-662-44326-2
€ 9,99 | *sFr 15,00
ISBN 978-3-662-44327-9 (eBook)

2016. IX, 158 S. 30 Abb. Brosch.
€ (D) 14,99 | € (A) 15,41 | *sFr 15,50
ISBN 978-3-662-45808-2
€ 9,99 | *sFr 12,00
ISBN 978-3-662-45809-9 (eBook)

2015. XI, 130 S. 25 Abb. Brosch.
€ (D) 14,99 | € (A) 15,41 | *sFr 19,00
ISBN 978-3-658-07164-6
€ 9,99 | *sFr 15,00
ISBN 978-3-658-07165-3 (eBook)

2015. XI, 198 S. 34 Abb. Brosch.
€ (D) 14,99 | € (A) 15,41 | *sFr 16,00
ISBN 978-3-662-46181-5
€ 9,99 | *sFr 12,50
ISBN 978-3-662-46182-2 (eBook)

2015. XII, 229 S. 40 Abb Brosch.
€ (D) 14,99 | € (A) 15,41 | *sFr 19,00
ISBN 978-3-662-46238-6
€ 9,99 | *sFr 15,00
ISBN 978-3-662-46239-3 (eBook)

€ (D) sind gebundene Ladenpreise in Deutschland und enthalten 7 % MwSt. € (A) sind gebundene Ladenpreise in Österreich und enthalten 10 % MwSt.
Die mit * gekennzeichneten Preise sind unverbindliche Preisempfehlungen und enthalten die landesübliche MwSt. Preisänderungen und Irrtümer vorbehalten.

The manufacturer's authorised representative in the EU is Springer Nature Customer Service Centre GmbH, Europaplatz 3, 69115 Heidelberg, Germany. If you have any concerns regarding our products, please contact ProductSafety@springernature.com

Printed and bound by CPI Group (UK) Ltd, Croydon, CR0 4YY

23/03/2026

02076740-0002